ADAC Reiseführer

Kreta

Dörfer · Strände · Museen · Wanderungen
Historische Stätten · Kirchen · Hotels · Restaurants

von Cornelia Hübler

Intro

Unterwegs

Kreta – die schönsten Wanderungen

Kreta Kaleidoskop

Karten und Pläne

☐ Service

Leserforum

Die Meinung unserer Leserinnen und Leser ist wichtig, daher freuen wir uns von Ihnen zu hören. Wenn Ihnen dieser Reiseführer gefällt, wenn Sie Hinweise zu den Inhalten haben – Ergänzungs- und Verbesserungsvorschläge, Tipps und Korrekturen – dann kontaktieren Sie uns bitte:

Redaktion ADAC Reiseführer
ADAC Verlag GmbH
Hansastraße 19, 80686 München
Tel. 089/76 76 41 59
reisefuehrer@adac.de
www.adac.de/reisefuehrer

Kreta Impressionen

Entdecke die Vielfalt

Wie wäre es mit einer **Weltreise**? Sie führt an karibisch weiße Sandstrände und Palmenoasen, zu den Palastruinen Jahrtausende alter Hochkulturen, auf fruchtbare Hochebenen inmitten schneebedeckter Berge, durch schroffe Canyons, zu Wallfahrtsorten des frühen Christentums ... und findet doch nur drei Stunden Flugzeit von Mitteleuropa entfernt auf einer einzigen Insel statt – auf Kreta, einer kleinen Welt für sich.

Strandurlaub nach jedem Geschmack

Des mitteleuropäischen Urlaubers Sommertraum ist auf der 260 km langen und maximal 60 km breiten Insel im östlichen Mittelmeer schnell erfüllt – *Sonne*, die hier immerhin an 300 Tagen im Jahr scheint, und *Erholung am Meer*, das rund um Kreta wunderbar klar und rein ist. Die längsten Sandstrände und die angesagtesten Urlaubsorte finden sich entlang der Nordküste zwischen **Platanias** und **Malia**. Sie werden begleitet von einer reichen Auswahl an Hotels, Ferienwohnungen und Privatzimmern in allen Komfortklassen sowie unzähligen Restaurants, Geschäften, Diskotheken, Mietwagenverleihern und Tourunternehmen. Urbanes Flair bieten hier in der westlichen Hälfte der Insel die attraktiven Provinzhauptstädte **Chania** und **Rethimno**. Beide bezaubern mit verwinkelten Altstadtgässchen, Bauwerken aus venezianischer und osmanischer Zeit, hervorragenden Museen und malerischen Hafenanlagen. Nicht zu vergessen auch die Inselhauptstadt **Iraklio** etwas weiter im Osten, in deren Archäologischem Museum man die atemberaubenden Schätze der minoischen Kultur kennen lernen kann. Als Kontrastprogramm zu Stierkult

Unten links: *Artemis als marmorne Schöne im Archäologischen Museum von Chania*
Unten rechts: *Urlauber lieben weite Sandstrände wie Elafonisi in Kretas Südwesten*
Rechts: *Beeindruckende Natur erleben Wanderer durch die Samaria-Schlucht hautnah*
Ganz rechts: *Lauschiger Abendspaziergang samt Restaurantbesuch an Chanias Hafen*

und Schlangengöttin locken zahlreiche angesagte Klubs, in denen ein feierfreudiges, oft junges Publikum die Nacht zum Tag macht.

Gleich drei Traumstrände stehen an der Westküste zur Wahl. Den Reigen eröffnen der lagunenartige **Balos Beach** mit schneeweißem Sand am blau schimmernden Meer. Von Dünen gesäumt ist dann der Strand von **Falsassarna** und ganz im Süden glitzert der feine muscheldurchsetzte Sand von **Elafonisi** je nach Sonnenstand in hellem Beige bis zartem Rosa.

Einen unterschiedlichen Geschmäckern entsprechenden Mittelweg zwischen Urlaubstrubel und Beschaulichkeit bieten mehrere Ferienorte an der Südküste wie **Paleochora, Plakias, Agia Galini** oder **Matala**. Hier wohnt man meist in kleinen familiengeführten Pensionen, geht tagsüber baden und gesellt sich abends zu den Einheimischen in den Tavernen, wo später nicht selten zu den Klängen von Lyra, Bouzouki und Laute getanzt wird.

Der berühmteste Strand im Osten Kretas ist der von **Vai**, der einzige natürliche Palmenstrand Europas. Nicht weit davon zieht bei **Palekastro** der windgepeitschte **Kouremenos-Strand** Surfer geradezu magisch an. Nicht unerwähnt sollen aber auch die unzähligen kleinen, oft namenlosen Sand- und Kiesbuchten bleiben, die an dieser Küste allenthalben zu einem Badestopp einladen.

Naturschönes Bergland als Kontrastprogramm

Das Landesinnere von Kreta ist gebirgig. Im Westen türmen sich die auffälligen **Lefka Ori**, die auf vielen Gipfeln schneebedeckten Weißen Berge, bis zum 2454 m hohen *Pachnes* auf. Im Süden dagegen stürzen sie oft als spektakuläre Steilküsten abrupt ins *Libysche Meer* ab. Allerdings öffnen sich hier immer wieder tief in die Felsen eingeschnittene Canyons, wie die bei Wanderern beliebte **Imbros-Schlucht**. Noch bekannter ist die 17 km lange **Samaria-Schlucht** Sie steht unter Naturschutz und ist landschaftlich so beeindruckend, dass sie in der Hochsaison täglich von mehreren Tausend Menschen durchquert wird.

Im Zentrum Kretas erstreckt sich das **Psiloritis**- oder **Ida-Gebirge**, nach Norden hin begrenzt von sanften Weinhügeln, im Süden von der fruchtbaren *Mesara-Ebene*. Seinen Namen trägt das Bergmassiv nach dem höchsten Gipfel der Insel, dem *Psiloritis* (2456 m). An seinem Osthang soll der griechischen Mythologie zufolge Göttervater Zeus in der *Ideon Andron*, der Idäischen Höhle, seine Jugend verbracht haben. Von den bis zu 3500 Höhlen und Grotten der Insel sind freilich nur wenige der Öffentlichkeit zugänglich, darunter die **Sventoni-Höhle** bei Zoniana mit ihrer Wunderwelt aus fantastisch geformten Tropfsteinen.

Den Osten Kretas dominieren die zwar mit bis zu 2000 m etwas niedrigeren, jedoch nicht weniger zerklüfteten **Dikti**- und **Thripti-Berge**. Jahrhundertelang waren sie und ihre einsamen Hochebenen das Refugium von Hirten und patriotischen Widerstandskämpfern. Sie haben inzwischen ihre Ziele erreicht, mittlerweile kommen statt ihrer immer mehr Wanderer und Naturfreunde. Ländliche Idylle verspricht beispielsweise das kreisrunde Plateau von **Lassithi**, auf dem Reisende das bäuerliche Leben der Insel kennen lernen können.

Oben: *Musik und Tanz sind nicht nur Folklore sondern gehören zum kretischen Leben*
Oben: *Wie Theseus im Labyrinth fühlt sich so mancher Tourist in den Ruinen von Knossos*
Rechts: *Dem Himmel so nah – Lassithi-Hochebene im Sommersonnenschein*

Ursprung Europas und Reigen der Kulturen

Ob am Ufer des Mittelmeers oder auf aussichtsreichen Bergrücken – es gibt kaum ein Fleckchen auf Kreta, das nicht mit baulichen Zeugen der über 8000-jährigen Kulturgeschichte der Insel aufwarten kann. Unübertreffliche archäologische Highlights sind die minoischen Palastanlagen von **Knossos, Festos, Malia und Kato Zakros**. Ihre labyrinthartigen Gang- und Treppenfluchten, Kultbezirke, Tempel, Herrschergemächer, Höfe, Werkstätten und Lagerräume zeugen beredt von der ersten europäischen Hochkultur (2000–1450 v. Chr.), die Wissenschaftler und Laien gleichermaßen durch ihre durchdachte Organisation, ihre eleganten Bauwerke, ihre perfekt gearbeiteten Kunst- und Kultobjekte fasziniert. Auch die darauf folgenden Epochen haben kulturgeschichtlich einiges zu bieten: Im

5. Jh. v. Chr. meißelten die Dorer die Gesetze von **Gortis** in Stein und hinterließen der Nachwelt so den ältesten und ausführlichsten juristischen Text der griechischen Kultur. In den Jahrhunderten um Christi Geburt statteten die **Römer** ihre Städte in der kretischen Provinz mit Tempeln, Theatern und Bädern aus, von denen heute noch wunderbar gearbeitete Mosaiken und Marmorskulpturen in den Archäologischen Museen auf der ganzen Insel erzählen. Das **Christentum** hielt auf Kreta bereits im Jahr 58 Einzug, als Apostel Paulus seinen Gefährten Titus als ersten Bischof auf der Insel zurückließ. Seither entstanden unzählige Kirchen, Kapellen und Klosteranlagen, viele davon ausgestattet mit anrührenden Fresken, kunstvoll geschnitzten Ikonostasen und kostbaren Ikonen. Letzteren kommt in der griechisch-orthodoxen Kirche der Insel eine besondere Rolle als Mittlerinnen zwischen Irdischem und Göttlichem zu.

Dem Glauben der Kreter konnten auch mehrere Jahrhunderte Fremdherrschaft durch römisch-katholische Malteserritter und Venezianer, muslimische Türken und deutsche Wehrmachtssoldaten nicht erschüttern. Im Gegenteil, Klöster wie **Moni Arkadi**, heute berühmt für seine Renaissance-Fassade, das reiche **Moni Preveli** oder das markant über dem Meer thronende **Moni Toplou** entwickelten sich zu Zentren des unnachgiebigen Widerstandes und bewahrten in schweren Zeiten die kretische Kultur.

Traditionen werden auf Kreta in Ehren gehalten, nicht nur in den ländlichen Regionen im Süden der Insel. Das zeigt sich in gut besuchten feierlichen Prozessionen an kirchlichen Festtagen, in rauschenden Hochzeitsfesten mit mehreren Hundert Gästen oder auch an der für Mitteleuropäer oft irritierenden Gewohnheit kretischer Männer, eine Pistole zu tragen.

Ausländische Besucher, die sich auf kretische Kultur einlassen, erleben heute vor allem die liebenswürdige **Gastfreundlichkeit** der stolzen Inselbewohner. Ob die schwarz gekleidete ältere Frau oder die hilfsbereite Pensionswirtin, der gelassene Busfahrer oder der ortskundige Bootseigner, alle tragen dazu bei, dass es den Gästen auf ihrer Insel gefällt. Sie meines es ernst mit dem Gruß: **Kalos orisate stin Kriti** – Herzlich willkommen auf Kreta!

Oben links: *Im wildromantischen Inselinneren erklimmen Wanderer oft schwindelnde Höhen, steigen hier etwa dem Gingilos zu*
Oben rechts: *Kreta für Kunstliebhaber, Badefreunde und Nachtschwärmer: Agios-Minas-Kathedrale in Iraklio, Strand von Almirida, Szenetreff Café Molo in Agios Nikolaso*
Links: *Entdeckerfreuden – vor Matalas Sandsteinküste lockt wie um ganz Kreta kristallklares Wasser zum Sprung ins kühle Nass*

Geschichte, Kunst, Kultur im Überblick

Von Europas erster Hochkultur zum Urlaubsparadies

6800–3200 v. Chr. Jungsteinzeitliche Gruppen aus Kleinasien besiedeln Kreta. Sie arbeiten mit Knochen- und Steinwerkzeugen, bauen Getreide an und töpfern Gefäße und Figurinen in Menschen- oder Tiergestalt mit religiöser Bedeutung.

Ausgeprägter Stierkult kennzeichnet die Ältere Palastzeit

3200–2100 v. Chr. In der Vorpalastzeit befördert die aufkommende Bronzeherstellung eine erste eigenständige Kultur auf Kreta. Sie wird nach den auf der Inseln lebenden Minoern ›minoisch‹ genannt und ist gekennzeichnet durch intensive Landwirtschaft, Fischerei sowie Handelsbeziehungen im östlichen Mittelmeerraum. Soziale Schichten bilden sich heraus, es entstehen lokale Herrschereliten.

2100–1700 v. Chr. In der Älteren Palastzeit bauen die Minoer in städtischen Machtzentren wie Knossos, Festos, Malia und Kato Zakros labyrinthartig verzweigte Paläste. Zeitweise leben hier bis zu 100000 Menschen, Wandmalereien und Bodenmosaiken schmücken die bis zu fünf Stockwerke hohen Palastgebäude. In Magazinen lagern Korn, Olivenöl, Wein, Holz, Keramik und andere Güter, die Handelskontakte Kretas reichen von Ägypten bis Vorderasien, die Verwaltung nutzt ägyptisch inspirierte Hieroglyphen. Versierte Kunsthandwerker schaffen Prestigeobjekte wie Waffen aus Silber und Bronze, Goldschmuck (Biene von Malia) und Prunkgeschirr (Kamares-Ware mit schwarzer Oberfläche und Ornamenten in Weiß und Rot). Jeder Palast besitzt auch einen Tempel für in der Regel weibliche Naturgottheiten, auch auf Bergen und in Höhlen entstehen Kultstätten, ein Stierkult wird gepflegt. Schwere Erdbeben zerstören schließlich die Alten Paläste.

1700–1450 v. Chr. In der Neueren Palastzeit blüht die bemerkenswert unkriegerische minoische Kultur abermals. Die Paläste werden prächtiger als zuvor wieder aufgebaut, die Minoer entwickeln die bis heute nicht entschlüsselte Linear-A-Schrift und dominieren den Seehandel im gesamten östlichen Mittelmeerraum. Florale und maritime Darstellungen zieren Töpferwaren und Palastwände, der Import von Gold und Elfenbein beflügelt das lokale Kunsthandwerk. Im Zentrum der religiösen Verehrung steht die Göttin der Fruchtbarkeit, ihr opfern Priesterinnen Tonfiguren, Früchte und vermutlich auch Menschen. Ein häufiges religiöses Symbol ist die Doppelaxt (Labrys), aus Ton gefertigte Särge werden mit stilisierten Tier- und Menschenfiguren bemalt. Die minoische Hochkultur strahlt auf den ganzen östlichen Mittelmeerraum sowie auf das griechische und kleinasiatische Festland aus. Wieder beendet eine Naturkatastrophe – Vulkanausbruch, Erdbeben oder Tsunami – die Ära.

Doppeläxte als religiöse Symbole der Neueren Palastzeit

1450–1100 v. Chr. In der Nachpalastzeit übernehmen kriegerische griechische Mykener (in der Antike Achäer genannt) die Macht auf Kreta. Sie führen die Linear-B-Schrift ein, eine Form des frühen Griechisch. In religiösem Zusammenhang tauchen aus Ton gefertigte menschenförmige Idole mit erhobenen Händen auf.

Um 1200 v. Chr. Völkerwanderungen führen im gesamten Mittelmeerraum zu Unruhen und Zerstörungen. Sie betreffen auch die kretischen Palastzentren und beenden schließlich die Hochkultur auf Kreta.

Nach 1204 dominiert Venedigs Markuslöwe Kreta

1100–480 v. Chr. Vom griechischen Festland her wandern Dorer nach Kreta ein und vertreiben die alteingesessene Bevölkerung (Eteokreter, ›wahre Kreter‹) ins bergige Inselinnere. Knossos und Gortis sind die bedeutendsten dorischen Stadtstaaten der Insel. Wirtschaftlich bilden weiterhin Landwirtschaft, Viehzucht und Handel die Existenzgrundlage, dazu kommen nun kriegerische Beutezüge. Zunehmend werden auch griechische Götter verehrt.

um 500 v. Chr. Das Familien-, Erb-, Sach-, Straf- und Prozessrecht von Gortis wird auf 42 Steintafeln und -quader eingraviert und an der Agora der Stadt für alle lesbar öffentlich aufgestellt. Diese Große Inschrift ist das älteste europäische Gesetz.

5.–1. Jh. v. Chr. Während der klassischen hellenistischen Zeit bekriegen sich die kretischen Stadtstaaten untereinander, Kreta versinkt in Bedeutungslosigkeit. An der Küste der Insel lassen sich zunehmend Piraten nieder und greifen römische Handelsschiffe an.

69–63 v. Chr. Um das von Kreta ausgehende Piratenunwesen zu beenden, erobert der römische Feldherr Quintus Caecilius Metullus nacheinander die kretischen Stadtstaaten, womit die Römische Zeit der Insel beginnt. Hauptstadt der nunmehr römischen Provinz Kreta wird Gortis. Die Römer bauen auf der Insel zahlreiche Straßen, Tempel, Theater und Bäder.

58 n. Chr. Auf dem Weg zu seinem Prozess in Rom lässt Apostel Paulus seinen Gefährten Titus als Missionar auf Kreta zurück. Dieser erledigt seine Aufgabe erfolgreich, das Christentum fasst rasch Fuß auf der Insel. Titus wird erster Bischof von Gortis und nach seinem Tod (ca. 105 n. Chr.) Schutzpatron der kretischen Kirche.

395 Teilung des Römischen Reiches in West- und Ostrom. Kreta gehört zum Byzantinischen Reich (Ostrom) mit der Hauptstadt Byzanz-Konstantinopel.

395–824 In der ersten Byzantinischen Periode entstehen auf Kreta zahlreiche Kirchen, darunter auch die Agios Titos in Gortis.

824 Aus Spanien vertriebene Sarazenen erobern Kreta, zerstören Städte und Kirchen und zwingen die Kreter zu Frondiensten.

961 Der byzantinische Feldherr und spätere Kaiser Nikephoros II. Phokas erobert die Insel zurück. Mit Beendigung der Arabischen Periode beginnt die zweite Byzantinischen Periode.

1054 Im Großen Morgenländischen Schisma trennen sich westliche (= römische) und östliche (= orthodoxe) christliche Kirchen voneinander. Die Christen Kretas bekennen sich überwiegend zum griechisch-orthodoxen Glauben.

1204 Christliche Kreuzfahrer unter der Führung des venezianischen Dogen Enrico Dandolo erobern das ebenfalls christliche Konstantinopel und zerschlagen das Byzantinische Reich.

1204–1669 Bei der Aufteilung des Byzantinischen Reiches wird Kreta der römisch-katholischen Republik Venedig zugesprochen, es beginnt die Venezianische Epoche. Die venezianischen Adeligen lassen in den kretischen Städten prächtige Paläste errichten und fördern Kunst und Kultur, machen sich aber durch Enteignungen, hohe Steuern und die Unterdrückung des orthodoxen Glaubens verhasst. Mehrere Aufstände erschüttern die Insel.

1299 Der Friedensvertrag Pax Calergii zwischen Venezianern und Aufständischen verbessert die Lage der Kreter. Die griechisch-orthodoxen Klöster werden zu Hütern der Tradition, zahlreiche Einraumkapellen werden neu erbaut und üppig mit Fresken ausgemalt.

1453 Der muslimische Sultan Mehmet Fatih nimmt Konstantinopel ein und macht die Bosporusmetropole zur Hauptstadt des Osmanischen Reiches. Viele Gelehrte und Künstler aus der eroberten Stadt lassen sich auf Kreta nieder. Dort tragen sie maßgeblich zum geistigen und kulturellen Leben bei, es kommt zu einer Kretischen Renaissance.

um 1551 Dominikos Theotokopoulos, später als Maler unter seinem Künstlernamen El Greco (†1614) bekannt, wird vermutlich in Fodele an der Nordküste von Kreta geboren.

1645 Die Türken besetzen Kreta und erobern Chania.

1669 Nach 21-jähriger Belagerung ergibt sich Candia (Iraklio) als letzte kretische Stadt den Türken. Doch im Inselinneren, vor allem in den Lefka Ori, formiert sich der kretische Widerstand.

1692 Die Türken erobern das venezianische Fort auf der Insel Imeri Gramvousa.

1715 Die Venezianer verlieren ihre letzten Brückenköpfe auf Kreta, die Festungen von Souda und Spinalonga an die Türken.

1770/71 Der reiche Reeder Jannis Vlachos, genannt Daskalojannis, führt in der Region Sfakia den bislang größten Aufstand von Kretern gegen die Türken. Die osmanische Armee schlägt die Revolte blutig nieder und nimmt Daskalojannis durch Verrat gefangen. Er wird in Iraklio bei lebendigem Leib gehäutet.

1821–29 Auf dem Festland tobt der Griechische Unabhängigkeitskrieg gegen die Hohe Pforte. Die Griechen werden in ihrem Kampf für eine unabhängige griechische Republik von den europäischen Großmächten unterstützt, die Osmanen von Ägypten.

1830 Das erste Londoner Protokoll verkündet ein selbstständiges Griechenland (Festland, Peloponnes und Kykladen). Kreta bleibt türkisch, wird aber unter die Aufsicht von England, Frankreich und Russland gestellt.

Selbstporträt (1580) von El Greco, ›dem Griechen‹ aus Fodele

1832 Nach dem zweite Londoner Protokoll ziehen die europäischen Großmächte aus Kreta ab, das Osmanische Reich überlässt die Insel bis 1940 seinen ägyptischen Verbündeten. Die Kreter erheben sich immer wieder gegen beide Besatzungsmächte.

1866 22 000 türkische Soldaten belagern das Bergkloster Moni Arkadi, in dem sich rund 1000 Partisanen, Zivilisten und Mönche verschanzt haben. In auswegloser Lage sprengen sich die Eingeschlossenen schließlich in die Luft. Moni Arkadi wird zum Symbol des kretischen Widerstandes.

1883 Nikos Kazantzakis (†1957), bedeutendster Dichter Kretas und Autor von ›Alexis Sorbas‹, wird in Iraklio geboren.

1898 England, Frankreich, Russland und Deutschland entsenden Kriegsschiffe, woraufhin das Osmanische Reich Kreta aufgibt. Die Insel mit Chania als Hauptstadt erhält autonomen Status, wird aber von Hochkommissar Prinz Georg von Griechenland regiert. Doch die Kreter wollen eine Vereinigung mit Griechenland.

1900 Der britische Archäologe Sir Arthur Evans beginnt mit Ausgrabungen in Knossos und ›entdeckt‹ die minoische Kultur.

1905 Eleftherios Venizelos, bis 1901 Justizminister der ersten kretischen Regierung, stellt sich an die Spitze eines erfolgreichen Putsches gegen Prinz Georg. Venizelos setzt sich für einen Anschluss Kretas an Griechenland ein, auch als er 1910 griechischer Premierminister wird.

1911 In Iraklio wird Odysseas Elytis (†1996) geboren, Dichter und Literatur-Nobelpreisträger 1979.

1913 Vereinigung Kretas mit Griechenland.

1914–18 Im Ersten Weltkrieg bleibt Griechenland zunächst neutral, kämpft aber ab 1917 auf Seiten der Entente insbesondere gegen das Osmanische Reich.

1918–23 Auf den Ersten Weltkrieg folgt der Griechisch-Türkische Krieg: das Osmanische Reich besteht nicht mehr, weite türkische Gebiete geraten unter den Einfluss der Siegermächte. Griechenland erhält das mehrheitlich von Griechen bewohnte Gebiet um Smyrna (Izmir) an der kleinasiatischen Küste, will aber mehr. Doch die vorrückenden griechischen Truppen wer-

Denkmal bei Moni Arkadi anlässlich der Tragödie 1866

Gegen die EU protestieren 2010 viele zornige Griechen

den von den Türken geschlagen und zur Ägäis zurückgetrieben (›Kleinasiatische Katastrophe‹). Beide Armeen begehen Massaker an der Zivilbevölkerung. 1923 wird im Vertrag von Lausanne ein Bevölkerungsaustausch beschlossen: fast 1 Mio. Griechen müssen die Türkei verlassen, ca. 500 000 Türken Griechenland.

1940 Während des Zweiten Weltkriegs versucht Italien, die Kapitulation Griechenlands zu erzwingen. Der griechische Diktator Ioannis Metaxas lehnt ab, angeblich indem er ein Telegramm mit dem einzigen Wort ›Ochi‹, ›Nein‹, an Benito Mussolini schickt. Heute ist der 28. Oktober Nationalfeiertag, bekannt als Epétios tou Ochi, ›Nein-Tag‹.

1941 Die deutsche Wehrmacht nimmt das griechische Festland ein. Kurzzeitig ist Chania Sitz der griechischen Exilregierung Emmanouil Tsouderos. Doch die Alliierten können Kreta nicht halten. Die Deutschen besetzen Kreta (Unternehmen Merkur), verbliebene Alliierte, vor allem Briten, gehen mit kretischen Partisanen in den Untergrund. Unterstützung erhalten sie auch aus den Klöstern.

1941–45 Die deutsche Besatzung bringt Kreta Repressionen, Hunger und völkerrechtswidrige Vergeltungsmaßnahmen auch gegen die Zivilbevölkerung.

1946–49 Der Griechische Bürgerkrieg zwischen Kommunisten und Royalisten endet mit der Wiedereinführung der Monarchie.

1951 Griechenland wird Mitglied der NATO, die auf Kreta wichtige Stützpunkte (Bucht von Souda und Halbinsel Akrotiri)einrichtet.

1960er-Jahre Beginnender Tourismus auf Kreta. Ziel der ersten Urlauber sind zunächst die schönen Sandstrände im Nordwesten, Wanderer sind vom bergigen Inselinneren begeistert.

1962 Die 17 km lange, artenreiche Samaria-Schlucht im Westen Kretas wird Nationalpark.

1967 Teile des Militärs putschen (Obristenputsch), Griechenland wird rechtsextreme Diktatur. Gewerkschaften und Parteien werden verboten, viele politisch Andersdenkende, Intellektuelle und Künstler gehen ins Exil.

1973 Gründung der Universität Kreta in Rethimno und Iraklio.

1974 Nach Studentenunruhen und politischen Fehlentscheidungen (Zypern-Krise) kann sich das Militärregime nicht mehr halten, das Volk entscheidet sich in einer Abstimmung für eine Republik als Staatsform. Erster demokratisch gewählter Ministerpräsident wird der konservative Jurist Konstantinos Karamanlis.

1981 Griechenland wird Mitglied der Europäischen Wirtschaftsgemeinschaft (EWG), heute Europäische Union (EU).

1984 Die Technische Universität Kreta nimmt in Chania den Lehrbetrieb auf.

2002 Griechenland führt den Euro ein.

2004 In Athen werden die XXVIII. Olympischen Sommerspiele ausgetragen. Zu diesem Anlass fährt die ›Minoa‹ von Chania nach Athen. Es handelt sich um den Nachbau eines antiken Ruderbootes, für das ausschließlich Material und Techniken verwendet wurden, die bereits in minoischer Zeit im 15. Jh. v. Chr. zur Verfügung standen.

2008 Die Bankenkrise trifft Griechenland hart. Die Wut der Bevölkerung über horrend hohe Staatsverschuldung, Korruption, organisierte Steuerhinterziehung und soziale Missstände entlädt sich in Straßenschlachten. Auch in Chania kommt es zu Ausschreitungen.

2009 Wegen der Wirtschaftskrise werden die Parlamentswahlen vorgezogen. Premierminister wird der Sozialist Georgios Papandreou.

2010 Griechenlands Schulden zwingen die Regierung zu rigorosen Sparmaßnahmen, was die leidtragende Bevölkerung zu massiven Protesten und Streiks bewegt. Um zahlungsfähig zu bleiben, erhält Griechenland von der EU Kredite in Milliardenhöhe.

2011 Die griechische Schuldenkrise spitzt sich zu. Nachdem sein Plan, ein Referendum zu den von der EU geforderten Einschnitten bei staatlichen Ausgaben durchzuführen scheitert, muss Premier Papandreou zurücktreten.

Stimmungsvoller Tagesausklang am Meer im Restaurant Prima Plora in Rethimno

Unterwegs

Chania – das Land der Weißen Berge

Den Westen Kretas nimmt die Präfektur Chania ein, mit knapp 2400 km^2 etwas kleiner als das Saarland. Seine vielgestaltigen Landschaften und Sehenswürdigkeiten ziehen unternehmungslustige Feriengäste an.

Urbanes Highlight ist die Präfekturhauptstadt **Chania** mit idyllischem Hafen, guten Einkaufsmöglichkeiten und interessanten Museen. Wer die gemütliche Atmosphäre kleinerer Ferienorte schätzt und an schönen Stränden baden möchte, ist in **Paleochora**, **Loutro** oder **Georgioupolis** richtig. Empfehlenswert sind auch Ausflüge zu den weißsandigen, unverbauten Traumstränden **Balos Beach**, **Falasarna** und **Elafonisi** an der Westküste.

Ruhiges Landleben findet man dagegen in den netten Bergdörfern der Regionen **Drapanos** und **Innahorion**. Wer gerne wandert, sollte sich keinesfalls eine Tour durch die spektakuläre, 17 km lange **Samaria-Schlucht** entgehen lassen. Regen- und Quellwasser haben sie im Laufe von etwa 2 Mio. Jahren in die Felsen der **Lefka Ori**, der Weißen Berge von Kreta, gegraben. Ein weiterer und wesentlich einfacher zu gehender Klassiker für Aktivurlauber ist der kurze Marsch zwischen den Klöstern auf der Halbinsel **Akrotiri** im Nordosten von Chania. Auch die Besichtigung der antiken Stätten **Lissos** und **Polirrinia** kann man wunderbar mit längeren Spaziergängen verbinden.

1 Chania

TOP TIPP *Romantische Altstadt, stimmungsvoller Hafen, verwinkelte Gässchen und interessante Museen.*

Mit seinen **venezianischen Häuserfronten** entlang des Hafens erinnert Chania (56 000 Einw.) an der westlichen Nordküste Kretas stellenweise stark an die berühmte Lagunenstadt. Auch wenn hier an der Uferpromenade nicht Gondeln, sondern bunte Pferdekutschen für Rundfahrten bereitstehen ist die zweitgrößte Stadt Kretas doch eine der schönsten und stimmungsvollsten der Insel. Im Gewirr der Altstadtgassen bieten Kunsthandwerker ihre Waren feil, am pittoresken Hafen mit Leuchtturm kann man vorzüglich speisen oder die Abendstimmung bei einem Cocktail genießen, landeinwärts bilden die oft schneebedeckten Weißen Berge eine erhabene Kulisse. Wer sich für Kunst und Kultur interessiert, freut sich über die vielen Galerien und Museen.

Kuben, Kuppeln und die spitzen Gipfel der Weißen Berge prägen den Hafen von Chania

Letztere sind vor allem in archäologischer Hinsicht sehr gut ausgestattet. Es gibt ja auch einiges zu berichten aus der jahrtausendealten Geschichte der Stadt: Keramikfunde lassen auf eine Besiedlung seit dem 3. Jt. v. Chr. schließen und zahlreiche Tontäfelchen mit Linear-A- und Linear-B-Schrift deuten auf die Existenz eines minoischen Palastes sowie einer Handelsstadt in Neu- und Nachpalastzeit (1700–1100 v. Chr.) hin.

Das florierende Gemeinwesen bestand in griechischer, römischer und byzantinischer Zeit fort. Damals hieß die Stadt **Kydonia**, nach ihrem der Sage nach ausgesprochen gastfreundlichen König Kydon. 1212–18 eroberten Venezianer die Stadt und nannten sie fortan **La Canea**. Die Seemacht baute Palazzi, Kirchen und Schiffshallen, die sie mit gewaltigen Stadtmauern schützte, insbesondere vor osmanischen Angriffen. 1536–90 errichtete Festungsbaumeister Michele Sanmicheli bei der Hafeneinfahrt das rechtwinklige Fort *Firkas* als Teil eines etwa 2 km langen äußeren Mauerrings.

Doch selbst dieser konnte die Einnahme der Stadt durch die Türken 1645 nicht verhindern. In der Folge wurden Kirchen zu Moscheen umgebaut und Gebäude mit typisch osmanischen Holzerkern bereicherten die Altstadtarchitektur des nunmehrigen **Hania**. Seit 1851 residierten hier sogar die türkischen Paschas. Nach der Rückeroberung Kretas 1898 durch Großbritannien, Frankreich, Italien und Russland blieb **Chania** zunächst Hauptstadt des autonomen Kretischen Staates bzw. bis 1972 der Insel. Heute ist sie Kapitale der nach ihr benannten Präfektur und mit Flughafen sowie Handels- und Fährhafen das nach Iraklio wichtigste Wirtschaftszentrum Kretas. Für jugendliches Flair in der ehrwürdigen Stadt sorgen die Studenten der 1984 gegründeten Technischen Universität.

Eine Besichtigung von Chanias Altstadt beginnt man am besten am **Venezianischen Hafen** 1. Hier legen Privat- und Ausflugsboote an, während gleich östlich eine längliche Nachbarbucht als Jacht- und Fischereihafen dient (s. u.). Beide Hafenbereiche schützt eine rund 800 m lange Mole nach Norden hin, mit dem **Venezianischen Leuchtturm** 2 an ihrer Spitze. Trotz des Namens stammen lediglich seine Fundamente aus venezianischer Zeit, der schlanke Rundturm selbst wurde 1830 von Ägyptern während ihrer

kurzen Regentschaft auf der Insel erbaut und im 21. Jh. von Grund auf restauriert. Im Nordwesten des Hafens, nahe seiner Einfahrt, fallen die mächtigen von Zinnen bekrönten und mit einem Rundturm befestigten Mauern des Hafenkastells Fort Firkas aus dem 16. Jh. auf. In dem trutzigen Bau hatte der venezianische Oberbefehlshaber seinen Sitz, später diente er als Gefängnis, heute als **Nautisches Museum** 3 (Tel. 28 21 09 18 75, April–Okt. tgl. 9–16, Nov.–März Mo–Sa 9–14 Uhr). Auf zwei Stockwerken sind hier historische Seekarten (16.–18. Jh.), Gemälde, eine Muschelsammlung und zahlreiche Schiffsmodelle versammelt, vom Handelsschiff aus dem 7. Jh. über eine venezianische Rudergaleere (16. Jh.) bis hin zum modernen Atom-U-Boot. In Vitrinen sind bedeutende Seeschlachten als Modelle oder Dioramen nachgestellt und im originalgetreuen Nachbau einer Kommandozentrale kann man sich selbst wie der Kapitän eines Kriegsschiffes in der Schlacht um Kreta 1941 fühlen.

Wesentlich friedlicher geht es einige Meter weiter westlich hinter dem Kastell in der ehemaligen Klosterkirche San Salvator zu. In dem unscheinbaren, gelb getünchten Gebäude aus dem 15.–17. Jh. spiegelt die kleine **Byzantinische und Nachbyzantinische Sammlung** 4 (Di–So 8.30–15 Uhr) mit fein ausgewählten und gut dokumentierten Exponaten – Münzen, Tongefäße, Schmuck, Ikonen und liturgisches Gerät – die Ära vom 4. Jh. bis zur türkischen Eroberung 1645. Besonders schön ist ein Fußbodenmosaik aus dem 6. Jh. mit niedlichen Darstellungen von Vögeln und Wild aus einer frühchristlichen Basilika in Kissamos [s. S. 27].

Immer an der Hafenfront entlang, vorbei an Restaurants, Tauchschulen und Souvenirgeschäften in der stimmungsvollen, venezianisch anmutenden Häuserreihe, gelangt man zu der im 17. Jh. errichteten und nach der christlichen Rückeroberung 1898 säkularisierten **Janitscharen-Moschee** 5 (auch *Hassan-Pascha-Moschee*). Ihr Minarett wurde 1930 abgerissen, so dass der weiße kubische Bau mit der großen, von Strebebögen gestützten Zentralkuppel inmitten eines Kranzes kleinerer Kuppeln fast wie ein Observatorium wirkt. Im früheren Gebetsraum finden heute wechselnde Kunstausstellungen statt.

Geht man nun entlang des Hafenbeckens wieder ein Stück zurück, erreicht man jenseits der *Platia Santrivani* landeinwärts die verkehrsberuhigte Einkaufs- und Flanierstraße *Odos Chalidon*. Hier

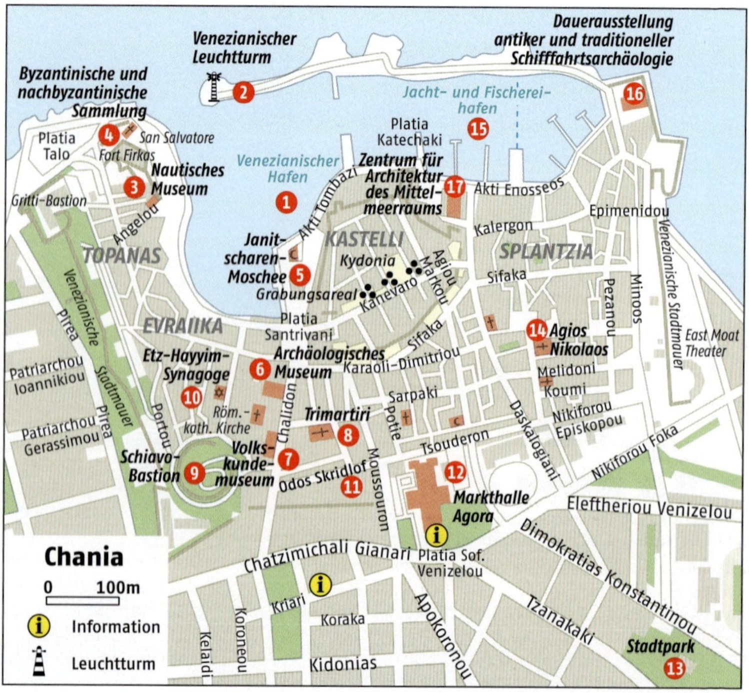

In Marmor ziert Artemis das Archäologische Museum, das schon früher als Gotteshaus diente

haben in der ehemaligen *Klosterkirche San Francesco* (16. Jh.) die Kostbarkeiten des **Archäologischen Museums** 6 (Tel. 28210 90334, Di–So 8.30–15 Uhr) einen würdigen Rahmen gefunden. In den Gewölben der dreischiffigen gotischen Basilika kann man auf Zeitreise gehen: Gefäße, Siegel und Tontafeln mit Linear-A-Inschriften erzählen von der blühenden minoischen Kultur. Einblick in spätminoische Bestattungsriten geben die zahlreichen mit Tieren, Schiffen oder Jagdszenen bemalten Tonsarkophage im Mittelschiff, während 60 irdene Stierfiguren (4. Jh. v. Chr.–2. Jh. n. Chr.) wohl Opfergaben für den griechischen Meeresgott Poseidon waren. Im Bereich des ehemaligen Chores ziehen Fußbodenmosaiken aus römischer Zeit (3. Jh.) die Aufmerksamkeit auf sich. Eines zeigt Poseidon und einen Satyr, die die schlafende Nymphe Amymone am Strand von Naxos entdecken, ein weiteres den Weingott Dionysos, der auf einem Panther reitet. Eleganter Schmuck, Glasgefäße und eine marmorne Artemis-Statue aus dem Diktynna-Heiligtum (Menies) runden die Ausstellung ab. Zuletzt lohnt noch ein Blick in den ehemaligen Kreuzgang. Er umläuft einen Garten, in dem ein reizendes *Brunnenhaus* mit spitz zulaufendem Dach als Relikt der türkischen Herrschaft auf Kreta erhalten blieb, in der dieser Kirchenbau als Moschee genutzt wurde.

Neben dem Museum führt ein Tordurchgang auf den plattengepflasterten Vorhof des klassizistischen *Römisch-katholischen Kirchleins* (Tel. 28210 93443) von Chania, das sich hier ›in zweiter Reihe‹ versteckt. Es wurde 1879 der Mutter-

Essen mit Ausblick – Lokale und Cafés säumen Chanias Paralia, die Flaniermeile am Hafen

gottes geweiht. Auf den Platz öffnet sich auch das kleine private **Volkskundemuseum** 7 (Tel. 28 21 09 08 16, sommers So–Fr 9–21, Sa 9–15 Uhr). Seine schon reichlich vom Alter gezeichneten Exponate illustrieren das Leben der Kreter im 19. und 20. Jh.: Weinpresse, Webstuhl, Agrargeräte, ein hübsch geschmücktes Hochzeitsbett und eine voll ausgestattete Küche.

Auf der anderen Straßenseite der Odos Chalidon erhebt sich die griechisch-orthodoxe Kathedrale **Trimartiri** 8 von 1860. Stadtauswärts zweigt nach wenigen Schritten rechts die Odos Meletiou Piga zur **Schiavo-Bastion** 9 ab. Von ihrer stets zugänglichen Plattform aus bietet sich eine schöne Aussicht auf die Lefka Ori im Süden sowie das Hafenviertel. Wie das dortige Fort Firkas wurde auch dieser trutzige Rundbau im 16. Jh. als Teil der venezianischen Stadtmauer im Westen der Altstadt errichtet.

Nördlich der Bastion nahm 1669 ein einstiges venezianisches Kirchengebäude die **Etz-Hayyim-Synagoge** 10 (Odos Kondilaki, Tel. 28 21 08 62 86, www.etz-hayyim-hania.org, Mai–Mitte Okt. Mo–Fr 10–18 Uhr, eingeschränkte Winteröffnungszeiten) auf. Doch 1944 löschte die deutsche Besatzungsmacht die hiesige jüdische Gemeinde vollständig aus. Seit 1999 dient das restaurierte und wieder geweihte Gotteshaus auch als Gedenkstätte und als Ort der Versöhnung.

Nun führt der Weg jenseits der Odos Chalidon in die **Odos Skridlof** 11. Übersetzt heißt das ›Ledergässchen‹ und tatsächlich werden hier reichlich Schuhe und Taschen, Gürtel und Jacken angeboten, auch Maßanfertigungen sind möglich. In der östlichen Verlängerung dieser Gasse liegt rechts, schon in der Neustadt, die kreuzförmige **Markthalle Agora** 12 (Mo–Sa 8–14.30 Uhr). Der hohe Bau wurde 1911–13 nach dem Vorbild der Markthalle von Marseille aus Gusseisen mit offenem Dachstuhl in neoklassizistischem Stil errichtet. Zu kaufen gibt es hier Gemüse, Fleisch, Fisch und auch Souvenirs.

Abstand vom städtischen Trubel verspricht ein Bummel auf der Odos Tzanakaki stadtauswärts in den um 1870 angelegten **Stadtpark** 13. Er bietet Ruhe, kühlen Baumschatten und Einkehr im stilvollen Kaffeehaus Kypos (s. u.). Am Nordostrand des Parks beheimaten einige *Tiergehege* u. a. kretische Wildziegen. In der südöstlichen Ecke werden an schönen Sommerabenden im *Openair-Kino* (Mai–Sept.) internationale Filme gezeigt.

Der Weg zurück Richtung Hafen führt in der Altstadt vorbei an der *Platia 1821* mit der ursprünglich 1320 von Venezianern errichtete Kirche **Agios Nikolaos** 14. Nach mehreren Umbauten gliedern heute Portaltür und Rundbogenfenster die klassizistisch-neobyzantinische Fassade in zwei Etagen. Auffälliger aber ist, dass

Ein wahres Labyrinth bilden die vielen Treppengassen der Altstadt

sich links ein viereckiger Kirchturm mit offenen Biforienfenstern, rechts ein rundes, etwas höheres Minarett erhebt. Diese ungewöhnliche Kombination kam zustande, weil die Kirche während der Türkenherrschaft zur Hauptmoschee der Stadt, *Ibrahim Camii*, umfunktioniert wurde. Damals blieb der Glockenturm erhalten, nach erneuter Umwidmung in ein christliches Gotteshaus auch das Minarett.

Von hier ist es nicht mehr weit zum **Jacht- und Fischereihafen** 15, der von Arsenalen (15.–17. Jh.) gesäumt wird. Eine dieser schnörkellosen Schiffshallen aus venezianischer Zeit im Osten des Hafenbeckens beherbergt die **Dauerausstellung antiker und traditioneller Schifffahrtsarchäologie** 16 (Tel. 28 21 04 00 75, Di–So 10–16 und 18–21 Uhr). In ihrem Zentrum steht die *Minoa*, der Nachbau eines 17 m langen bronzezeitlichen Ruder- und Segelschiffes. Es war anlässlich der Olympischen Spiele 2004 ausschließlich mit in der Frühzeit verfügbaren Materialien und Techniken rekonstruiert worden. Nach drei Jahren Bauzeit brachten es 22 Ruderer stilecht in zehn Tagen von Chania zum Athener Hafen Piräus, von wo aus das Schiff das olympische Feuer zu den jeweiligen Spielstätten begleitete.

Wenige Schritte weiter westlich befindet sich in der über zwei Stockwerke offenen Halle des Großen Arsenals, dem ehemaligen Zeughaus aus dem 15. Jh., das **Zentrum für Architektur des Mittelmeerraums** 17 (Tel. 28 21 04 02 01, www.kam-arsenali.gr). Es organisiert Wechselausstellungen und Vorträge zum Thema Architektur.

Praktische Hinweise

Information

EOT, Odos Kriari 40, Chania, Tel. 28 21 09 29 43, www.chania.gr, www.chaniacrete.gr/de

Flughafen

Chania-Souda International Airport Daskalogiannis (CHQ), 16 km östlich vom Stadtzentrum Chanias auf der Halbinsel Akrotiri, Tel. 28 21 08 38 00, www.hcaa-eleng.gr/chandat.htm. Lokale Linien- und europäische Charterflüge. Busse und Taxis ins Umland und in die Stadt.

Bus

Busbahnhof, Neustadt zwischen Odos Kydonias und Odos Smirnis, Chania, Tel. 28 21 09 33 06, www.bus-service-crete-ktel.com. Gute Verbindungen in den westlichen Teil der Insel.

Fähre

Souda, Bucht im Osten von Chania, Hafenamt, Tel. 28 21 08 92 40. Tgl. Fährverbindung mit Anek Lines (Tel. 21 04 19 74 00, www.anek.gr) von und nach Piräus.

Outdoor

Alpine Travel, 2 Odos Akrotiriou Pithari, Chania, Tel. 28 21 05 09 39, www.alpine.gr. Mehrtägige Trekkingtouren, Kletter-Exkursionen, Gleitschirmfliegen.

Limnoupolis, Varipetro, 6 km südwestlich von Chania, Tel. 28 21 03 32 46, www.limnoupolis.gr. Riesiges Spaßbad.

Einkaufen

Local Artistic Handicrafts' Association, Odos Afendulief 14 (Alter Hafen), Chania, Tel. 28 21 04 18 85. Großes Geschäft für in der Präfektur hergestellte Schnitzereien, Töpferwaren, Stickereien etc.

MAT, Odos Potie 51, Chania, Tel. 28 21 04 22 17. Große Auswahl an Backgammon- (*Tavli*) und Schachspielen.

Handwerkerdorf Verekinthos, südlich von Souda und der Nationalstraße 90, Richtung Tsikalaria, Tel. 28 21 08 91 01, www.verekinthos.com. Gold-, Silber- und Messerschmiede, Töpfer, Glasbläser, Ikonenmaler u.v.m. (Ateliers ganztags offen, Verkauf Mo–Fr 10–14, 19–21, Sa 10–14 Uhr).

Hotels

TOP TIPP **Casa Delfino**, Odos Theofanos 9, Chania, Tel. 28 21 08 74 00, www.casadelfino.com. 22 stilvoll eingerichtete Zimmer und Suiten in venezianischem Palazzo aus dem 17. Jh. im Herzen der Altstadt. Dachterrasse mit herrlicher Aussicht über Stadt und Hafen.

Doma, Eleftheriou Venizelou 124, Chania, Tel. 28 21 05 17 72, www.hotel-doma.gr. Östlich vom Hafen gelegene klassizistische Villa. Einige Zimmer mit Meerblick. Garten und Restaurant.

To Spiti, Drakontopoulon 18, Chania, Tel. 28 21 04 63 27, www.to-spiti.gr. Sensibel restauriertes kleines venezianisches Haus für Selbstversorger in der Altstadt.

Restaurants

Antigoni, Odos Akti Enoseos, Ecke Defkalionos, am Jacht- und Fischereihafen, Chania, Tel. 28 21 04 52 36, www.antigoni-restaurant.gr. In dem Fischrestaurant lässt man sich *Aktarmas* (Fischsuppe) und *Kakavia* (Muscheln) schmecken.

Suki Yaki, Odos Chalidon 26–28, Chania, Tel. 28 21 09 59 55, www.sukiyaki.gr. Exotisches auf Kreta: Feine chinesische Speisen in einem schönen Innenhof.

Tamam, Odos Zambeliou 49, Chania, Tel. 28 21 09 60 80. Günstige Mittelmeerspezialitäten wie Schnecken oder Auberginencreme, serviert im umgebauten türkischen Bad oder auf der Terrasse.

Café

Kypos, im Stadtpark, Chania, Tel. 28 21 05 45 20. Stilvolles Kaffeehaus mit vielerlei orientalischen Süßigkeiten.

Nachtleben

Entlang der Hafenpromenade, in der Parallelstraße Odos Kalergon und in der Odos Sarpidon gibt es unzählige Bars von alternativ bis mega-schick.

Kriti, Odos Kalergon 22, Chania. In der urigen Taverne wird bei Hauswein und Livemusik ausgelassen gefeiert.

2 Bucht von Chania

Strandleben in Agia Marina und Platanias, Soldatenfriedhof in Maleme.

Über 22 km erstreckt sich *Kolpos Chanion*, die Bucht von Chania, westlich der namengebenden Präfekturhauptstadt. Etwa in der Mitte der lang gezogenen Bucht bieten die beinahe zusammengewachsenen Ferienorte **Agia Marina** und **Platanias** lebhafte feinsandige Strände und reichlich Nachtleben. Zu beiden Seiten der Alten Nationalstraße (*Old Road*) reihen sich hier Hotelanlagen, Pensionen, Tavernen, Cafés, Klubs, Minimärkte und Souvenirshops aneinander. Wer es ein wenig ursprünglicher mag, schlendert den steilen Hang südlich der Old Road hinauf in den alten Ortskern **Pano Platanias**. Er liegt in aussichtsreicher Höhe und bietet einen guten Blick auf die vorgelagerte Insel *Agii Thodorou* mit den Ruinen venezianischer Festungsanlagen aus dem 16. Jh. Da auf dem Eiland die seltenen Agrimi-Wildziegen leben, darf es nicht betreten werden.

Je weiter man nach Westen kommt, umso ruhiger wird es in der Bucht von Chania. Schon 3 km hinter Platanias nimmt in dem von Obst- und Weingärten umgebenen Dorf **Gerani** mit seinen schönen, aber kiesigen Stränden die Hotelkonzentration merklich ab. Auch das weitere 3 km entfernte **Maleme** besitzt einen ansehnlichen Sand-Kies-Strand. Über dem lang gezogenen Straßendorf sprangen im Mai 1941 deutsche Fallschirmjäger ab, um den nahen britischen Flugplatz einzunehmen. Unter Beschuss starben viele der meist sehr jungen Männer noch im Sprung. Für ihre sterblichen

Einem Drachen gleich bewacht die Insel Thodorou den 800 m langen Sandstrand Agia Marina

Überreste und die weiterer auf Kreta gefallener deutscher Soldaten, insgesamt 4465 Tote, legte die Deutsche Kriegsgräberfürsorge 1,5 km oberhalb von Maleme auf der umkämpften ›Höhe 107‹ in anrührend schöner Lage einen *Soldatenfriedhof* an.

Ausflüge

Wo die Bucht von Chania in die nordwärts ausgreifende Halbinsel Rodopou übergeht, liegt Kolimbari an einem ruhigen Kiesstrand. Etwa 3 km östlich zweigt bei *Rapaniana* ein Sträßlein südwärts ab und erreicht nach weiteren 5 km das Bergdorf **Ano Vouves**. Hier steht ein knorriger alter Olivenbaum, dessen mächtiger, teils hohler, bizarr verwachsener und in sich verwrungener Stamm einen Umfang von 13 m hat.

Auch im Westen von Kolimbari, vom Vorort *Grimpiliana* aus, führt eine Straße die Berge, knappe 8 km meist durch Olivenhaine nach *Episkopi*. Kurz vor dem Ortseingang zweigt rechts ein Feldweg zur **Erzengel-Michael-Rotunde** (Wegweiser mit der Aufschrift ›Rotonda‹ und ›Church of Archangel Michael‹, im Sommer oft tagsüber geöffnet) ab. Das Kirchlein aus unverputztem Naturstein wurde spätestens im 10. Jh. auf den Fundamenten einer frühchristlichen Basilika errichtet. Sie besitzt eine auf Kreta einzigartige Kuppel, die sich aus fünf konzentrischen Mauerringen stufenförmig aufbaut. Zum Schutz des Mauerwerks sind die Ringflächen mit Dachziegeln gedeckt. Im Kircheninneren birgt die nach Südwesten ausgerichtete Vorhalle (*Narthex*) die Reste eines Fußbodenmosaiks mit geometrischen Mustern, in den Boden des Südgangs ist ein Taufbecken eingelassen (beide wohl 6. Jh.). Die ältesten Fresken (10. Jh.) zeigen den Erzengel Michael, Heilige und den Tempelgang Mariens.

i Praktische Hinweise

Outdoor

Trekking Plan, Agia Marina, Mobil-Tel. 69 32 41 70 40, www.cycling.gr. Wander-, Kletter und Mountainbiketouren sowie Canyoning für Anfänger und Fortgeschrittene. Außerdem werden Fahrräder verliehen.

Hotels

*******Porto Platanias Beach Resort**, Platanias, Tel. 28 21 03 88 00, www.portoplatanias.gr. Großer, gut ausgestatteter Ferienkomplex mit fünf Pools und fünf Restaurants, Animation und Spa.

*****Amalthia Beach Resort**, Agia Marina, Tel. 28 21 06 85 42, www.amalthia-hotel.gr. Bungalowanlage mit modern eingerichteten Zimmern und Suiten, Restaurant und Kinderspielplatz.

Restaurants

O Mylos tou Kerata, Old Road am Westrand von Platanias, Tel. 28 21 06 85 78, www.mylos-tou-kerata.gr. Stimmungsvolles Abendrestaurant mit mediterraner Küche in einer historischen Wassermühle aus dem 14. Jh. mit Palmengarten.

Zafferano, Platanias, Tel. 28 21 03 81 80, www.zafferano.gr. Gute italienische Küche, auch Holzofenpizza, in kühlem, modern durchgestyltem Ambiente.

Nachtleben

Mylos, am Strand im Westen von Platanias, Tel. 28 21 06 04 49, www.mylos-chania.com. Inselweit bekannte DJs sorgen für volle Tanzflächen bis zum Morgengrauen (Juni–Sept. tgl. ab 24 Uhr).

3 Rodopou

Ikonen in Moni Gonias und dorische Tempelruinen auf karger Halbinsel.

Wie ein großes Horn ragt die bergig-karge Halbinsel Rodopou im Nordwesten Kretas etwa 15 km nordwärts ins Meer. Sie ist unbewohnt, lediglich an ihrem Fuß liegen zwischen Kolimbari und Kissamos eine Handvoll Dörfer inmitten des Auf und Abs von Olivenhainen, Wein- und Gemüsegärten. In den Siedlungen *Afrata* an der Ost- und *Ravdouchas* an der Westküste sorgen zudem kleine Strände für bescheidenen touristischen Zulauf.

Zwischen den Ortschaften liegt **Moni Agios Ioannis Gionis** (Tel. 28 24 02 25 18, im Sommer Mo–Fr 8–12.30 und 16–20, Sa 16–20, im Winter Mo–Fr 8–12.30 und 15.30–17.30, Sa 15.30–17.30 Uhr) mit Blick auf die Bucht von Chania malerisch am Hang. Das im 9. Jh. gegründete Bergkloster war ein Zentrum des kretischen Widerstandes gegen Türken und Deutsche. Durch die bewegten Jahrhunderte retteten die Mönche eine beeindruckende Ikonensammlung, die heute in der zentralen Klosterkirche (1634 erbaut, im 19. Jh. erweitert) zu bewundern ist. Prunkstücke sind vier Werke des Mönchs Parthenios von 1671. Sie zeigen in der Ikonostase (Altarwand) Christus Pantokrator, Johannes den Täufer, die Muttergottes Odigitria (Wegweiserin) und Johannes den Theologen. Im linken Seitenschiff fasziniert eine schaurig-detailfreudig gemalte Ikone des Jüngsten Gerichts. Ihrer Darstellung nach ziehen auch namhafte Heiden wie Alexander der Große und der römische Kaiser Augustus ins Paradies ein. Auch das kleine Museum in den benachbarten Klosterräumen bewahrt hervorragende Ikonen, etwa die des hl. Nikolaos (15. Jh.) und eine vielfigurige Josephsgeschichte (1642), darüber hinaus Paramente und liturgische Schriften.

Nördlich des Klosters befinden sich am Hang neben der Küstenstraße die drei modernen Gebäude der **Orthodoxen Akademie** (Tel. 28 24 02 22 45, www.oac.edu.gr). Sie wurde 1965 vom weltoffenen Metropoliten Ireneos Galanakis (* 1911) ins Leben gerufen und ist Veranstaltungsort zahlreicher international besetzter Seminare zu religiösen, ökologischen, wirtschaftlichen und pädagogischen Themen. Dass sein Engagement für eine bessere Zukunft nicht nur ein theoretisches bleiben sollte, bewies Galanakis 1967, als er nach einem fahrlässig verursachten Fährunglück mit 241 Toten vor der Küste von Kreta die genossenschaftlich organisierte und noch heute bestehende Schifffahrtsgesellschaft *Anek Lines* gründete.

Um A**krotiri Spanda** im nördlichen Teil der Halbinsel Rodopou und zugleich dem äußersten Norden Kretas wird die Landschaft immer karger, felsiger und unzugänglicher. Das ist die ideale Heimat zahlreicher **Vogelarten**, darunter auch der seltenen *Eleonorenfalken*. Durch die Region führt eine nur für Jeeps befahrbare holprige Schotterpiste. Sie endet in der felsgesäumten und kiesbelegten Bucht **Menies** bei den spärlichen Grundmauern einiger antiker Gebäude. Auf dem Hügel im Süden der Bucht erhob sich einst auf der Steilküste über dem Meer ein **dorischer Tempel**, der im 7. Jh. v. Chr. zu Ehren der Nymphe *Diktynna* errichtet und in römischer Zeit zu einem größeren Heiligtum ausgebaut worden war. Die Naturgottheit soll sich der Sage nach hier ins Meer gestürzt haben, um dem lüsternen König Minos zu entkommen. Fischer zogen sie aber in einem Netz (griech. *diktyon*) unversehrt wieder an Land gezogen.

i Praktische Hinweise

Restaurant

Wachos sto kyma (Waves on the rocks), Ravdoucha (oberhalb des Strandes), Tel. 28 24 02 31 33, www.wavesontherock.eu. Auf der schattigen Terrasse mit Meerblick genießt man etwa frische gegrillte Tintenfische. Oben günstige Studios.

Oberhalb des Dorfes Polirrinia liegt die gleichnamige antike Siedlung in den Bergen

4 Kissamos und Polirrinia

Ein gut bestücktes Archäologisches Museum und dorische Ausgrabungen auf einem aussichtsreichen Berg.

Die Einheimischen sprechen häufig noch von ›Kastelli‹, doch offiziell wurde die **Kleinstadt** (3900 Einw.) am gleichnamigen Golf bereits Ende des 20. Jh. zur Abgrenzung vom gleichnamigen Ort nahe Iraklio in ›Kissamos‹ umbenannt. An Attraktionen hat sie einen schmalen Kiesstrand zu bieten, eine nette, von Restaurants und Bars gesäumte Uferpromenade und eine auf lokale Bedürfnisse abgestimmte Einkaufsstraße.

Neuzeitliche Bauten überdecken fast ausnahmslos die architektonischen Zeugnisse der langen Stadtgeschichte. Bereits unter den Dorern erlangte Kissamos als Hafen von Polirrinia (s. u.) Wohlstand, der sich in römischer Zeit noch mehrte. Bäder wurden eingerichtet, Villen mit Bodenmosaiken ausgestattet, ein Theater eröffnet. Die Byzantiner erkoren Kissamos zum Bischofssitz, die Venezianer sicherten es mit einer Festung, von der nur spärliche Mauern und der alte Name der Stadt, eben *Kastelli*, blieben.

Einziger lohnender Besichtigungspunkt in Kissamos ist das **Archäologische Museum** (Platia Stratigou Tzanakaki, Tel. 28 22 08 33 08, Di–So 8.30–15 Uhr),

das seine kostbaren Exponate in einem schön restaurierten zweistöckigen Verwaltungsbau aus venezianischer Zeit am kleinen Hauptplatz präsentiert. Der Rundgang ist chronologisch aufgebaut, zu sehen sind Objekte, die bei Ausgrabungen im Nordwesten Kretas gefunden wurden. Aus der Region Drapanos etwa stammen kleine minoische Tongefäße zum Verbrennen von Räucherwerk. Spielwürfel und die Gewichte eines Webstuhls aus hellenistischer Zeit wurden in Phalasarna gefunden. Ungewöhnlich ist eine steinerne Spendenbox in Form einer 1 m hohen Säule, in welche die Bewohner Polirrinias im 3. Jh. v. Chr. ihren Obolus für den Tempel warfen, anrührend eine ebenfalls von dort stammende Grabstele (ca. 150 v. Chr.) mit Inschrift. Sie zeigt ein Mädchen namens Tyro, das, bevor es ins Totenreich wandert, seinem geliebten Vater die Hand zum Abschied reicht. Darüber hinaus kann man aus den ersten Jahrhunderten nach Christus einige Marmorstatuen – ein Mädchen in faltenreichem Gewand, ein verschmitzt grinsender Faun oder den überlebensgroßen Torso eines Standbilds von Kaiser Hadrian – bewundern, die in der Vorzeit öffentliche Gebäude in Kissamos und Polirrinia schmückten. Wie herrlich auch die Privatvillen der römischen Aristokraten ausgestattet waren, erfährt der Besucher im ersten Stock: Die Wände schmückten Fresken mit geometrischen und floralen Mustern, die Böden Mosaike mit mythologischen und allegorischen Motiven, kleine marmorner Statuen dienten als Tischbeine, in den Gärten plätscherten kunstvolle Brunnen und Sonnenuhren zeigten die Zeit an – welch wunderbare Dekadenz!

Ein landschaftlich reizvoller Ausflug, am besten in den frühen Abendstunden wenn das Licht weich und die Temperatur angenehm ist, führt von Kissamos 6 km ins Landesinnere. Hier kann man am Hang eines kegelförmigen Berges das hübsche **Polirrinia**. In den engen Gassen des Dorfs stößt man auf eine Olivenholzwerkstatt (Tel. 28 22 02 41 68), deren Besitzer auch einen kräftigen Raki brennt.

Ein etwa 20-minütiger Aufstieg vorbei an Dreschplätzen, Schafweiden und Weingärten führt zur gleichnamigen antiken Siedlung samt Akropolis oberhalb des Ortes. Sie wurde von den Dorern im 6. Jh. v. Chr. gegründet und besaß mit Kissamos im Norden und Phalasarna im Westen zwei bedeutende Häfen. Nach der Eroberung Kretas 69 v. Chr. erkoren die Römer Polirrinia zum Verwaltungszentrum Westkretas, was es bis in byzantinische Zeit blieb.

Von jenen Hochphasen ihrer Geschichte zeugen nur noch spärliche, weit verstreute Überreste, auf die braune Schilder im Gelände hinweisen: die Ruinen eines Turms und eines römischen Aquädukts sowie die Grundmauern von Zisternen und Wohnhäusern. So bescheiden die historischen Zeugnisse auch sind: Der Blick über die gesamte Bucht von Kissamos ist grandios.

Gut bewacht – Badegäste an Balos Beach haben stets ein Auge auf Imeri Gramvousa

Praktische Hinweise

Fähren

Anen Lines, Tel. 28 21 02 03 45, www.anen.gr. Wöchentliche Fährverbindung vom modernen 2 km westlich von Kissamos gelegenen Hafen (Hafenamt Tel. 28 22 02 20 24) auf den Peloponnes.

Restaurants

Die Uferpromenade von Kissamos säumen zahlreiche Tavernen, die kretische Kost zu ähnlichen Preisen anbieten. In besonders schöner Atmosphäre speist man in den Lokalen am kleinen Fischerhafen, 1 km westlich von Kissamos.

5 Gramvousa

Kleine felsige Peninsula mit dem wohl schönsten Strand Nordkretas und Festungsinsel mit Piratenflair.

Eine imposante Festungsinsel und ein Strand wie aus dem Bilderbuch sind die Ziele einer kurzweiligen und viel gebuchten Bootsfahrt. Wer sich von Menschenmassen nicht die Freude an schönen Landschaftserlebnissen verderben lässt, sollte am Fährhafen von Kissamos morgens eines der Ausflugsboote (April–Okt.) besteigen und gen Westen schippern. Die Fahrt führt etwa eine Stunde entlang der höhlenreichen Steilküste der Halbinsel Gramvousa und um ihre Spitze zur Nordwestküste. Vor ihr liegt in Sichtweite das erste Tagesziel, das Inselchen **Imeri Gramvousa**. Auf seinem 137 m hohen Felsen erbauten die Venezianer im Jahr 1579 ein *Fort*, das sie als letzten ihrer Posten auf Kreta bis zum Jahr 1692 gegen türkische Angriffe halten konnten. In den 1820er-Jahren verschanzten sich hier kretische Freiheitskämpfer, die auch der Piraterie nicht abgeneigt waren. Man erzählt sich, sie hätten dabei unermessliche Schätze erbeutet, die noch heute in so mancher Felshöhle der nahen Halbinsel versteckt sein sollen.

Die meisten Tagesausflügler nutzen ihren zweistündigen Aufenthalt auf der Festungsinsel, um in rund 20 Minuten zu dem mächtigen Mauer- und Felsdreieck des Forts hinaufzusteigen. Über dem Eingangstor war einst das marmorne Relief eines Markuslöwen angebracht, das heute etwas traurig neben dem Durchgang auf dem Boden liegt. Auf dem weiten Areal innerhalb der mächtigen Befestigungsmauer sind die Ruinen von Häusern, Zisternen sowie eine schmuck- und fensterlose Kapelle zu sehen. Wunderbar ist der Blick vom Festungsplateau über das Meer und die Westküste Kretas.

Wer nach dieser Bergtour noch Zeit hat, kann am Sandstrand der Insel ausruhen, doch eigentlich steht ein schöneres Badeerlebnis bereits als nächster Punkt auf dem Programm.

TOP TIPP Balos Beach

Nur 1 km bzw. eine kurze Bootsfahrt liegt zwischen Imeri Gramvousa und dem **Strand von Balos** an der Westküste der Halbinsel Gramvousa. Er ist auch bekannt als *Piratenbucht* (s. o.). Hier haben Ausflügler drei Stunden lang Zeit zum Sonnen, Plantschen und Sandburgen bauen. Taverne, Sonnenschirm- und Liegestuhlverleih sorgen für Bequemlichkeit. Der feste weiße und vollkommen vegetationslose Sandstrand füllt breit und bildschön die halbkreisförmige Bucht zwischen dem längsovalen Kap **Akrotiri Tigani** (Bratpfanne) und der Nordspitze der Halbinsel Gramvousa. Das seichte badewannenwarme Wasser der weiten Lagune glitzert und schimmert im Sonnenlicht in allen Facetten von Blau und Grün. Den schönsten Blick auf das Wunderwerk aus Farbe und Form hat man, wenn man ein Stück den Pfad hinaufsteigt, der im Südwesten des Strandes in einer halben Stunde steil bergauf zu einem Parkplatz führt. Hier stehen die Jeeps jener Fahrer, die vom Ort *Kaliviani* am Beginn der Halbinsel aus über eine 11 km lange holperige Piste angereist sind. Die bequemere Art zu reisen haben sicher die Bootsausflügler gewählt.

i Praktische Hinweise

Ausflüge

Gramvousa–Balos Cruises, Fährhafen, 2 km westlich von Kissamos, Tel. 28 22 02 43 44, www.gramvousa.com. Ausflugsfahrten zur Festungsinsel Gramvousa und zum Strand von Balos, April–Mitte Okt. tgl. 10.15, im Sommer auch 12.30 Uhr, Rückkehr gegen 18 bzw. 20 Uhr. Getränke, warmes Essen, Eis und Leih-Sonnenschirme (kostenpflichtig) an Bord.

6 Falasarna

Traumstrand und antike Hafenstadt in einer reizvollen Bucht.

In zahlreichen Kehren windet sich die Straße vom Bergdorf Platanos auf rund 230 m Höhe bergab zum Meer, durch Olivenhaine, vorbei an Gewächshäusern für Tomaten, Gurken und Bananen, an Tavernen und Pensionen. Immer wieder öffnen sich während der Fahrt Ausblicke auf das Ziel des Abstechers: **Megali Falasarna**, *Big Beach*, ein bis zu 200 m breiter feinsandiger, von Dünen und Felsen eingefasster Traumstrand, der die weit geschwungene *Bucht von Livadia* im Südosten der gebirgigen Halbinsel Gramvousa säumt. Vereinzelt kann man sich hier in Strandbars erfrischen, die Besitzer verleihen auch Liegestühle und Sonnenschirme – doch dazwischen bleibt noch ganz viel Platz. Kristallklares Wasser lockt zum Baden, allerdings ist Vorsicht geboten, wenn starke Westwinde die normalerweise sanften Wogen zu hohen Wellen auftürmen. Aber das macht dann wieder die Surfer etwas weiter draußen vor der Küste glücklich.

Im Norden der Bucht kann man einen Rundgang durch das sich den Hang hinaufziehende Grabungsgelände von **Phalasarna** unternehmen. Ein erstes Relikt der Antike sieht man an der schnurgeraden, ungeteerten Zufahrtspiste, wo linker Hand ein thronähnliches Gebilde aus anstehendem Fels geschlagen wurde, dessen Funktion freilich bis heute nicht geklärt ist. Bald darauf erreicht man das Wärterhäuschen am Eingang des Geländes. Es ist meist unbesetzt, denn vom einstigen Hafen der dorischen Stadt Polirrinia ist nicht mehr viel erhalten. Seine Besonderheit war ein künstliches Hafenbecken (ca. 100 x 75 m), das zwei Kanäle mit dem offenen Meer verbanden – eine technische Meisterleistung für das 6. Jh.

Klare Sache – ungetrübtes Urlaubsvergnügen bietet der berühmte Strand Megali Falasarna

Mit zwei Tavernen und viel Ambiente ist Kefali ist ein typisches Bergdorf in Innahorion

v. Chr., die in der antiken Literatur häufig erwähnt wurde. Im Lauf der ersten nachchristlichen Jahrhunderte kam es allerdings zu tektonischen Verschiebungen: Westkreta hob sich um mehrere Meter und im Hafen von Phalasarna, der heute nur noch als flache Senke erkennbar ist, wurde das Wasser knapp. Unter Schutzdächern finden heutige Besucher noch die Überreste von fünf tönernen Sitzbadewannen aus hellenistischer Zeit sowie einer Zisterne. Daneben ist die Ruine eines runden ehemaligen Hafenturms von etwa 10 m Durchmesser bemerkenswert.

i Praktische Hinweise

Hotel

Golden Sun, Falasarna, Tel. 28 22 04 14 85, www.hotelgoldensun.net. Mit Naturstein und Holz ansprechend gestaltete Zimmer und Apartments mit Meerblick.

7 Innahorion

Weltabgeschiedene Dörfer und eine Tropfsteinhöhle in abwechslungsreicher Bergregion.

Südlich von Kissamos erstreckt sich zwischen den Gipfeln der Lefka Ori und dem Meer die teils bizarr-schroffe, teils lieblich grüne Bergregion Innahorion. Am besten erkundet man sie auf einer mindestens eintägigen Autotour. Plant man Abstecher – etwa nach Falasarna, Elafonisi, Moni Chrissoskalitissa oder Milia – sollte man ein wenig mehr Zeit einplanen.

Südlich von Platanos windet sich die schmale Straße Platanou–Kefaliou bald höher und höher in das rostbraune schroffe Küstengebirge. Immer wieder öffnen sich herrliche Blicke auf Meer und Gipfel. Doch nicht nur Fotostopps kosten hier Zeit, in dieser einsamen Gegend scheinen selbst die Ziegen durch das Belagern von Autos ein wenig Gesellschaft zu suchen – und halten dabei die Reisenden auf. Beim Dorf **Sfinari** führt eine Stichstraße 1,5 km hinunter zum Meer, wo ein wenig besuchter, von Tamarisken gesäumter Kiesstrand zum Baden einlädt. Drei Tavernen vor Ort haben Speis und Trank sowie Sonnenschirme und Strandliegen im Angebot.

Ein weiterer Stopp bietet sich in **Kefali** im Landesinneren an. In dem winzigen Bergdorf (40 Einw.) leben vor allem Schafzüchter und Olivenbauern. Sie kehren gern in einer der beiden Tavernen am Dorfplatz ein. Von ihrer Panoramaterrassen aus man eine wunderbare Aussicht auf das Tal von Vathi im Westen genießt, durch das sich die Straße hinunter nach Elafonisi [s. S. 33] an der Küste schlängelt. Wie Schwalbennester ›kleben‹ kleine weiße Häuschen und eine Kapelle am gegenüberliegenden Hang.

Unter Geiern – Wanderung am Hausberg von Milia

Eine abwechslungsreiche **Rundwanderung** erschließt in knapp 2 Std. den Berghang vis-à-vis des Feriendorfes Milia. Vom Parkplatz aus folgt man dem mit gelben und roten Punkten und Pfeilen markierten Weg zunächst leicht bergauf entlang eines Olivenhains. Je höher man steigt, umso spärlicher wird die Vegetation, bis bloßer Fels ein wenig Kraxelei und Trittsicherheit erfordert. Nach etwa 30 Min. gilt es, ein schmales Felsentor zu durchqueren. Danach steigt man nach einer Kehre parallel zur Aufstiegsroute etwa 45 Min. weiter aufwärts, entlang schroffer Gesteinsformationen zum höchsten Punkt der Wanderung. Hier oben befindet man sich im Reich der Bartgeier, die oft am wolkenlosen Himmel ihre Kreise ziehen.

Nach kurzer Gehzeit gelangt man vom Gipfel schließlich an den Rand einer thymianduftenden Hochebene, von wo aus der Weg bergab, zurück nach Milia, ausgeschildert ist.

Je weiter man nun nach Osten in die hier eher rundkuppigen Vorberge fährt, desto häufiger säumen sattgrüne Esskastanienbäume die Straße. Zentrum des Handels mit den süß-nussigen Köstlichkeiten ist das auf etwa 700 m Höhe gelegene **Elos**, mit rund 800 Einwohnern der größte Ort des Innahorion. Hier wird jedes Jahr Ende Oktober das Kastanienfest gefeiert, mit Musik, Tanz und natürlich Maronen in allen Zubereitungsarten.

Etwa 5 km hinter Elos biegt links ein Sträßlein ab, das, später als Erdpiste, vielfach gewunden weitere 7 km bergauf führt. Sie endet im einsam in einem grünen Hochtal gelegene **Milia Mountain Resort** (s. u.). Das Feriendorf besteht aus mittlerweile 16 restaurierten und modernisierten mittelalterlichen Bruchsteinhäuschen und einer Taverne. Wer Ruhe und Erholung sucht, sollte einen etwas längeren Aufenthalt einplanen, denn Milia bietet beides reichlich. Tagsüber kann man auf markierten Wegen die umliegenden Berge erwandern oder sich einfach nur im Schatten von Kastanien und Eichen in den Hängematten aalen, abends genießt man das kretische Drei-Gänge-Menü, nachts den grandiosen Sternenhimmel.

Auf dem Weg zurück von Milia zur geteerten Landstraße bietet sich ein kurzer Abstecher zum **Arboretum Vlatous** oberhalb des Dörfchens Vlatous an. Der stille Bergwald ist auch als *Friedenspark* bekannt, denn die Eichen, Kastanien und sonstigen Bäume wurden 1976 von der hiesigen Gemeinde, den staatlichen Forstämtern in Chania und in München, von der Deutschen Luftwaffe und vom Goethe-Institut Chania in einer gemeinschaftlichen Aktion gepflanzt.

Fährt man anschließend auf der Hauptstraße weiter nach Norden, lädt schon bald auf einem überdimensionalen Schild ein bärtiger Mann in schwarzer kretischer Tracht dazu ein, seine *Taverne Romantza* (Tel. 28 22 05 17 09) mit Souvenirshop zu besuchen und auch gleich die darüber im Hang liegende Tropfsteinhöhle **Agia Sofia**. Etwa 10 Minuten Fußmarsch liegen zwischen beiden. Der rund 75 x 75 m große Grottensaal mit einer Stalaktitendecke und einigen großen Stalagmiten diente wohl schon in neolithischer Zeit als Kultstätte. In der Neuzeit wurde im Eingangsbereich eine kleine Kapelle zu Ehren der hl. Sofia teils aus dem Fels gemeißelt, teils vorgemauert.

Von der Terrasse vor der Höhle genießt man einen schönen Blick nach Osten, hinunter in die 1,5 km lange **Topolia-Schlucht** mit ihren bizarr gezackten Felswänden. An der Westseite dieser Schlucht windet sich die immer enger werdende Straße durch einen dunklen Tunnel. Ist er einmal durchfahren, weitet sich das Tal mit jedem Kilometer, bietet Platz für Wein- und Olivenanpflanzungen, rosa blühenden Oleander und schattige Platanen, bis man schließlich wenig östlich von Kolimbari wieder die Nordküste erreicht.

i Praktische Hinweise

Unterkunft

TOP TIPP **Milia Mountain Resort**, Milia, Tel. 28 21 04 67 74, www.milia.gr. Das von Naturschützern restaurierte Bergdorf gilt als Vorreiter des alternativen Tourismus auf Kreta. Gäste wohnen in individuell gestalteten Bruchsteinhäusern mit offenen Kaminen und Terrassen. Solarstrom und Gemeinschaftsraum gehören zum Konzept. Die ausgezeichnete Taverne bietet saisonale Kost, auf Anfrage werden Kochkurse organisiert. Autos sind auf den Parkplatz oberhalb des Dorfes verbannt.

8 Moni Chrissoskalitissa und Elafonisi

Kloster auf dem Weg zu einem wahr gewordenen Traum von weißem Sand und blauem Meer.

Malerisch und einsam liegt das Kloster **Moni Chrissoskalitissa** (Juni–Okt. tgl. 8–20 Uhr) an Kretas romantischer Südwestküste, seine weißen Mauern scheinen geradewegs aus dem Fels über dem blaugrünen Meer zu wachsen.

In seiner heutigen Gestalt wurde das Wehrkloster in venezianischer Zeit (17. Jh.) angelegt, doch bestand es wohl schon viel früher, manche vermuten gar einen minoischen Tempel an dieser Stelle. Im Zweiten Weltkrieg fanden verschanzten sich alliierte Soldaten hinter seinen Mauern vor der Deutschen Wehrmacht. 1943 besetzte sie es schließlich und nutzte es als Gefängnis. Heute leben wieder ein Mönch und eine Nonne im Moni Chrissoskalitissa.

Chrissoskalitissa bedeutet *Goldtreppe*, denn eine der 90 Stufen, die von der Zufahrtsstraße zum Klosterportal hinauf führen, ist der Legende nach aus Gold. Allerdings kann sie nur erkennen, wer ohne Sünde ist. So erklärt sich, dass noch kein Mensch die entsprechende Stufe entdeckt hat. Zentrum des Klosters ist die der Dreifaltigkeit und dem Tod Mariens gewidmete tonnenüberwölbte und mit einem offenen Glockentürmchen versehene Kirche *Agia Triada kai Koimisis*. Ihr größter Schatz ist eine mit getriebenem Silber ummantelte und mit vielen Votivtäfelchen behängte Marienikone.

Weitere Heiligenbilder aus dem 18./19. Jh. sowie Postamente, liturgische Gefäße und alte Schriften sind nebenan im kleinen *Klostermuseum* ausgestellt. Zum Schmunzeln regt eine Babypuppe in einem blumentopfartigen Gefäß an – sie wird gerade ›getauft‹. Interessant ist auch der Nachbau einer früheren Mönchszelle mit kargem Bettlager, Bücherregal und Wecker. Die vier schmalen Räumchen des *Folkloremuseums* direkt neben der Treppe bergen noch diverse häusliche Utensilien der jüngeren Vergangenheit wie Vorratskrüge, Waschbrett oder Webstuhl. Im hinteren Bereich ist eine Geheimschule nachgebaut, wie sie früher hier tatsächlich bestand. In solch versteckten Klosterräumen unterrichteten während der Türkenherrschaft Mönche die Kinder der Umgebung in Griechisch.

Steil ist der Weg hinauf zum Moni Chrissoskalitissa, dem Goldtreppen-Kloster

TOP TIPP Elafonisi

Etwa 4 km südlich von Moni Chrissoskalitissa lockt Elafonisi, der unbestrittene **Traumstrand** im Südwesten Kretas, mit weißem, mitunter rosafarbenem feinem Sand und flachem türkisblauem Wasser. Eigentlich ist Elafonisi ja der Name des unmittelbar vor der Küste gelegenen, etwa 300 m breiten und maximal 1,5 km langen **Düneneilands**. Das Inselchen mit Leuchtturm auf der felsigen Anhöhe im Westen und der kleinen *Koundourakis-Kapelle* zu seinen Füßen fällt bei Ebbe und Windstille trocken. Bei Flut kann man einfach vom Strand aus durch das flache, höchstens 1 m tiefe Wasser hinüberwaten. Doch ist Zurückhaltung angesagt, denn auf dem naturgeschützten Inselchen brüten zahlreiche Vögel und im Sommer legen hier Meeresschildkröten ihre Eier ab.

Der Strand am Festland ist auch für sich genommen attraktiv genug, denn sein von kleinen Muscheln durchsetzter Sand ist an der felsigen Küste eine Besonderheit. Dazu kommen das klare warme Wasser auf der einen, die Schatten spendenden Wacholdersträucher und Tama-

riskenbäume auf der anderen Seite. Allerdings ist das charmante Elafonisi schon lange kein Geheimtipp mehr, wie Strandbars und Sonnenschirmverleihe vor Ort bezeugen. Wenn es sich einrichten lässt, sollte man die Bucht in den frühen Abendstunden besuchen, wenn Ausflugsbusse und -schiffe wieder auf dem Heimweg sind und man die Schönheit der Natur in aller Ruhe genießen kann, akzentuiert noch durch unwirklich intensive, blutrote Sonnenuntergänge.

i Praktische Hinweise

Ausflüge

Von Paleochora fahren im Sommer tgl. Ausflugsboote nach Elafonisi. Auskunft erteilen alle dortigen Reisebüros.

Unterkunft/Einkehr

Oberhalb des Strandes von Elafonisi gibt es mehrere einfache Pensionen und Tavernen.

9 Paleochora

Freundlicher und viel besuchter Badeort mit schönem, sanft ins Meer abfallendem Sandstrand.

Paleochora (2000 Einw.) ist einer der beliebtesten **Ferienorte** an Kretas Südküste. Das einstige Fischer- und Bauernstädtchen liegt im Osten einer schmalen Halbinsel im Libyschen Meer. Im Westen und zum Inselinneren bilden teils schroffe Berghänge eine malerische Kulisse, im Osten weitet sich die Landschaft und ermöglicht großflächigen Gemüseanbau. An Unterkünften stehen neben familiären Hotels und Privatpensionen auch größere Hotelanlagen zur Verfügung. Wofür man sich auch entscheidet, alle Urlauber genießen gleichermaßen die entspannte Atmosphäre im Ort.

Tagsüber locken zwei **Strände** mit unterschiedlichen Qualitäten: Im Westen der Halbinsel ist der lange, breite und

Heller Sand und blaues Meer machen Elafonisi zur Topdestination an Kretas Westküste

TOP TIPP sacht ins warme Meerwasser abfallende Sandstrand **Pachia Ammos** ein Paradies für Kinder, die hier schnell Altersgenossen zum Spielen finden. Auf der gegenüberliegenden Seite der Halbinsel findet der Kiesstrand **Chalikia** vor allem dann stärkeren Zulauf, wenn starke Westwinde den Badenden am Pachia Ammos zu viel feinen Sand in die Augen blasen.

Abends flanieren Einheimische wie Gäste gleichermaßen entlang der von Tavernen, Cafés und Bars gesäumten Uferpromenade oder in der ab 18 Uhr für den Verkehr gesperrten Hauptstraße. Hier reihen sich Restaurants, Reisebüros, Fahrradverleih und kleine Souvenirläden aneinander. Blickpunkt im Süden der Hauptstraße ist die liebliche, in strahlendem Gelb getünchte, 1914 erbaute und jüngst erweiterte Dorfkirche **Mariä Verkündigung** mit frei stehendem Torturm im Zuckerbäckerstil.

Gegenüber befindet sich das Kulturzentrum, in dem die Dauerausstellung **The Acritans of Europe** (Tel. 28 23 04 22 65, Mi–So 10–13 und 19–21 Uhr) zu sehen ist. Akriten (*Akritai*) ist eine Sammelbezeichnung für wehrhafte Bevölkerungsgruppen, die in byzantinischer Zeit die Grenzen des Oströmischen Reiches gegen angreifende Muslime verteidigten. Ihr Leben und ihre Taten flossen in so manche Heldengeschichte ein. Die außergewöhnliche Museumssammlung erzählt anhand von historischen Waffen, Musikinstrumenten, Gemälden, Buchmalereien, Bildteppichen und Steinmetzarbeiten einige Heldenepen des europäischen Mittelalters nach – wie Ritter der Tafelrunde, Rolandlied oder Nibelungensaga – und stellt sie in den Zusammenhang griechischer Volksmusik und -kunst.

Vor allem zum Sonnenuntergang lohnt der kurze Aufstieg zu den Ruinen des **Kastells Selino** auf dem flachen Hügel im Süden Paleochoras. Die Festung wurde 1282 von den Venezianern erbaut, 1539 legte sie der berühmt-berüchtigte Pirat Chaireddin Barbarossa in Schutt und Asche. Nur einige zinnenbekrönte Außenmauern sind inzwischen wieder hergestellt, ansonsten breitet sich hier oben eine kräuterduftende Wildnis aus. Das Erlebnis vervollkommnet der schöne Blick über Paleochora: im Norden der Ortskern mit seinen schachbrettartigen Straßenzügen, links davon der Sand-, rechts der Kiesstrand und im Süden der relativ große neue Fischereihafen.

i Praktische Hinweise

Information

Städtisches Informationsbüro, an der Uferpromenade südlich vom Fähranleger, Paleochora, Tel. 28 23 04 15 07, www.paleochora-chania.gr

Fähre

Anendyk Lines, Tel. 28 21 09 55 11, www.anendyk.gr. Wenn das Wetter es zulässt, legen in Paleochora im Sommer Fähren nach Chora Sfakion mit Zwischenstopp in Sougia, Agia Roumeli und Loutro ab. Auch die Strecke nach Gavdos wird zwei- bis dreimal in der Woche bedient.

Über alle Reisebüros im Ort kann man Boottrips zum Strand von Elafonisi [s. S. 33] und zur Delfin-Beobachtung buchen.

Einkaufen

Simbolo, Hauptstraße, Paleochora, Tel. 28 23 04 20 18, www.symbol-art.gr. Schmuck aus Silber und Edelsteinen.

Nachtleben

Openair Kino, im nördlichen Ortskern unweit der Schule, Paleochora. Im Sommer werden tgl. um 22 Uhr Filme in englischer Sprache gezeigt. Auskunft im Informationsbüro der Stadt (s. o.).

Skala, am Hafen, Paleochora, www.skalabar.gr. In der beliebten Bar mit Terrasse erklingt häufig jazzige Live-Musik.

Hotels

In Paleochora gibt es zahlreiche Familien, die einfach ausgestattete Apartments zu günstigen Preisen vermieten.

*****Elman**, Pachia Ammos Strand, Paleochora, Tel. 28 23 04 14 12, www.elman.gr. Großzügige Apartments und gepflegter Garten am nordwestlichen Strandende.

Restaurants

Caravella, am Hafen, Paleochora, Tel. 28 23 04 11 31, www.caravella.gr. Ausgezeichnete Fischgerichte. Die freundlichen Wirtsleute vermieten auch moderne Apartments.

Third Eye, an der Hauptstraße zum südlichen Ende des Pachia Ammos Strandes, Paleochora, Tel. 28 23 04 12 34, www.thethirdeye-paleochora.com. Eine Rarität auf Kreta: internationale vegetarische Gerichte, vielfältig und gut.

Von Kastell Selino aus überblickt der Betrachter ganz Paleochora samt Kirche und Strand

10 Azogires

Legendenumranktes Mini-Dorf mit Abenteuerpotenzial.

Auf den ersten Blick präsentiert sich Azogires (40 Einw.), 7 km nordöstlich von Paleochora, als unscheinbare Ansammlung von Häusern inmitten der wasser- und waldreichen Berge. Doch wandelt man hier auf den Spuren der 99 Heiligen Väter (s. Kasten), die für einige abwechslungsreiche Ausflugsziele in diesem ländlichen Umfeld verantwortlich sind.

Einen ersten Stopp sollte man im **Alfa Kafenion** (s. u.) an der gewundenen Dorfstraße einlegen. Nicht nur, um an der Rückwand des einfachen Gastraumes das museale Sammelsurium von landwirtschaftlichen Geräten, Fotos und Zeitungsausschnitten zu bewundern oder sich mit selbst gebranntem Raki einzudecken, sondern auch, um vom freundlichen Besitzer Lucky einen handgezeichneten Ortsplan in Empfang zu nehmen. Mit diesem, festem Schuhwerk, Badesachen und einer Taschenlampe ausgerüstet geht es dann auf Entdeckungstour.

Am westlichen Ortseingang weist ein braunes Schild bergab zum **Moni Agion Pateron**. Durch Olivenhaine und Gärten windet sich der Fahrweg, bevor er bei einer ehemaligen Ölfabrik endet. Direkt an der Parkbucht ragt die legendenumwobene immergrüne Platane in den Himmel, deren Äste in Kreuzform gewachsen sein sollen – was mit einiger Fantasie auch zu erkennen ist. Nur wenige Schritte weiter schmiegt sich jenseits eines munter plätschernden Bächleins das kleine, proper weiß getünchte *Kloster der Heiligen Väter* pittoresk an den grünen Berghang. Wer sich am Tag zuvor im Alfa Kafenion angemeldet hat, trifft hier nun auf den Popen, der das halb in eine Höhle gebaute Klosterkirchlein aufschließt. Im Innenraum des Gotteshauses kontrastiert die dank der Ikonen in reichlich Gold und Rot prangende Altarwand mit den schmucklosen weißen Wänden, an der Seitenwand fällt die säulchenflankierte *Ikone der 99 Väter* ins Auge.

Das kleine *Museum* nebenan zeigt historische Waffen, Bilder von Widerstandskämpfern während der Türkenherrschaft, Urkunden und kretische Trachten.

Zurück auf der Dorfstraße geht es links von der *Taverne Michalis*, der zweiten Wirtschaft im Ort, in zahlreichen Serpentinen über eine Schotterpiste hinauf zur Höhle **Spilio Agion Pateron**, der Weg ist mit ›Spilio‹ oder ›Cave‹ ausgeschildert. Hoch über den Köpfen kreist schon mal ein Mönchsgeier, wenn man nach etwa 2 km Fahrt das Auto abstellt und sich auf den 15-minütigen Fußmarsch zum Eingang der Höhle begibt. Je höher man kommt, umso karger und felsiger wird die Berglandschaft, Thymian, Disteln und stachelbewehrte Kugelbüsche bedecken den Boden. Der Abstieg vor Ort – über drei teils schon rostige Eisentreppen in den moosbewachsenen tiefen Schlund – ist ein großartiges Erlebnis, das jedoch Trittsicherheit und Vorsicht erfordert. Zunächst beleuchten noch ein paar Sonnenstrahlen einen kleinen provisorischen Altar mit einer Ikone der 99 Väter im oberen Bereich der Höhle, dann wird es stockdunkel. Abenteuerlustige, die eine Taschenlampe oder Headlamp mitgebracht haben, können sich nun noch ein wenig weiter ins allerdings unspektakuläre Höhleninnere wagen und den Nervenkitzel zwischen engen Felsspalten und Geröll genießen.

Wer anschließend Lust auf ein kühles Bad an frischer Luft verspürt, findet im Bachbett am oberen, östlichen Ortsausgang Richtung Sougia einen kleinen **Wasserfall**, der sich in einladende Badegumpen ergießt. Hier sollen sich in Vollmondnächten auch einige Nixen aus dem Gefolge der Artemis vergnügen.

i Praktische Hinweise

Restaurant

Alfa Kafenion, Hauptstraße, Azogires, Tel. 28 23 04 16 20, www.azogires-alpha.blogspot.com. Uriges Café mit einfachen Gerichten und ›Infobörse‹ zur Besichtigung der örtlichen Sehenswürdigkeiten. Zimmervermietung im benachbarten Alfa Hotel.

Die Legende von den 99 Heiligen Vätern

Im 10. Jh. führte ein gewisser Johannes **99 Gefolgsleute** von Kleinasien nach Kreta. Hier ließen sie sich in einer Höhle unterhalb von Azogires nieder, wo heute das Kloster Agion Pateron steht. Sie predigten unter einer Platane und erbaten als göttliche Zeichen, dass der Baum nie seine Blätter verlieren und dass seine Äste in Kreuzform wachsen sollten – so ist es seitdem.

Johannes aber lebte als Einsiedler in einer Höhle oberhalb von Azogires. Doch das war ihm auf Dauer nicht einsam genug, sodass er nach einiger Zeit weiterzog. Beim Abschied schworen sich die Gefährten, dass keiner von ihnen einen anderen überleben wolle. Dann wanderte Johannes Richtung Norden und die verbliebenen Brüder bewohnten in Erinnerung an ihren geistigen Führer fortan dessen Höhle oberhalb des Ortes.

Johannes fand Unterkunft in einer Grotte auf der Halbinsel Akrotiri, ernährte sich von Beeren und Samen und trug ein Fell gegen die Kälte. Eines Tages verwechselte ein Bauer ihn aufgrund seines verwahrlosten Äußeren mit einem wilden Tier und verletzte den heiligen Mann mit einem Pfeilschuss tödlich. Der Bauer bereute seinen Irrtum zutiefst und versprach dem Sterbenden, dessen Glaubensbrüdern in Azogires über den Tod des Johannes zu unterrichten.

Doch als der reumütige Mann dorthin kam, fand er in der Höhle die Heiligen Väter um einen steinernen Tisch versammelt – alle gemäß ihrem Gelübde ebenfalls tot. Man erzählt sich, dass diese unheimliche Tischgemeinschaft noch heute, mittlerweile skelettiert, in einem verborgenen Grottensaal tief unter den Bergen von Azogires sitzt.

Auf den Spuren antiker Pilger von Sougia nach Lissos

Sougia bietet die Möglichkeit zu einer kleine Zeitreise per pedes. Die einfache Tour (reine Gehzeit hin und zurück etwa 3–4 Std., Proviant und Sonnenschutz mitnehmen) beginnt am Hafen, wo der **Fernwanderweg E4** Richtung Westen in rot, gelb und grün markiert ist. Auf ihm geht es stetig bergauf, zunächst steil durch eine Schlucht, später flacher durch Kiefernwald. Oben überquert man auf ausgetretenem Pfad eine felsige

Hochebene, am jenseitigen Rand steigt man mit schönem Blick auf das Meer in engen Kehren entlang einer Felswand wieder hinunter zur Küste.

Hier liegt am Ausgang eines grünen, wasserreichen Tals die Ausgrabungsstätte von **Lissos**. Sie geht auf eine von den Dorern spätestens im 8. Jh. v. Chr. gegründete Hafenstadt zurück, die in der Antike für ihre heilkräftige Quelle berühmt war. Rechts des Wanderweges ist unter Johannisbrotbäumen das Asklepios-Heiligtum (3. Jh. v. Chr.) mit schönen Mosaikfußböden erhalten. Dass der Gott der Heilkunst nicht allen Leidenden helfen konnte, belegen mehrere ca. 1,5 x 2 m große hellenistische und römische Gewölbegrabhäuser am westlichen Talhang. Später verwendeten die Christen zahlreiche Säulen und Friese der antiken Stätte zum Bau der Agios Kyriakos- und der Panagia-Kapelle auf dem Gelände.

Zurück geht es auf dem gleichen Weg. Man kann sich aber auch von Captain George (s. nebenan) mit dem Boot abholen lassen oder gleich dem E4 weiter westwärts bis Paleochora folgen (weitere 4–5 Std.).

11 Sougia

Der kleine Küstenort bietet geradezu paradiesische Ruhe.

Ein langer, unverbauter Kiesstrand, einige familiäre Pensionen, Tavernen und Bars entlang der Uferstraße, ein Mini-Markt und schöne Wandermöglichkeiten – mehr hat das kleine, in einer weiten Felsenbucht gelegene Sougia (100 Einw.) nicht zu bieten. Und mehr wollen die Stammgäste auch nicht, die hier vor allem Ruhe und Entspannung suchen.

Dabei war in Sougia schon einmal deutlich mehr los, vor rund 2300 Jahren nämlich, als der Ort noch **Syia** hieß, Mitglied des kretischen Städtebundes war und einen bedeutenden Handelshafen besaß. Auch in byzantinischer Zeit blühte das Städtchen noch, doch im 9. Jh. machten es angreifende Sarazenen dem Erdboden gleich. Allein das schöne Fußbodenmosaik einer frühchristlichen Basilika (6. Jh.) mit anrührenden Darstellungen von Pfauen, Enten und einem Reh überstand die Zerstörung. Es kann heute in der später darüber neu errichteten **Dorfkirche** in der westlichen Ortshälfte bewundert werden.

i Praktische Hinweise

Information

Sougia Info, www.sougia.info. Umfangreiche Online-Informationen zu Unterkünften, Tavernen und Ausflügen.

Ausflüge

Im Sommer tgl. Fährverbindungen zwischen Paleochora, Sougia, Agia Roumeli, Loutro und Chora Sfakion. Informationen und Tickets im Kiosk am Hafen.

Captain George, Hafen, Sougia, Tel. 28 23 05 11 33, Mobil-Tel. 69 47 60 58 02. Taxiboote zu einsamen Stränden, auch Abholservice z. B. ab Lissos.

Hotel

El Greco, am nordwestlichen Ortsrand, Sougia, Tel. 28 23 05 11 86, www.elgreco.sougia.info. Elf propere Zimmer, 300 m vom Strand. Nov.–Ende März geschl.

Restaurant

Oasis, 5 km nördlich von Sougia am Ende der 7 km langen Irini-Schlucht, ausgeschildert, Tel. 28 23 05 13 77. Urgemütliche Taverne mit italienisch-griechischer Küche. Nur bis zum Nachmittag geöffnet.

Über Stock und Stein führt der Weg durch die Samaria-Schlucht, nur mitunter hilft eine Brücke

12 Samaria-Schlucht

TOP TIPP *Das Naturwunder zieht im Sommer jeden Tag Tausende von Wanderbegeisterten an.*

Europas angeblich längste Schlucht zieht sich 17 km von der 1000–1250 m hoch gelegenen **Omalos-Hochebene** durch die Bergwelt **Lefka Ori** bis zum Ort Agia Roumeli am **Libyschen Meer**. Bis zu 600 m hoch ragen die schroffen Felshänge empor und gruppieren sich stellenweise zu dramatischen Landschaftsszenerien, am eindrucksvollsten in der Engstelle *Sideroportes*, **Eiserne Pforte** [s. Kasten S. 40]. DA nicht weniger als 20 Quellen im Verlauf der Schlucht entspringen sollen, begleitet die Wanderer im Talgrund selbst während des Hochsommers ein munterer Bach.

So bekannt die naturschöne Samaria-Schlucht heute bei Wanderern aus aller Welt ist – immerhin unternehmen während der Saison jeden Tag rund 3000 Menschen die beschwerliche Tour – so bedeutend war sie in Kretas Geschichte. Im 17.–19. Jh. versteckten sich hier kretische Partisanen im Kampf gegen die Türken. Und während der deutschen Invasion Kretas flüchteten die Mitglieder der griechischen Regierung Ende Mai 1941 durch den Canyon nach Agia Roumeli, von wo aus sie ein Schiff ins ägyptische Exil brachte. 1962 wurde die Schlucht zum **Nationalpark** erklärt und ist heute in ihren höheren Lagen ein Rückzugsgebiet der scheuen kretischen Bergziege Agrimi. In teils sehr unzugänglichen Seitentälern sind auch seltene Orchideenarten zu finden.

Im Winterhalbjahr ist die naturschöne Samaria-Schlucht aufgrund von Schmelzwasser und der Gefahr von Steinschlag für Wanderer geschlossen.

13 Chora Sfakion

Westkretas herbe Schönheit – Hochebenen und Schluchten, Küstenorte und Kastelle.

Viele Orte an Kretas Südwestküste erreicht man am besten, wenn nicht gar ausschließlich, per Boot. Für Bus- oder Autoreisende aus dem Norden führt lediglich die gut ausgebaute Straße über das Landstädtchen **Vrisses** in den Süden. Die Fahrt geht zunächst durch fruchtbare Landschaft, wird dann immer serpentinenreicher und steigt nach ca. 20 km durch die Lefka Ori auf einen Pass (800 m) an. Von seiner Höhe bietet sich eine schöne Aussicht auf die nur wenig tiefer gelegene und von Bergen gerahmte Hoch-

Durch die Samaria-Schlucht

Eine Wanderung (Mai–Okt., Einstieg nur bis 12 Uhr erlaubt, mind. 5½ Std., rund 1200 m Abstieg, feste Schuhe, Sonnenschutz und Proviant notwendig) durch die Samaria-Schlucht sollte man mit einer organisierten Tour unternehmen. Denn nach Agia Roumeli, dem Küstenort am Ende der Wanderung, führt keine Straße, mithin verkehren hier auch keine Busse oder Taxis. Und eine reguläre Fähren legt nur zweimal pro Woche ab (Termine vorab bei Reiseveranstaltern erfragen). In der Saison starten darum in den Ferienorten des Nordens schon in aller Frühe ganze Heerscharen von Reisebussen mit Ziel Samaria.

Durch Obstplantagen und Olivenhaine führt ihre abwechslungsreiche Reise, bis beim Dorf **Lakki** hinter dem dichten Grün von Zypressen und Kiefern die kahlen Bergrücken der Lefka Ori aufscheinen. Immer höher windet sich nun die Straße hinauf zu einem 1200 m hohen Pass, der einen schönen Blick auf die **Omalos-Hochebene** freigibt. Auf dem 25 km² großen, fast kreisrunden und von Bergen umschlossenen Plateau (1050 m) weiden zahlreiche Schafe und Ziegen, im gleichnamigen einzigen Ort, Omalos, bieten mehrere Tavernen eine Frühstückspause.

4 km südlich des Weilers beginnt schließlich beim Pass **Xyloskala** (›Holztreppe‹, 1227 m) der Einstieg in die Samaria-Schlucht. Die Wanderung führt zunächst über mehrere Hundert Steinstufen hinunter auf den Schluchtgrund zu Füßen der majestätischen Steilwand des 2080 m hohen **Gingilos** (ein anderer Wanderweg führt bei Xyloskala rechts zu seinem Gipfel hinauf). In der Schlucht gelangt man teils steil bergab und vorbei an dichtem Kiefernbestand, uralten Zypressen und riesigen Felsblöcken nach 1½ Std. zur Kapelle **Agios Nikolaos** mit Rastplatz, Wasserstelle und Toiletten. Nach weiteren 1½ Std. ist das verlassene Dorf **Samaria** erreicht. Die hiesige Kapelle *Ossia Maria* gab Ort und Schlucht den Namen. Auch hier finden sich im Schatten von Feigenbäumen und Platanen sanitäre Anlagen, zudem bietet eine Sanitätsstation die Möglichkeit, Verletzte mit Eseln nach Agia Roumeli zu transportieren.

Bald darauf verengt sich die Schlucht dramatisch, der schattige Weg führt über Geröll und Stege in weiteren 1½ Stunden zur spektakulären **Eisernen Pforte**. Hier sind die 350 m hohen, steil aufragenden Steinwänden nur 3 m voneinander entfernt und bilden so den dramatischen Höhepunkt der Wanderung. Von hier aus geht man noch eine weitere – schattenlose – Stunde, bis zum Küstenort **Agia Roumeli** mit zahlreichen Tavernen, Pensionen und einem langen Kiesstrand unterhalb einer türkischen Burgruine. **Fährschiffe** bringen die organisiert angereisten Wanderer von hier aus zu ihren meist in Chora Sfakion wartenden Bussen.

Wer Wärme mag, wird Chora Sfakion lieben, denn es ist einer der heißesten Orte der Insel

ebene von Askifou (750 m). Vereinzelte Dörfer lockern hier Eichenhaine, Weingärten, Kartoffel- und Getreidefelder auf, östlich der Straße grüßt von einem Hügel die Ruine eines türkischen Kastells. Im Süden des Plateaus gelangt man über einen weiteren Pass ins Bergdorf **Imbros**, wo die gleichnamige, bei Wanderern sehr beliebte *Schlucht* beginnt. Noch im 19. Jh. führte der einzige Landweg zwischen der Nordküste Kretas und Chora Sfakion durch diese 7 km lange Felsenge.

Mittlerweile windet sich eine Straße Kurve um Kurve durch die Berglandschaft westlich der Imbros-Schlucht hinunter ans Libysche Meer und nach **Chora Sfakion** (300 Einw.). Der Küstenort ist die größte Siedlung der unzugänglichen Gebirgsregion Sfakia, die den einen als Heimat freiheitsliebender Patrioten, den anderen als schluchten- und höhlenreiches Refugium eigenbrötlerischer Bergbauern gilt. Jedenfalls fanden in der Sfakia seit dem Mittelalter immer wieder kretische Rebellen Unterschlupf, je nach Zeitalter gesucht von Venezianern, Türken oder Deutschen. Auch *Jannis Vlachos*, genannt *Daskalojannis*, der berühmte Führer des Aufstands von 1770/71 gegen die Türken [s. S. 14], war ein im Bergdorf Anopolis geborener Sfakiote.

Chora Sfakion war einst ein bedeutender Warenumschlagplatz, im 19. Jh. luden hier sogar Schiffe aus Piräus landwirtschaftliche Produkte aus dem Hinterland. Heute geht es in der Ansammlung weiß getünchter Wohnhäuser, Pensionen und Tavernen rund um das halbrunde Hafenbecken beschaulich zu. Lebhaft wird es aber, wenn an Sommernachmittagen mehrere Hundert Samaria-Schlucht-Durchquerer am Fähranleger im Osten der Bucht von Bord der Schiffe gehen und zu den Bussen strömen.

Wer ein wenig länger in Chora Sfakion verweilt, kann interessante Exkursionen unternehmen. Das Wassertaxi (s. u.) bringt Ausflügler zu dem von hohen Felswänden gerahmten kiesigen **Glikanera Strand** (auch *Sweetwater Beach*) 2 km westlich. Dort sprudeln Süßwasser-Quellen aus dem Meerboden, die sich als kühle Strömung im kristallklaren Wasser bemerkbar machen. Auch am Ufer sammelt sich nach einigem Graben schnell Süßwasser. Darum sind hier vereinzelt Trinkwasserlöcher markiert und mehrere kleinere Gruben mit flachen Steinen als ›Strandbadewannen‹ ausgekleidet.

Ausflüge

Wassertaxi oder Fähre sind die einzigen Möglichkeiten, um von Chora Sfakion ins Luftlinie gerade mal 6 km weiter westlich gelegene **Loutro** (70 Einw.) zu gelangen. Das Dorf liegt in einer halbrunden Bucht und bietet schon bei der Anfahrt ein bezauberndes Farbspiel: weiße kubische Häuschen mit grünen oder blauen Fensterläden zwischen Berghang und Kies-

Heiteres Urlaubsvergnügen lässt die düstere Vergangenheit von Frangokastello vergessen

strand, gerahmt von rötlich leuchtenden Felsen und türkisblauem Wasser. In den wenigen Treppengassen spenden grüne Palmen Schatten und in kräftigem Pink blühende Bougainvilleen klettern an den Hauswänden empor. Ruhesuchende Gäste, die für einen gelungenen Urlaub nichts weiter brauchen als ein einfaches Zimmer, eine Handvoll Tavernen, eine Liege am Strand und ein paar Wanderrouten, werden hier sicher glücklich.

Östlich von Chora Sfakion weitet sich die Landschaft zur trockenen Küstenebene von **Frangokastello**. Ihren Namen verdanken die weit verstreut liegenden Häuser der Gemeinde einem imposanten venezianischen Kastell am Meer. Die Festung wurde 1371 erbaut, um Piraten und aufständische Einheimische in Schach zu halten. Ihre hohen zinnenbekrönten und von vier Ecktürmen akzentuierten Außenmauern, lediglich über dem Südportal mit einem Relief des Markuslöwen versehen, wirken noch heute äußerst wehrhaft. Das Innere jedoch ist entkernt und wenig interessant. Darum zieht es die meisten Besucher nach einem Fotostopp auch schnell an den hellen Sandstrand unterhalb des Gemäuers. Dank des hier warmen, flachen Wassers ist er besonders gut für Kleinkinder geeignet. Im Sommer vermietet die hiesige Taverne Liegen und Sonnenschirme.

Spuk vor der Burg

Am 17. Mai 1828 töteten bei Frangokastello türkische Soldaten etwa 700 einheimische Aufständische. Angeblich kehren die Geister der Verstorbenen seitdem an jedem Jahrestag an den Schauplatz der Tragödie zurück und wallen als **Drosoulites**, als ›Tau-Seelen‹, in den frühen Morgenstunden in einer lautlosen Prozession an der Burg vorüber.

Tatsächlich kann man im Frühjahr vor Ort solche Phänomene beobachten. Eine wissenschaftliche Erklärung dafür könnten Luftspiegelungen sein, die hier aufgrund bestimmter atmosphärischer Bedingungen vor allem im Mai bei Windstille und nach kräftigen Regenfällen auftreten. Doch wer will das schon so genau wissen ...

Praktische Hinweise

Outdoor

TOP TIPP **Liquid Bungy**, Brücke von Aradaina (15 km westl. von Chora Sfakion, Luftlinie 10 km), Tel. 21 09 70 44 35, Mobil-Tel. 69 37 61 51 91, www.bungy.gr. An Sommerwochenenden stürzen sich Wagemutige am Bungeeseil von der 138 m hohen Brücke in die Schlucht von Aradaina (Mai–Okt. tgl. ab 12 Uhr).

Einkaufen

Weinkellerei Dourakis, Alikampos Chania, an der Straße zwischen Vrisses und der Askifou-Hochebene, Tel. 28 25 05 17 61, www.dourakiswinery.gr. Der Familienbetrieb produziert mehrere gute Rot-, Rosé- und Weißweine. Kellereiführung mit Verkostung nach Voranmeldung.

Hotel

Porto Loutro, Loutro, Tel. 28 25 09 14 33, www.hotelportoloutro.com. Zwei Häuser, eines direkt am Strand, das andere, neuere, in aussichtsreicher Hanglage, zum Teil direkt in den Fels gebaut. Komfortable Zimmer, freundlicher Service.

14 Gavdos

Die südlichste Insel Europas ist eines der letzten Aussteiger-Paradiese.

Etwa 35 km vor Chora Sfakion liegt Gavdos im Libyschen Meer, 30 km² groß und die südlichste Insel Europas. Bis zu 368 m hohe Felsen und niedrige Nadelwälder bestimmen ihr Landesinnere, an den Küsten finden sich teils sagenhaft schöne Sandstrände. In der Antike wurde Gavdos mit **Ogygia** gleichgesetzt, dem Eiland, auf dem die Nymphe Kalypso den sagenhaften Seefahrer Odysseus sieben Jahre lang mit ihrem Liebeszauber zurückgehalten haben soll.

Jedenfalls war die Insel dicht besiedelt, als der Bibel zufolge der Apostel **Paulus** im Jahr 64 nach einem Schiffbruch einige Zeit auf Gavdos verbrachte. Ruhiger wurde es spätestens wieder in der zweiten Hälfte des 20. Jh., denn damals wanderten die meisten Inselbewohner nach Paleochora oder auf das griechische Festland ab. Nur knapp 100 Menschen leben heute noch ständig in den drei Weilern in den Bergen von Gavdos, fern der Küste.

Im Sommer aber tummelt sich auf der Insel ein buntes Völkchen von Individualisten und Aussteigern. Nach ihrer Ankunft im Fährhafen *Karaves* im Nordosten zieht es sie vor allem zu den grandiosen hellen Sandstränden **Agios Ioannis** im Norden und **Sarakiniko** im Osten des Eilands, wo viele der FKK frönen. Obwohl es inzwischen zahlreiche, durchweg einfachere Unterkünfte direkt am Meer gibt, bevorzugen einige Urlauber nach wie vor, wild zu campen. Und immer wieder passiert es auch, dass die Gäste – liegt es an der entspannten Atmosphäre, dem grandiosen Sternenhimmel oder einfach nur daran, dass aufgrund starker Winde keine Schiffe fahren können – ein wenig länger auf Gavdos bleiben als eigentlich vorgesehen.

i Praktische Hinweise

Fähre

Anendyk Lines, Tel. 28 21 09 55 11. Im Sommer pendeln die Fähren bis zu dreimal in der Woche zwischen Chora Sfakion (ca. 2 Std.) oder Paleochora (3–4 Std.) und Gavdos.

Die heitere Atmosphäre im grünen Innenhof betont die schönen Seiten von Moni Agia Triada

Unterkunft

Consolas Gavdos Studios, oberhalb des Sarakiniko-Strandes, Gavdos, Tel. 2103241751, www.gavdostudios.gr. Großzügige, voll ausgestattete Apartments, teilweise mit Meerblick.

15 Akrotiri

Renaissance-Kloster, eine kleine Wanderung und ein schöner Sandstrand.

Auf den ersten Blick wirkt die roterdige karge Halbinsel Akrotiri, deren Name einfach ›Kap‹ bedeutet, wenig attraktiv. Ihren Nordosten dominieren über 500 m hohe schroffe Berge und etwa ein Drittel der Halbinsel wird von Flughafen und NATO-Militärbasis eingenommen und darf deshalb nicht betreten werden.

Doch wer genauer hinsieht, findet Attraktionen für mindestens einen Tagesausflug. So lohnt beispielsweise, von Chania kommend, an der Straße nach Kounoupidiana links (Minoti), ein Stopp an den gut ausgeschilderten **Venizelos-Gräbern**. Auf einer weiträumigen, mit weißem Alabaster gepflasterten Terrasse hoch über dem Meer ruhen unter einer schlichten Grabplatte die Gebeine von Eleftherios Venizelos (1864–1936). Der hoch verehrte Politiker leitete 1913 die Vereinigung Kretas mit Griechenland in die Wege. Neben ihm wurde sein Sohn Sofoklis (1894–1964) bestattet, einst Ministerpräsident des Landes. Mehr noch als die Gedenkstätte selbst reizt viele Besucher der grandiose **Ausblick**, den man von der Anlage aus auf das Meer, die Weißen Berge und auf die Stadt Chania dazwischen genießt.

Ein Stück weiter bergauf können sich Naturfreunde im **Botanischen Park** (Park for the Preservation of Flora and Fauna, Michelogianni-Straße, Tel. 2821055988, www.park.tuc.gr, Mo 7.30–16, Di–So 7.30 Uhr – Sonnenuntergang) über Flora und Fauna Kretas informieren. Auf 30 ha durchstreifen Besucher hier Olivenhaine und Grasland, Macchia und Sumpfgebiete, lernen Gewürz- und Heilpflanzen kennen oder beobachten vom Observation Tower aus das Treiben der Vögel.

Zurück auf der Hauptstraße führt die Fahrt nun weiter Richtung Nordosten, bis nahe Koumares eine Zypressenallee, Olivenhaine, Weingärten und Zitrusfrucht-

Das äußere Renaissanceportal leitet zur Klosterkirche hin

TOP TIPP Plantagen die Nähe zum **Moni Agia Triada** (Tel. 28 21 06 33 10, tgl. 7–19 Uhr) ankündigen. In dem im 17. Jh. gegründeten *Kloster der Heiligen Dreifaltigkeit* stellen die vier verbliebenen Mönche Olivenöl und Wein her, beides für seine gute Qualität bekannt und im Klosterladen erhältlich.

Vom Kloster-Parkplatz aus steigt man über eine Freitreppe hinauf zur äußeren Umfassungsmauer aus rötlichem Sandstein. In ihr öffnet sich unter einem aufsitzenden Glockenturm ein **Renaissanceportal** (1864), gegliedert von Halbsäulen, Nischen und einem Giebel. Dieselben Stilmerkmale findet man am Zugang zur **Kreuzkuppelkirche** im hübsch begrünten Innenhof. Im Inneren des Gotteshauses beinhaltet die prächtige geschnitzte Ikonostase (1887) Abbildungen von Maria mit Kind, dem Propheten Elias und Johannes dem Täufer. Nebenan zeigt ein kleines **Museum** Ikonen (15.–17. Jh.), Paramente (17.–19. Jh.), liturgisches Gerät, Manuskripte und Drucke, darunter ein 1568 in Wittenberg gedrucktes Evangelium.

Abschließend bietet sich ein Spaziergang durch die Laubengänge des Klosterhofs an, um von diversen Terrassen und Treppchen aus neue Perspektiven zu gewinnen – hinsichtlich der Architektur ebenso wie des monastischen Lebens.

Gleich hinter dem Klosterkomplex führt die erste Straße rechts durch die immer karger und bergiger werdende Landschaft 4 km bergauf zum **Moni Gouverneto** (Tel. 28 21 06 33 19, wegen Restaurierung bis voraussichtlich 2012 geschlossen). Das der heiligen Jungfrau geweihte Kloster wurde 1537 gegründet und aus Furcht vor Piratenüberfällen mit einer abweisenden Wehrmauer umgeben. Umso überraschender ist dann der Anblick der eleganten Kirchenfassade: Sie wird von sechs schlanken, aus hohen Postamenten hervorwachsenden Halbsäulen gegliedert, deren Basen mit fantasievollen Gesichtern verziert sind. Im Inneren verdient die aus Marmor gearbeitete Altarwand mit eingearbeiteten Ikonen Aufmerksamkeit. Im Klostermuseum nebenan sind weitere Ikonen sowie Messgewänder zu sehen.

Zuletzt kann noch ein Badestopp in **Stavros** im Nordwesten der Halbinsel eingelegt werden. Ein langer, flach ins Meer auslaufender Sandstrand macht den ruhigen Ferienort auch für Familien

Bärenhöhle und Felsenkloster

Höhlen, kräuterduftende Berghänge, Felsen, Meerblick und eine idyllische Klosterruine – alles vereint in 1½ Std. Gehzeit bei einer einfachen, wenn auch schattenlosen Wanderung.

Oberhalb des **Klosters Gouverneto** führt ein mit Natursteinen gepflasterter Weg in etwa 15 Min. vom Hochplateau bergab zur **Bärenhöhle**. In deren etwa 10 m breitem Eingang richteten Mönche im 16. Jh. links eine kleine Marienkapelle ein (Panagia Arkoudiotisa, Allheilige des Bären). Bereits in der Antike hatten Menschen hier die Göttin Artemis verehrt. Im Zentrum der Grotte ragt neben einem Wasserbassin ein mächtiger Stalagmit auf, dessen Form mit viel Fantasie einem Bären ähnelt, dem heiligen Tier der göttlichen Jägerin.

Wieder im Tageslicht, führt der Weg weiter bergab in eine zunehmend karger werdende Schlucht und endet nach rund 20 Min. an den Ruinen des teils in den Fels gehauenen **Moni Katholiko**. Das Kloster wurde im 16. Jh. aufgegeben, wird aber noch regelmäßig von Gläubigen besucht. Jedes Jahr pilgern sie am 7. Oktober zur 150 m langen **Höhle des Eremiten Johannes** [s. Kasten S. 37]. Ihr Eingang liegt etwas versteckt vor dem Klosterportal links der Zugangstreppe.

Hier ist der Endpunkt der Wanderung erreicht, zurück geht es auf dem gleichen Weg.

mit Kindern attraktiv. Cineasten wird der kahle Bergrücken hinter dem Strand im Osten der Siedlung bekannt vorkommen: Er diente 1964 als Kulisse für die Schlussszenen des Films ›Alexis Sorbas‹ [s. Kasten S. 89]. Dies ist die Stelle, an der Anthony Quinn in der Hauptrolle den eigens für ihn kreiierten und durch ihn berühmt gewordenen Sirtaki tanzt.

i Praktische Hinweise

Hotel

Blue Beach Villas, Stavros, Akrotiri, Tel. 28 21 03 94 04, www.bluebeach-villas.de. Gepflegte, praktisch eingerichtete und familienfreundliche Apartments auf weitläufigem Gelände direkt am Meer.

16 Aptera

Antikes kretisches Seehandelszentrum und ein türkisches Kastell.

Am Südufer der Bucht von Souda thronen auf einem 200 m hohen Plateau über der Einfahrt zum großen Fährhafen die Ruinen der antiken Stadt **Aptera** (Di–So 8.30–14.30 Uhr). Dorische Einwanderer hatten die Siedlung in luftiger Höhe im 7. Jh. v. Chr. gegründet. Schnell entwickelte sich Aptera zu einem inselweit wichtigen Seehandelszentrum, das blühte, bis im Jahr 824 Sarazenen die Stadt zerstörten. Neues Leben brachte erst die Gründung des *Johannes-Klosters* im 12. Jh., von dem allerdings nur Mauerreste von Kirche und Wirtschaftsgebäuden im Zentrum des Ausgrabungsgeländes erhalten sind. Besonders imposant ist die mit drei Gewölbebögen übermauerte römische *Zisterne* unter dem Klostergemäuer. Ringsum kann man auf der karg-grünen Hochebene die Überreste der griechischen Stadtmauer, einer antiken Straße, eines vorrömischen Theaters und eines dorischen Tempels entdecken.

In den 1860er-Jahren erbauten die Türken in strategisch günstiger Lage auf einer Anhöhe nordöstlich über dem antiken Aptera das von Zinnen bekrönte und mit runden Ecktürmen verstärkte **Kastell Itzedin**. Es diente noch bis in 20. Jh. als Gefängnis. Heute genießt man von seinem Wehrgang aus einen weiten Blick von der oft schneebedeckten Bergkette der *Lefka Ori* im Süden bis zur Halbinsel *Akrotiri* im Norden. Wie auf dem Präsentierteller liegen im Blau der Bucht auch

Die Pracht von Aptera ist am Boden zerstört, dafür sieht man heute die Berge besser

Charmante kleine Badenixe mit jugendlichem Gefolge am Strand von Almirida

die drei **Inseln von Souda**. Die größte trägt noch die Ruinen eines venezianischen Forts, das erst 1715 an die Osmanen fiel, 46 Jahre nachdem diese die Hauptinsel Kreta erobert hatten.

17 Drapanos

Landwirtschaft und zurückhaltender Tourismus prägen die Hügellandschaft zwischen Bergen und Meer.

Die grünen Hügel der Küstenregion Drapanos bestimmen den Westen der *Ormos-Almirou-Bucht*, in etwa begrenzt vom Verlauf der New Road zwischen den Ortschaften Kalami nahe Aptera und Georgioupolis Richtung Rethimno. Viele Jahrhunderte lang bestimmte hier die Landwirtschaft das Leben der Menschen, doch seit der Mitte des 20. Jh. sicherten Oliven-, Wein- und Obstanbau nur noch mehr schlecht als recht ein Auskommen. Viele Menschen wanderten in die Städte ab, die Region drohte zu veröden – bis 1995 drei Freunde aus dem Ort Vamos die Gesellschaft *Vamos S.A.* zum Erhalt von Kultur und Natur sowie zur Förderung des alternativen Tourismus in der Region gründeten. Sie kauften alte Häuser, ließen sie von lokalen Handwerkern renovieren und vermieteten sie dann als Ferienwohnungen. Das Konzept funktionierte, immer mehr Menschen schlossen sich an . Mittlerweile wird Drapanos sowohl von Feriengästen auf der Suche nach Ursprünglichkeit als auch von Tagesbesucher aus anderen Teilen Kretas besucht.

Auf sie wartet ein abwechslungsreiches Angebot: In dem großen Bergdorf **Vamos** (800 Einw.) etwa bietet die Vamos S.A. Koch- und Malkurse sowie geführte Wanderungen an. Ein mögliches Ziel ist zum Beispiel 2 km südlich des Ortes das kleine, einsam und stimmungsvoll inmitten sanfter Hügel gelegene **Moni Karidi** (tgl. 7.30–14 und 16.30–20 Uhr) aus dem 18. Jh. Besonders an Ostern zieht das Kloster zahlreiche Gläubige an. Das restliche Jahr über ist es ruhiger, dann freut sich der einzig verbliebene Mönch über Besucher und zeigt ihnen gern die Ruine einer riesigen Ölpresse (1863) mit zwölf Kuppelbögen und vier Mühlsteinen, die dem Kloster einst Wohlstand bescherte.

Ein wenig weiter östlich führt in **Sellia** der englische Maler Allan Tazzyman, Mitglied der renommierten Royal Society of Arts, durch seine kleine Ausstellung (Tel. 28 25 08 37 43, www.atazzymanwatercolour.com, Mai–Okt. Mi, Fr, So 10.30–17, Nov.–April Mi, So 10.30–17 Uhr) kretischer Landschaftsaquarelle und erzählt dabei von seiner Liebe zu Land und Leuten. Sicher gefallen ihm auch die schönen Sandstrände in den überschaubaren Ferienorten **Kalives** und **Almirida**. Hier locken die klaren Wasser der Ormos-Almirou-Bucht zum Sprung ins kühle Nass.

Ein Stopp lohnt auch im Dorf **Gavalohori** mit seiner hübsch begrünten Platia in der Ortsmitte. Hier erinnert ein Denkmal an die Türkenkriege, die gemütliche Taverne Blumofisi (s. u.) bietet sich als Rastplatz an und im Laden der örtlichen Frauengenossenschaft (Tel. 28 25 02 20 38) kann man Klöppel- und Häkelarbeiten kaufen. Ältere solche handgefertigten Meisterstücke sind in dem hübsch restaurierten Dorfhaus des nahen *Volkskunstmuseums* (Tel. 28 25 02 32 22, Mo–Sa 9–19, So 11–16 Uhr) zu sehen, ebenso eine gemütliche Wohnstube inklusive Webstuhl und eine Sammlung bemalter Töpferwaren. Etwa 500 m östlich des Dorfplatzes plätschern im Schatten großer Platanen zwölf steinerne Brunnen aus venezianischer Zeit – ein schöner Platz für ein Picknick.

Im Norden von Drapanos wartet in **Kokkino Chorio** ein überdimensionaler Berg aus Altglas darauf, in der *Glasbläserei* von Andreas Tzombanakis (am Ortsausgang Richtung Drapanos-Dorf, Tel. 28 25 03 11 94, www.artofliving.gr, tgl. 8–20 Uhr) unter Mitverwertung von Altmetall zu Lampen und Vasen, Geschirr und Dekorationsgegenständen weiterverarbeitet zu werden. In den großen Ausstellungsräumen kann man mit etwas Glück auch einem Glasbläser bei seiner schweißtreibenden Arbeit zusehen. Wem danach selbst die Kehle trocken ist, sollte eine Rast in der angeschlossenen Taverne (ab 16 Uhr) einlegen. Hier werden sowohl aromatischer Raki aus eigener Herstellung ausgeschenkt als auch schmackhafte Bio-Gerichte serviert.

i Praktische Hinweise

Information und Unterkunft

TOP TIPP **Vamos S.A.**, Informationsbüro am Hauptplatz, Vamos, Tel. 28 25 02 21 90, www.vamosvillage.gr, www.vamossa.gr. Die Kooperative vermietet voll ausgestattete, komfortable Dorfhäuser, unterhält im Ortszentrum die Taverne Blumosifi mit sehr guter kretischer Küche, das Liakoto Art Café (s. u.) sowie einen Delikatessenladen für landwirtschaftliche Produkte aus der Region. Auch Kochkurse und geführte Wanderungen sind im Angebot.

Restaurant

TOP TIPP **Gavalianos Kafenes**, an der Platia, Gavalohori, Mobil-Tel. 69 74 16 25 07. Unter schattigem Weinlaub mit Blick auf den Hauptplatz genießt man köstliche Mezedes. Besonders lecker sind die diversen Dips wie Auberginencreme oder Rote Beete-Frischkäse-Aufstrich auf frisch gebackenem Brot.

Café

Liakoto Art Café, Vamos, Tel. 28 25 02 32 17, www.liakoto-artcafe.gr. Neben der gemütlichen Atmosphäre genießt man hier auch Konzerte kretischer Musiker.

18 Georgioupolis

Entspannter Badeort mit 10 km langem hellem Sandstrand und dem einzigen Süßwassersee Kretas.

Im Jahr 1899 wurde der Fischerort *Almiropolis* in der *Ormos-Almirou-Bucht* zwischen Chania und Rethimno in Georgioupolis umbenannt. Namenspatron war **Prinz Georg**, 1898–1906 Hochkommissar von Kreta, der hier in den Bergen an der Mündung des Flüsschens Almiro ein Landhäuschen besaß.

Sicher gefiel ihm auch der helle feine **Sandstrand**, der sich östlich des Ortes über 10 km lang hinzieht. In den 1980er-Jahren entdeckten dann auch europäische Individualreisende dieses schöne Fleckchen Erde und das gemütliche Georgioupolis (2500 Einw.) als Feriendomizil gleich dazu. Seitdem hat sich das Städtchen auf eine stetig wachsende Zahl von Urlaubern eingestellt, auf weiten Strecken wird der Strand inzwischen von Hotels gesäumt und an der Uferpromenade eröffnen immer mehr Pensionen, Tavernen, Internetcafés und Souvenirshops. Trotzdem geht es hier vergleichsweise ruhig und gelassen zu, sodass Georgioupolis noch immer eine ansprechende Alternative zu den touristischen Hotspots an Kretas Nordküste westlich von Chania ist.

Schon bei der Anfahrt auf Georgioupolis fallen die hohen Eukalyptusbäume rund um den Dorfkern auf. Sie wurden im 19. Jh. gepflanzt, um den sumpfigen Boden zu entwässern, Moskitos und Malaria einzudämmen und so den Fischern das Leben zu erleichtern. Deren bunte Boote dümpeln noch heute im Hafen in der Flussmündung, doch teilen sie sich den Platz inzwischen mit Tretbooten und Kanus. Die kann man leihen, um im dichten Schilf flussaufwärts nach Vögeln, Schildkröten und Aalen Ausschau zu halten.

Blaue Wasser – Limnis Kournas, Kretas Süßwassersee, macht dem Meer Konkurrenz

Eine Attraktion rechts der Flussmündung ist die kleine weiße Kapelle **Agios Nikolaos** im Meer, die über eine etwa 100 m lange, niedrige Mole zu erreichen ist. Hier ist Vorsicht geboten, denn die nur grob behauenen und lose zusammengelegten Steine der Mole sind meist nass und sehr rutschig.

Ausflug

Mit Auto, Rad oder dem Bimmelbähnchen *Talos Express* (Tel. 28 25 06 14 56, aktueller Fahrplan an den Abfahrtsstellen Edem Park und Corissia Beach Hotel) erreicht man von Georgioupolis aus schnell den 5 km südöstlich in den Bergen gelegenen **Limni Kourna**, den See von Kournas, Kretas einziger Süßwassersee. Idyllisch liegt das 1 km breite, 1,5 km lange und bis zu 65 m tiefe Gewässer zwischen grünen Hügeln. Das herrlich klare, warme Wasser lädt zum Baden ein, danach kann man auf Liegewiesen am Ufer entspannen, an denen auch Tretbootverleih und Tavernen zum Freizeitangebot gehören.

i Praktische Hinweise

Outdoor

Adventure Bikes, zwischen Hafen und Strand, Georgioupolis, Tel. 28 25 06 18 30, www.adventurebikes.org. Fahrradverleih und geführte Radtouren ins Umland.

Zoraida's, Kristi Gryllaki, an der alten Straße nach Vrisses, am westlichen Ortsrand von Georgioupolis, Tel. 28 25 06 17 45, Mobil-Tel. 69 47 18 56 56, www.zoraidas-horseriding.com. Reitunterricht und schöne Ausritte am Strand oder in das bergige Umland, auch zum Kournas-See.

Hotel

******Corissia Princess**, Georgioupolis, Tel. 28 25 08 30 10, www.corissia.com. Neueres, mit umweltschonender Erdwärme betriebenes Strandhotel. 65 Zimmer und sechs Suiten mit Balkon. Wellness im Haus, Pool im Garten.

Restaurant

Arolithos, bei der Dorfkirche, Georgioupolis, Tel. 28 25 06 14 06. Gute kretische Hausmannskost, die Schmorgerichte im Tontopf sind unübertrefflich. Gemütliche Atmosphäre, freundlicher Service.

Rethimno – Häfen, Strände, Schluchten um den inselhöchsten Berg

Um das **Psiloritis-** oder **Idamassiv**, dank des 2456 m aufragenden *Psiloritis* das höchste Gebirge der Insel, breiten sich die Schönheiten Zentralkretas aus. Am langen Sandstrand der schmucken Hafenstadt **Rethimno** etwa tummeln sich jeden Sommer Badeurlauber aus ganz Europa. Ruhiger ist es im Süden der mit knapp 1500 km² kleinsten Präfektur der Insel. Ferienziele sind hier die überschaubaren Küstenorte **Plakias** und **Agia Galini** oder der anmutig zwischen Karstbergen gelegene Kiesstrand *Preveli*, letzterer ergänzt etwa durch das gleichnamige Kloster **Moni Preveli** oder die nahe **Kourtaliotiki-Schlucht**.

In den Bergen dazwischen liegen das Nationaldenkmal **Moni Arkadi** mit der schönsten Renaissance-Fassade der Insel, das Töpferdorf **Margarites**, in **Eleftherna** eine antike Ruinenstadt in Panoramalage und in der **Sentoni-Höhle** bei Zoniana öffnet sich eine bezaubernde Tropfstein-Welt.

Bleibt noch das leibliche Wohl: Wie wäre es mit süßen Kirschen aus dem **Amari-Tal**, einem frischen Bier aus der Brauerei von **Armeni** oder einem typisch kretischen Mahl an den Wasserfällen von **Argiroupoli**? Die Präfektur Rethimno hat für jeden Geschmack etwas zu bieten.

19 Rethimno

TOP TIPP *Sympathische Hafenstadt zu Füßen eines großen Kastells, beliebtes Ausflugsziel von Tagesgästen.*

Blumengeschmückte Gässchen, altehrwürdige Gotteshäuser und ein idyllischer Hafen, bewacht von einer mächtigen Festung – die auf einer Halbinsel an Kretas Nordküste gelegene Altstadt von Rethimno (32 000 Einw.) gleicht einem Freiluftmuseum und ist doch alles andere als museal. Studenten und Badeurlauber, Alteingesessene und Kulturbeflissene tragen zu der stimmungsvollen Szenerie bei. Alljährlich im Februar wird sie sogar zur Kulisse des größten kretischen **Karnevalsumzugs** und in den Sommermonaten des bekannten **Renaissance-Festivals** mit Musik und Theater.

Über die frühe Geschichte der lebensfrohen Hafenstadt ist wenig bekannt. Ein Felsengrab (1350–1250 v. Chr.) im Stadtteil Mastabas im Süden von Rethimno ist das einzige auf dem Gemeindegebiet gefundene Relikt aus spätminoischer Zeit. Erst mit den Venezianern erlangte Rethimno inselweit Bedeutung: Im 13. Jh. errichteten sie am Hafenbecken ein erstes Kastell. Anfang des 14. Jh. wurde die Stadt Ver-

waltungssitz der Insel, der **Hafen** entwickelte sich zum bedeutenden Warenumschlagplatz. In den darauffolgenden Jahrhunderten blühte das kulturelle und politische Leben der Stadt, Kirchen und Palazzi im Stil der Renaissance wurden erbaut, Gelehrte und Künstler auch aus dem 1453 zerstörten Konstantinopel ließen sich in Rethimno nieder.

Doch vom 16. Jh. an wuchs die Bedrohung durch die **Türken**. Ihren Angriffen konnte letztlich auch die nach Plänen des venezianischen Baumeisters Pallavicini erbaute Festung (1573–80) auf dem niedrigen Hügel im Nordwesten der Altstadt nicht standhalten. 1646 fiel Rethimno nach kurzer Belagerung für mehr als zwei Jahrhunderte in türkische Hand. Moscheen, Minarette und den Hausfassaden vorgeblendete Holzerker (*Kioskia*) erzählen noch heute von jener Epoche.

Als nach dem Türkisch-Griechischen Krieg 1897 die europäischen Großmächte Kretas Geschicke bestimmten, stand Rethimno unter **russischer Verwaltung**. Die Neuzeit hielt dann ausgerechnet während der griechischen Militärdiktatur Einzug, als 1973 hier die neu gegründete **Universität von Kreta** (www.uoc.gr) angesiedelt wurde. Diese Ehre teilt sich Rethimno heute mit Chania.

Einen Stadtrundgang beginnt man am besten an der **Platia Tesseron Martiron** ❶ (Platz der vier Märtyrer). Wer mit dem Auto kommt findet um den Platz Parkmöglichkeiten und auch die Linienbusse, die zwischen den Ferienhotels im Osten der Stadt und dem Zentrum pendeln, halten hier. Im Mittelpunkt des Platzes erhebt sich die übermannshohe *Bronzestatue* des bewaffneten kretischen Widerstandskämpfers Kostas Giampoudakis, der 1866 in Absprache mit den anderen Eingeschlossenen das Kloster Arkadi [s. S. 60] lieber in die Luft sprengte als es in türkische Hände fallen zu lassen. Ein weiterer Blickfang ist die moderne Kirche *Tesseron Martiron* (1975) im Osten des Platzes. In ihr sind drei jener vier Männern begraben, die während der Türkenherrschaft ihrem christlichen Glauben treu blieben und deshalb an den Platanen vor dem heutigen Gotteshaus aufgehängt

Blaue Stunde – trauliche Abendstimmung am Venezianischen Hafen von Rethimno

wurden. Das Innere der orthodoxen Kirche schmücken farbenfrohe Wandmalereien mit Heiligendarstellungen im byzantinischen Stil. Nun könnte man im **Stadtpark** 2 auf der südwestlichen Seite des Platzes im Schatten von Kiefern, Palmen und Orangenbäumen bereits eine erste Rast einlegen. Ein Spielplatz und einige Kleintiergehege sind zudem für jüngere Kinder recht attraktiv.

Doch die meisten Tagesbesucher wenden sich vom Märtyrerplatz aus nordwärts und betreten durch die **Megali Porta** 3 (auch *Porta Goura*) aus dem 16. Jh. die Altstadt. Der unauffällige steinerne Gewölbebogen zwischen zwei nahe beieinander stehenden Wohn- und Geschäftshäusern ist das einzige erhaltene historische Stadttor Rethimnos. Dahinter führt die Einkaufsstraße *Ethnikis Antistaseos* geradeaus, bis an der lang gestreckten palmenbestandenen *Platia Titou Petichaki* links das schlanke, baufällige Minarett der **Nerantzes-Moschee** 4 aufragt. Drei Kuppeln überwölben das Bauwerk, das im 16. Jh. als katholische Kirche errichtet und 1657 unter den Türken zur Moschee umgewandelt wurde. Heute heißt das Gebäude *Odeion* und dient als Konzertsaal und Musikschule.

Nur ein paar Schritte entfernt widmet sich das **Historische und Volkskundliche Museum** 5 (Odos Vernadu 28–30, Tel. 28 31 02 33 66, Mo–Sa 9–14.30 Uhr) in einem venezianischen Palazzo aus dem 17. Jh. dem Leben und Arbeiten der Kreter im 18. und 19. Jh. Anhand zahlreicher Exponate und historischer Fotografien lernt man die zeitaufwändigen traditionellen Handarbeiten wie Lochstickerei, Klöppeln oder Weben kennen. Landwirtschaftliche Geräte lassen erahnen, wie mühevoll es früher war, die Felder zu bestellen, und in einem eigenen Raum kann man Utensilien für Töpfern und Korbflechten genauer inspizieren. Handwerkskunst live erlebt man gleich nebenan in der Bäckerei *Ergastirio Fillou Kroustas ke Kataifi*. Hier werden seit über 60 Jahren süße Köstlichkeiten aus zartem Blätterteig hergestellt.

Durch enge Gassen, gesäumt von Souvenirshops, Mode-, Leder- und Schmuck-

Kulturaustausch – mit hölzernen Erkern bereicherten die Türken die Altstadt von Rethimno

geschäften, spaziert man nun weiter Richtung Meer. Immer wieder kann man an den Hausfassaden elegante Steinmetzarbeiten aus der venezianischen Renaissance oder für die Türkenzeit typische Holzerker entdecken. An der Platia Petichaki laden schließlich Restaurants und Cafés zu einer Rast ein. Mittelpunkt des Platzes ist der **Rimondi-Brunnen** 6. Der venezianische Statthalter Alvise Rimondi hatte das historische Kleinod 1629 gestiftet. Unter einem durchgehenden Gesims gliedern vier Säulen mit korinthischen Kapitellen die aus Quadern erbaute Brunnenwand, dazwischen ergießt sich aus drei pausbäckigen Löwenköpfchen Wasser sich in ein niedriges Becken. Die etwas unpassenden Kuppelfragmente seitlich über der Anlage stammen aus türkischer Zeit.

Ein weiteres Relikt des 17. Jh. ist die nur wenige Meter weiter östlich gelegene **Venezianische Loggia** 7 (Odos Arkadiou 220). Alle vier Seiten des einstöckigen quadratischen Gebäudes aus hellem Kalkstein sind von hohen Rundbogen-Portalen durchbrochen, die ihrerseits von beinahe ebensogroßen Fenstern flankiert werden. Der repräsentative Bau diente dem venezianischen Adel seiner Zeit als Versammlungshaus und Debattierclub. Heute werden in den edlen Räumlichkeiten hochwertige Reproduktionen kostbarer Antiken verkauft (s. u.).

Moderne kretische Kunst in der Städtischen Galerie Kanakakis

Nun ist es nicht mehr weit zum **Venezianischen Hafen** 8 im Osten der Altstadt. Bunte Fischerboote schaukeln in seinem fast kreisrunden, von einer langen Mole mit Leuchtturm geschützten Becken, landseitig gesäumt von pastellfarbenen Häusern. Den Reiz dieses malerischen Ortes haben auch die Tavernenwirte erkannt, die ihre Tische dicht an dicht entlang dem Wasser aufgebaut haben und mit üppigen Auslagen an Fisch und Meeresfrüchten um die Aufmerksamkeit der Gäste wetteifern.

Wesentlich ruhiger geht es tagsüber in der vom nördlichen Ende des Hafens wieder landeinwärts führenden *Odos Salaminas* zu. In lauen Sommernächsten strömen allerdings wahre Menschenmassen in die schicken Diskotheken zu beiden Seiten dieser Straße. Rechts steigt bald die *Odos Chimaras* leicht bergan. Hier erlaubt nach wenigen Schritten wieder rechts in einem venezianischen

TOP TIPP

Gebäude die **Städtische Galerie Kanakakis** 9 (Tel. 2831052530, www.cca.gr, April–Okt. Di–Fr 9–13 und 19–22, Sa/So 10–15, Nov.–März Di, Do 9–14, Mi, Fr 9–14 und 18–21, Sa/So 10–15 Uhr) Einblicke in die zeitgenössische griechische Kunstszene. Auf zwei Stockwerken werden Wechselausstellungen organisiert und eine interessante Dauerausstellung zeigt u.a. Selbstporträts der Fotografin Politi Spiridoula oder einen ›Berg‹ aus Kissen von Maria Loizidou. Ein weiterer Raum zeigt teils surrealistisch anmutende Gemälde des Namengebers der Galerie, Lefteri Kanakakis (1934–85).

Einige Jahrtausende älter sind die Exponate im **Archäologischen Museum** 10 (Tel. 2831054668, Di–So 8.30–15 Uhr), das noch ein paar Meter bergauf vis-à-vis der Festung in einem ehemaligen Gefängnis untergebracht ist. Die rund um einen Lichthof angeordnete Ausstellung präsentiert in chronologischer Abfolge Funde aus Höhlen, Heiligtümern und Nekropolen der Präfektur Rethimno, darunter Steinwerkzeuge und Töpferwaren aus neolithischer Zeit (6800–3200 v. Chr.). Die minoische Periode (2000–1100 v. Chr.) ist mit Kultfiguren, Schmuck und Bronzewaffen vertreten. Besondere Aufmerksamkeit verdienen einige Tonsarkophage, auf die meisterhaft Tierfiguren und Jagdszenen skizziert sind. Dagegen wirken die römischen Stücke (1. Jh. v. Chr.–4. Jh. n. Chr.) – marmorne Skulpturen, bronzene Figurinen, Münzen und gefällige Glaswaren – eher bekannt.

Dem Meer und den von ihm ausgehenden Gefahren trotzt Rethimnos Fortezza seit dem 16. Jh.

Gleich gegenüber dem Museum betritt man durch das gewaltige tonnenüberwölbte Haupttor das Innere der **Fortezza** ⓫ (im Sommer tgl. 8.30–20, im Winter tgl. 10–17 Uhr), die fast die gesamte Nordwestspitze der Halbinsel von Rethimno einnimmt. Sie war 1573–80 nach Plänen des venezianischen Baumeisters *Sforza Pallavicini* erbaut worden und sollte im Fall eines Angriffs die gesamte Bevölkerung der Stadt dauerhaft aufnehmen. Doch letztendlich hielt die Fliehburg der Belagerung durch die Türken 1646 keine vier Wochen stand. Nur wenige eher unscheinbare Bauwerke, darunter große Zisternen und zwei ruinöse Kapellen, trotzen seither verstreut im ungepflegten Grasland innerhalb der Festungsmauern dem Verfall. Ein beliebtes Fotomotiv ist der restaurierte Kuppelbau der Sultan-Ibrahim-Moschee, den die Türken gleich nach Eroberung der Fortezza im Zentrum der Anlage errichteten. Blickpunkt im ansonsten schmucklosen Inneren des Gotteshauses ist die mit bunten Fliesen ausgekleidete Gebetsnische (*Mihrab*). Zuletzt lohnt es, der Aussicht wegen auf die Bastionen zu steigen: Im Süden genießt man von der Elias-Bastion einen prächtigen Überblick über Stadt und Berge, gen Norden bietet die *Sozon-Bastion* freie Sicht auf das Kretische Meer und von der *Nikolaos-Bastion* im Osten kann man die Schiffe im Fährhafen beobachten.

Wer nun noch Energie hat, kann am breiten **Stadtstrand** ⓬ südöstlich des Venezianischen Hafens entlangspazieren. Im Sommer säumt ihn eine fast durchgehende Phalanx von Cafés, Wassersportcentern und Liegestuhlverleihern. An seinem östlichen Ende ist stadteinwärts noch ein Abstecher zur malerisch von Olivenbäumen und Palmen umgebenen, aber nicht öffentlich zugänglichen **Kara-Moussa-Pascha-Moschee** ⓭ (Odos Arkadiou/Ecke Odos Viktoros Ugo) möglich. Jenseits, also südlich der verkehrsreichen Koundouriotou-Straße, beherbergt das von einem hohen Minarett überragte neunkuppelige Gebäude der einstigen Veli-Pascha-Moschee (17. Jh.) das **Paläontologische Museum** ⓮ (Tel. 28 31 02 30 83, www.gnhm.gr, im Sommer Di, Do, Sa 9–15 Uhr/im Winter eingeschränkte Öffnungszeiten). Es zeigt vor allem die versteinerten Überreste von Hirschen, Zwergflusspferden, Elefanten und anderen Tieren, die vor Jahrmillionen auf Kreta zu Hause waren.

Östlich, jenseits der Hafenmole und der Marina, beginnt die **Ferienzone** von Rethimno, die sich mit mehreren Sand- und Kiesstränden über 15 km hinzieht. Hier reihen sich Hotels und Pensionen aller Kategorien, Restaurants, Bars und Diskotheken aneinander, dazwischen versorgen Minimärkte die Strandurlauber mit Badeschuhen, Sonnenmilch, Softdrinks und Luftmatratzen. Außerhalb der Hauptsaison freilich ähnelt das Ambiente mitunter eher einer Geisterstadt.

i Praktische Hinweise

Information

EOT, Odos Dimokratias 1, Rethimno, Tel. 28 31 02 55 71, www.rethymnon.gr. Informationen zur Präfektur.

EOT, Odos E. Venizelou, Rethimno, Tel. 28 31 02 91 48. Informationen zur Stadt.

Bus

Überland-Busbahnhof, Odos Periferiakos, Rethimno, Tel. 28 31 02 22 12. Im Südwesten des Zentrums an der Umgehungsstraße.

Fähre

Hafenamt Rethimno, Tel. 28 31 02 22 79

Lane Sea Line, Rethimno, Tel. 84 12 52 49, www.lane.gr, www.ferries.gr/lane. Fähren von und nach Kithira und Piräus.

Ausflüge

Dolphin Cruises, Venezianischer Hafen, Rethimno, Tel. 28 31 05 76 66, www.dolphin-cruises.com. Ausflugs- und Angeltouren, Kinder lieben das Piratenschiff.

Happy Walker, Odos Topasi 56, Rethimno, Tel. 28 31 05 29 20, www.happywalker.com. Wanderungen und mehrtägige Trekkingtouren in den Lefka Ori.

Wassersport

Wassersportzentren samt Segel- und Surfschulen finden sich am Strand bei den großen Ferienanlagen Creta Palace, Aquila Rithymna Beach und El Greco und im Osten von Rethimno.

Kalypso Diving Center, Odos Sofoklis Venizelou 28, Rethimno, Tel. 28 31 05 66 41, www.kalypsodivingcenter.com. Padi-Kurse und Tauchtrips, v. a. nach Plakias.

Strand-Sharing – Platz für Mensch und Tier

Seit Urzeiten dienen die Küsten Kretas der Meeresschildkröte **Caretta caretta** (Unechte Karettschildkröte) zur Eiablage. Auch an den Stränden östlich von Rethimno schieben sich Juni–Sept. nachts die bis zu 1,5 m langen und 110 kg schweren Weibchen an Land und graben Nester für 20–170 Eier in den Sand. Nach rund 50 Tagen schlüpfen daraus kleine Schildkröten, robben zu nächtlicher Stunde ins Meer – und kehren, wenn sie alle Widrigkeiten und Gefahren überleben, Jahre später ausgewachsen an ›ihren‹ Strand zurück, um selbst Eier zu legen.

Aber in Zeiten von zunehmender Umweltverschmutzung, Fischerei, Küstenbebauung und touristischer Nutzung der Strände ist dieser Kreislauf in Gefahr. Beispielsweise verwirren helle Lichter von Hotels oder von den Taschenlampen neugieriger Tierfreunde viele Alttiere so sehr, dass sie gar nicht erst an Land kommen. Und auch die Kleinen sind durch Licht und Geräusche oft desorientiert und verfehlen dann ihren Weg ins Meer.

Dabei kann schon die Einhaltung von **drei einfachen Regeln** zum Erhalt der bedrohten Schildkröten im Mittelmeer beitragen: abgesperrte Strandabschnitte nicht betreten, mit Drahtkästen geschützte Nester nicht anrühren und nachts nicht an den Strand gehen, schon gar nicht mit Taschenlampe. Wer mehr tun möchte, kann bei der **Organisation Archelon** (www.archelon.gr) eine Schildkröte adoptieren oder sich als freiwilliger Helfer engagieren.

Den Überblick bewahren Gäste beim Dinieren im Obergeschoss der Restaurants am Hafen

Einkaufen

Nikos Siragas, Odos Petalioti 2, Rethimno, www.siragas.gr. Geschnitzte und gedrechselte Gefäße und Skulpturen aus Olivenholz. Drechselkurse beim Künstler.

TOP TIPP **Museum Shop**, Odos Arkadiou 220 (in der Venezianischen Loggia), Rethimno, Tel. 28 31 05 32 70. Qualitätvolle Reproduktionen archäologischer Funde aus ganz Griechenland.

Nachtleben

Ice Club und andere Edel-Tanzschuppen findet man in der Odos Salaminas. Auch östlich der Hafenpromande sind einige nette Bars mit Meerblick versammelt.

Baja Beach Club, Platanias, Rethimno, Tel. 28 31 02 03 33. Angesagter Club mit diversen Bars und einem großen Pool. Eine von vielen Ausgehmöglichkeiten in der Hotelzone östlich des Zentrums.

Hotels

*******Rithymna Beach**, 7 km östlich des Zentrums, Rethimno, Tel. 28 31 07 10 02, www.aquilahotels.com. Großes, luxuriöses Strandhotel und Bungalows im gepflegten Park. Mehrere Restaurants, Pools, Wassersportzentrum, Animation.

******Palazzo Vecchio**, Ecke Heroon Polytechniou und Melissinou, Rethimno, Tel. 28 31 03 53 51, ww.palazzovecchio.gr. Geschmackvoll eingerichtete Zimmer in einem venezianischen Altstadtpalast aus dem 15. Jh. Pool im Innenhof.

******Veneto**, Odos Epimenidou 4, Rethimno, Tel. 283 10 56 63, www.veneto.gr. Venezianisches Stadtpalais in der Altstadt. Mit Restaurant und Weinkeller im Haus.

Casa Moazzo, Odos Tobazi 57, Rethimno, Tel. 28 31 03 62 35, www.casamoazzo.gr. Boutiquehotel in neoklassizistischem Stadthaus. Brunnen im Patio.

Restaurants

TOP TIPP **Avli**, Odos Xanthoudidou 22, Rethimno, Tel. 28 31 05 82 50, www.avli.gr. Kreative kretische Küche wie Zicklein mit Honig und Thymian. Exzellente Weinauswahl, stimmungsvolles Ambiente im grünen Innenhof.

Castelvecchio, Odos Chimaras 29, Rethimno, Tel. 28 31 05 51 63. Mediterrane Spezialitäten, freundlicher Service und ein schöner Blick kennzeichnen das Terrassenrestaurant unterhalb der Fortezza.

Kyria Maria, Moshovitou 20, Rethimno, Tel. 28 31 02 90 78. Die engagierte Wirtin serviert in der schmalen Gasse hinter dem Rimondo-Brunnen kretische Hausmannskost samt Obst und Raki.

Eis

Gelato.it, Odos Ethnikis Antistaseos (auf Höhe der Nerantzes-Moschee), Rethimno. Köstliche Eiskreationen to go.

Seine Lage im wasserreichen Tal des Mousselas macht Argiroupoli zu einem ›grünen‹ Dorf

20 Argiroupoli

Kühle Quellen, Überreste einer antiken Stadt und ein byzantinisches Kirchlein in den grünen Bergen.

25 km südwestlich von Rethimno liegt Argiroupoli (400 Einw.) an der Stichstraße Richtung Asi Gonia. Unzählige Wasserläufe in der Umgebung machen das Bergdorf zu einer kühlen vegetationsreichen Oase. Schon bei der Anfahrt sprudeln am Talhang des Flusses *Mousselas* einige **Quellen**, die übrigens ganz Rethimno mit Trinkwasser versorgen, nahebei plätschert ein kleiner **Wasserfall** – ein wunderbarer Platz für eine kretische Mahlzeit. Passenderweise ziehen sich gleich nebenan Tavernenterrassen den Berg hinauf und die Kellner müssen schon einige Höhenmeter zurücklegen, um die ganz oben sitzenden Gäste zu bewirten.

Nachdem man sich gestärkt hat, kann man zu Fuß den neben der *Taverne Kastro* beginnenden kurzen Aufstieg ins eigentliche Dorf in Angriff nehmen. Nach etwa 10 Minuten erreicht man die Platia (Parkmöglichkeit) von Argiroupoli mit der Kirche *Agios Ioannis* (1895). Links führt ein Torbogen in den historischen Dorfkern.

Hier hält man im Laden *Lappa Avocado* (s. u.) handgezeichnete Pläne bereit für Besucher, die zwischen den gepflegten Häusern, Blumen- und Gemüsegärten von Argiroupoli die Überreste der antiken Stadt **Lappa** suchen. Sie wurde von den Dorern gegründet und entwickelte sich in hellenistischer Zeit zu einem bedeutenden Stadtstaat im Inselinneren mit etwa 10 000 Einwohnern. Auch Römer und Venezianer nutzten die strategisch und dank vieler Flüsse auch verkehrstechnisch günstige Lage Lappas. Als aber im ausgehenden Mittelalter die Wasserwege keinen durchgehenden Schiffsverkehr zwischen Nord- und Südküste mehr zuließen, sank der Stern der Stadt. Im 19. Jh. brachten Silberfunde noch einmal einen kurzzeitigen Aufschwung und einen neuen Namen (argiros = Silber), aber dann wurde es still um den Ort.

Jedoch finden sich auf dem gesamten Gemeindegebiet spannende Relikte aus der Vergangenheit, eine venezianische Villa etwa oder ein Torbogen aus derselben Epoche mit der sinnigen Inschrift *Omnia Mundi Fumus Et Umbra* (›Alles in der Welt ist Rauch und Schatten‹). Besonders schön ist südlich des alten Marktplatzes ein farbig gestalteter römischer **Mosaikfußboden** (3. Jh.) mit geometrischen und floralen Motiven, imposant ist am nordöstlichen Ortsrand ein antikes Wasserreservoir.

Auf dem Ortsplan ist auch der Fußweg eingezeichnet, der an diesem Reservoir vorbei 1,5 km bergab ins Nachbartal zum **Pente Parthenon** führt. Dieses Kirchlein der fünf Jungfrauen ist fünf Märtyrerinnen aus dem 3. Jh. n. Chr. geweiht. Rings um das Gotteshaus finden sich Hunderte in den Fels gehauene, teils miteinander verbundene Grabkammern aus römischer Zeit. Unterhalb dieser Nekropole reckt eine riesige, angeblich über 2000 Jahre alte Platane ihre Äste in den Himmel.

Miriokefala

Für Freunde byzantinischer Kirchen lohnt ein Abstecher in die Berge südlich von Argiroupoli ins 8 km entfernte Dorf Miriokefala zur **Panagia Antifonitria** (10. Jh., im nahen Kafenion nach dem Schlüssel fragen). Der Kreuzkuppelbau aus Naturstein gehörte einst zu einem Kloster, das der hl. Eremit Johannes [s. S. 37] auf seiner Wanderung von Azogires zur Halbinsel Akrotiri gegründet haben soll. Die Kirchenkuppel birgt gut erhaltene Fresken, die noch aus der Erbauungszeit stammen. Sie zeigen Christus Pantokrator, umgeben von Engeln und Propheten. Im 12. Jh. entstanden die Wandmalereien im westlichen Kreuzarm mit Szenen der Passion: Einzug in Jerusalem, Verrat des Judas, Beweinung Christi und schließlich Christus in der Vorhölle.

i Praktische Hinweise

Einkaufen

Lappa Avocado, im Tordurchgang, Argiroupoli, Tel. 28 31 08 10 70. Kosmetik auf Basis von Avocadoöl, Seife, Kräuter und andere Mitbringsel.

Restaurants

Athivoles, an den Quellen, Argiroupoli, Tel. 28 31 08 11 01. Spezialität des beliebten Ausflugsrestaurants sind frische Forellen.

Ellanion Fos, an den Quellen, Argiroupoli, Tel. 28 31 08 12 83. Köstliche *Mezedes*, darunter auch Wildkräuter mit Zitrone, unter schattigen Bäumen.

21 Armeni

Minoische Totenstadt und deutsche Bierbraukunst.

Das Dorf 10 km südlich von Rethimno hat zwei Besichtigungspunkte zu bieten, die kaum unterschiedlicher sein könnten: Hinweisschilder weisen kurz vor dem Ortseingang den Weg nach rechts zur spätminoischen **Nekropole von Armeni** (Di–So 8.30–15 Uhr). Im Schatten mehrerer Eichen wurden bislang knapp 300 Gräber archäologisch erschlossen, die in in den Jahren 1400–1200 v. Chr. in den Fels gehauen wurden. Sie sind alle gleich aufgebaut: Eine schmale Felstreppe führt hinunter in einen 3–5 m langen Gang (*Dromos*). An seinem Ende befindet sich der stets nach Osten ausgerichtete und einst mit einem großen Stein verschlossene Eingang zur rechteckigen Grabkammer, in der jeweils Sitzbank und Mittelsäule aus Fels stehen gelassen wurden. In den Kammern bargen Särge aus Holz oder Ton (heute in den Archäologischen Museen von Rethimno und Chania) und große Krüge (*Pitoi*) zahlreiche Skelette. Berühmt wurden vor allem die hier gefundenen *Larnakes*, mit Tierfiguren und Jagdszenen reich bemalte Tonsärge. Die in Armeni bestatteten Frauen wiesen ein

Durchschnittsalter von 23, die Männer von 30 Jahren auf. Den Toten waren Keramiken, Waffen und Schmuck mit in ihre Gräber gegeben worden.

Etwa 5 km weiter kann man südlich von Armeni rechts an der Landstraße nach Spili der kleinen **Rethymnian Brewery** (Tel. 28 31 04 12 43, Rundgang Fr nach Anmeldung), der einzigen Bierbrauerei Kretas, einen Besuch abstatten. Hier wird nach deutschem Reinheitsgebot von 1516 gebraut, allein mit Brauwasser, Biomalz und Biohopfen. Gerne führt der Gründer der florierenden Kleinbrauerei, der Sauerländer Dr. Bernd Brink, Gäste durch die Anlage, bevor sie sich im einladenden Brauereicafé (Mi–Mo ab 11.30 Uhr) mit griechischer Hausmannskost und einem kühlen Brinks Blond oder Brinks Dark stärken.

22 Moni Arkadi

TOP TIPP *Landschaftlich schöne Fahrt zum eindrucksvollen Symbol des kretischen Freiheitswillens.*

Von Rethimno aus führt der Weg über die E75 entlang der Küste ostwärts. Ab dem Badeort Platanias windet sich die Straße als namenloses Asphaltband zunächst durch sanftes, von Olivenhainen bedecktes Hügelland und durch eine enge Schlucht in vielen Kurven landeinwärts. Nach 25 km ist eine kleine, etwa 500 m hoch gelegene Ebene erreicht, in deren Südosten sich das Psiloritis-Gebirge bis zu 2456 m auftürmt.

Inmitten dieser eigentümlichen Berglandschaft erhebt sich trutzig und festungsartig das etwa 78 x 71 m umfassende Mauergeviert des im 14. Jh. gegründeten **Klosters** Moni Arkadi (Tel. 28 31 08 31 35, www.arkadimonastery.gr, tgl. 9–19 Uhr). Über dem schmalen Eingangsportal im Westen weht neben der griechischen die kretische Flagge, denn Moni Arkadi gilt als **Nationalheiligtum**, als eindrucksvolles Zeugnis des unbedingten Freiheitswillens, mit dem die Kreter der Türkenherrschaft begegneten.

Der Ruf gründet auf folgender Begebenheit, die auf Kreta jedes Kind kennt: Im Mai 1866 war das Kloster unter Führung des streitbaren Abtes Gabriel Marinakis zum Sitz des Revolutionskomitees von Rethimno erkoren worden. Die Türken forderten mehrfach die Auflösung des Komitees, andernfalls würden sie das Kloster dem Erdboden gleich machen. Die Situation spitzte sich zu, so dass zahlreiche Familien aus dem Umland aus Furcht vor türkischen Zwangsmaßnahmen hinter den Klostermauern Schutz suchten. Fast 1000 Menschen, darunter rund 600 Frauen und Kinder, hatten sich in Moni Arkadi versammelt, als sich am 8. November türkische Truppen zum Sturm auf Arkadi sammelten. Die Lage für die Eingeschlossenen war aussichtslos, doch sie wollten nicht lebendig in die Hände der Angreifer fallen. Stattdessen stimmten die meisten dafür, lieber zu sterben und möglichst viele Feinde mit in den Tod zu reißen. Als die Türken am Morgen des 9. November das Klostertor stürmten, waren fast alle belagerten Kreter im Pulvermagazin versammelt, das der Bürgermeister von Adele, Kostas Giampoudakis, mit einem Schuss aus seiner Pistole in die Luft jagte. Die Explosion tötete Hunderte von Kretern und Türken gleichermaßen. Die Tragödie ging durch die Weltpresse, doch es dauerte noch über 30 Jahre, bis internationale Truppen die Kreter in ihrem Freiheitskampf unterstützten. Der 9. November aber wurde zum **Feiertag** auf der Insel, und am 8. November wird alljährlich vor Ort der Ereignisse mit einer feierlichen Prozession gedacht.

Vor den Klostermauern erinnert das in einer alten überkuppelten Windmühle eingerichtete **Beinhaus** mit den Schädeln Dutzender Gefallener an die blutige Schlacht um Arkadi. Umso mehr erstaunt es die Besucher oft, wie idyllisch und friedlich sich der Hof hinter den schmucklosen, wehrhaften Klostermauern präsentiert: Rosen und Hortensien, Kapuzinerkresse und Wein umranken die umlaufenden zweistöckigen Arkadengänge, in ihrer Mitte zieht die **Renaissancefassade** (1587) der Klosterkirche die Blicke auf sich. Mit Halbsäulen und Gesimsen, runden Fenstern und Ochsenaugen, spitzen Ecktürmchen und nicht zuletzt dem hoch aufragenden Glockengiebel ist sie wohl das schönste Beispiel venezianischer Architektur des 16. Jh. auf der Insel. Das zweischiffige Gotteshaus birgt eine aus Zypressen- und Olivenholz geschnitzte Ikonostase (1927) mit Bildern von Maria und Jesus, Christi Himmelfahrt und dem Letzten Gericht.

Und dann holt den interessierten Besucher die blutige Vergangenheit doch wieder ein: Links der Kirche kann man im Stamm einer abgestorbenen Zypresse noch ein türkisches Geschoss entdecken,

Das Kloster Arkadi mit seiner Renaissancekirche ist Kretas Nationalheiligtum

und das **Klostermuseum** im ehem. Refektorium zeigt neben Ikonen (16.–19. Jh.) und liturgischem Gerät (18./19. Jh.) auch Relikte des Freiheitskampfes: das halb verbrannte und von Schüssen durchlöcherte Banner der Aufständischen, Gewehre, Schwerter und Überreste der 1866 zerstörten Altarwand. Abschluss dieser bewegenden Sammlung ist die Ruine des Pulvermagazins in der Nordwestecke des Klosters.

23 Archea Eleftherna

Picknicken zwischen antiken Ruinen und Stöbern nach schönen Töpferwaren.

Vom Kloster Arkadi schlängelt sich eine schmale Landstraße ostwärts durch die karge Hochebene, in der sich Ziegen und Schafe an spärlichem Bewuchs gütlich tun. Nach etwa 10 km erreicht man die grünen Berge mit dem unscheinbaren Dorf Eleftherna. Es liegt auf dem Gebiet des gleichnamigen antiken Ortes, der bereits von den Minoern gegründet und von den

Dorern im 1. Jt. v. Chr. zu einer wehrhaften Stadt ausgebaut worden war. Diese bestand noch in byzantinischer Zeit, war seit dem 4. Jh. sogar Bischofssitz, wurde dann aber im 9. Jh. von sarazenischen Piraten zerstört. Weniger die malerischen Ruinen von antiken Monumenten als vielmehr ihre schöne Lage in der von Eichen, Oliven- und Johannisbrotbäumen üppig bewachsenen Berglandschaft lohnt die Besichtigung.

Am besten folgt man im Ortszentrum von Eleftherna den brauen Hinweisschildern bergab zu den **Ancient Cisternes** (jederzeit zugänglich). An einer geräumigen Haltebucht kann man sich auf einer Infotafel einen Überblick über die **Ausgrabungen** verschaffen. Der Besichtigungspfad führt über einen lang gestreckten felsigen Bergrücken, der sich hervorragend für ein aussichtsreiches Picknick eignet, und erschließt in erster Linie die römisch-byzantinische Siedlungsschicht. Zunächst passiert man auf einer teilweise noch original gepflasterten Straße die 4 m aufragende Ruine eines Wehrturms (*Pirgos*), der einst den Zugang zur bergauf liegenden Akropolis bewachte. Einige Meter weiter erkennt man die aus dem Fels gehauenen recht-

Nach ein wenig ›Bergwandern‹ gibt die Steilküste von Bali nette kleine Badebuchten frei

eckigen Fundamente von Häusern. Wendet man sich nach links, gelangt man bergab zu zwei gigantischen **Felskammern** (ca. 40 x 25 m groß und 5 m hoch, Taschenlampe empfehlenswert), in denen einst sechs Zisternen die Wasserversorgung Eleftthernas sicherstellten.

Noch weiter unten im Schluchtgrund sieht man ein riesiges Schutzdach, unter dem Archäologen der Universität von Kreta noch bis 2016 im Juli und August die Nekropole von **Orthi Petra** aus geometrischer Zeit (9./8. Jh. v. Chr.) freilegen. Bei der Ausgrabung fanden sie auch ein Skelett mit einem Messer im Halsbereich, was auf ein Menschenopfer hinzudeuten scheint.

Weitere, allerdings weniger spektakuläre Ausgrabungen des alten Eleftherna sind am Ortsausgang des neuzeitlichen Dorfes Richtung Margarites mit **Ancient Town** (meist Di–So 8.30–15 Uhr) beschildert. Dabei handelt es sich um die Überreste eines römischen Thermalbades, einer dreischiffigen Basilika aus dem 6. Jh. und mehrerer Wohnhäuser aus hellenistischer und römischer Zeit.

Margarites

Nur noch 5 km sind es von Eleftherna nordwärts ins hübsche **Töpferdorf** Margarites, dessen weiß gekalkte Häuser sich entlang enger Gässchen an einem grünen Hügelhang auf der Westseite des Ida-Gebirges hinziehen. Vor dem Zweiten Weltkrieg wurden hier in rund 50 Handwerksbetrieben hauptsächlich große Vorratskrüge für Wein, Öl oder Getreide hergestellt, wie sie bereits in minoischer Zeit verwendeten worden waren. Heute arbeiten in dem schmucken Dorf noch etwa ein Dutzend Töpfer, die sich auf Teller, Schüsseln und anderes Geschirr sowie auf Dekorationsgegenstände unterschiedlicher Qualität spezialisiert haben. Kunstgenuss anderer Art bieten die vier freskengeschmückten kleinen Kirchlein des Dorfes, darunter *Agios Ioannis* mit Malereien aus dem späten 14. Jh.

i Praktische Hinweise

Einkaufen

George Dalavelas, Hauptstraße, Margarites, Tel. 28 34 09 21 35. Handgefertigte Töpferwaren mit aufgemalten traditionellen Motiven.

24 Panormos und Bali

Zwei Ferienorte mit kleinen Badebuchten an romantischer Steilküste.

Jenseits des langen Sandstrandes im Osten von Rethimno wird Kretas Nordküste immer steiler. Mancherorts stößt man auf Höhlen und kleine sandgesäumten Buchten. Viele von ihnen können nur mit dem Boot erreicht werden.

Einladender wird es wieder gut 20 km von der Präfekturhauptstadt entfernt in dem ruhigen Fischerort Panormos. Der alte Dorfkern liegt auf einer kleinen Anhöhe über dem Meer. Unten lockt ein kleiner **Sandstrand**, ergänzt durch einen großen Hafen, in dem früher landwirtschaftliche Produkte aus der Region verschifft wurden. Heute ankern zwischen den steinernen Molen hauptsächlich kleine Fischerboote und Jachten, die belegen, dass längst der Tourismus zum Haupterwerbszweig der Einheimischen avancierte. Davon zeugen auch die großen Hotelanlagen im Westen von Panormos. Doch auch deren Gäste unternehmen gerne einen abendlichen Spaziergang durch das stimmungsvolle alte Dorf und speisen auf einer der aussichtsreichen Restaurantterrassen. Oder sie besuchen das **Carob Mill Kulturzentrum** *Charoupomylos-Epimenides* in der umgebauten Johannisbrot-Mühle am Meer, in dem regelmäßig Kunstausstellungen und Konzerte veranstaltet werden (Programm unter www.Panormos.gr).

16 km weiter östlich schmiegen sich die weißen Häuser und Hotels des touristisch stark frequentierten Fischerortes Bali pittoresk an bräunlich-rote Felshänge. Die felsige Küstenlinie teilen sich ein Fischerhafen und zahlreiche geschützte, aber kleine **Badebuchen**, an denen es im Sommer recht eng werden kann. Abhilfe soll ein wenig südlich des Ortskerns der **Paradise Beach** verschaffen: 500 m aufgeschütteter Sandstrand mit einer von Tavernen, Bars und Hotels gesäumten Promenade. Der exotisch anmutende Name Bali stammt übrigens aus dem Türkischen und bedeutet ›Honig‹. Für dieses süße Naturprodukt war die Region einst berühmt.

Melidoni-Höhle

Sowohl Panormos als auch Bali sind gute Ausgangspunkte für Ausflüge ins Hinterland, durch die von Phrygana bewachsenen Hügel und entlang der mächtig auf-

Die Berge des Ida-Gebirges sind ein Outdoor-Paradies, vor allem für Wanderer und Radfahrer

ragenden Felshänge des *Psiloritis* (Ida-Gebirge).

Von beiden Badeorten aus ist es nicht weit zur Melidoni-Höhle (April–Sept. tgl. 9–19 Uhr), auch **Gerontospilios** genannt, in den Bergen. Die 10 km von Panormos aus fährt im Sommer sogar ein Bimmelbähnchen (Tel. 28 34 02 02 22) hinauf. Hier soll in legendärer Vorzeit der Riese Talos gewohnt haben, ein Sohn des griechischen Feuergottes Hephaistos, des göttlichen Schmieds.

Echte ›Höhlenforscher‹ sollten eine Taschenlampe mitbringen, alle anderen müssen sich mit dem großartigen Anblick des 65 m langen, 30 m breiten und 25 m hohen Hauptsaals begnügen, in dem eine fantastische Wunderwelt aus **Tropfsteinen** begeistert. Auch wenn im Zentrum der Grotte ein steinerner Sarkophag mit Gebeinen an eine Tragödie erinnert. 1824 versteckten sich während der Freiheitskriege über 300 Kreter vor der türkischen Armee in der Höhle. Als die feindlichen Soldaten sie entdeckten und nicht zum Herauskommen bewegen konnten, warfen sie brennende Büsche ins Innere, woraufhin die Eingeschlossenen qualvoll erstickten.

i Praktische Hinweise

Einkaufen

Paraschakis Olivenöl, an der Straße zwischen Perama und Melidoni, Tel. 28 34 02 20 39, www.paraschakis.gr. Olivenöl direkt vom Erzeuger, manchmal kann man bei der Produktion zusehen.

Hotels

*******Sensimar Royal Blue Resort & Spa**, zwischen Lavries und Panormos, Tel. 05 11/ 56 70 (TUI Deutschland), www.sensimar.com. Weitläufige Bungalowanlage an eigener kleiner Badebucht. 190 elegante Zimmer, mehrere Pools, drei Restaurants. Tennis, Fitness, Kreativkurse.

*****Villa Kynthia**, Panormos, Tel. 28 34 05 11 02, www.villakynthia.gr. Fünf große mit Antiquitäten möblierte Zimmer in einem repräsentativen Stadthaus aus dem 19. Jh. Kleiner Pool im Hof.

Restaurant

Barba Andreas, Milopotamos (oberhalb des Hafens), Panormos, Tel. 28 43 05 12 21. Spezialitäten des Hauses mit der schönen Panorama-Terrasse am Hang sind frischer Fisch und Wildschwein.

Byzantinische Agios Georgios- neben neuer Dorfkirche in Axos

25 Nordöstliches Psiloritis-Gebirge

Tief im kretischen Hinterland warten kleine byzantinische Kirchen und eine wunderbare Tropfsteinhöhle

Die teils felsig-abweisende, teils gras- und waldgrüne Berglandschaft an den Nordosthängen des zentralen Psiloritis-Gebirges, zwischen dem Höhenzug der *Talea Ori* an der Küste und *Oros Idi* (Ida-Gebirge) im Inselinneren, bietet mit traditionellen Dörfern und geheimnisvollen Höhlen genau das, was Reiseveranstalter so gerne als ›das ursprüngliche Kreta‹ anpreisen. In diesem Fall durchaus zu Recht, wie der Besuch der drei regionaltypischen Bergdörfer Axos, Zoniana und Anogia zeigt.

Im 8./7. Jh. v. Chr. kannten die Griechen das heute so beschauliche **Axos** (680 Einw.) als beachtliches urbanes Zentrum im Inselinneren. Im Jahr 535 wurde es Bischofssitz, in dem man zuzeiten bis zu 50 Kirchen zählte. Mittlerweile erinnert aber nur noch eine Handvoll kleiner byzantinischer Gotteshäuser an die ehemalige Grandezza. Als Ausgangspunkt für eine Erkundungstour bietet sich der gemütliche, von einer großen Platane beschattete *Dorfplatz* an, um den kleine Geschäfte Schafwollteppiche und -decken feilbieten. Von hier aus kann man der Hauptstraße wenige Meter bergauf zur aus Natursteinen errichteten *Agia Irini* folgen. Diese Kreuzkuppelkirche ist der Straße zugewandt, wie eine Krone zieren Blendarkaden den Tambour. Sie wurde im 14. Jh. an die rückwärtige, etwas ältere schlichte Einraumkapelle angebaut, deren Innenwände verblassende Freskenreste überziehen. Besser erhalten sind die Fresken im Kirchlein *Agios Ioannis* (14./15. Jh.) im tiefer gelegenen Dorfteil.

Wesentlich spektakulärer ist der Besuch der mehr als 500 m langen TOP TIPP **Sentoni-Höhle** (Tel. 28 34 04 17 34, www.zoniana.gr, Mitte April–Okt. tgl. 10.30–17, Nov.–Mitte April Sa/So 10.30–14 Uhr). Ihr Eingang öffnet sich etwa 3 km südlich von Axos auf dem Weg nach Zoniana in 630 m Höhe am Berghang. Auf einem geführten Rundgang durch die konstant 17 Grad kühle und stimmungsvoll mit wechselnden Farben beleuchteten Tropfsteinsäle gelangt man bis zu 50 m unter die Erde und durchstreift

Höhlenräume, deren bis zu 500 Mio. Jahre alte Stalagmiten und Stalagtiten zu so fantasievollen Bezeichnungen wie ›Heiligtum der Fee‹, ›Palast‹, ›Wasserfall‹ oder ›Parthenon‹ anregten. Immer wieder weist der Führer auf besonders schöne Formationen hin – ›sieht das nicht aus wie ein Buddha und jenes wie ein Oktopus‹ – und erzählt die Geschichte von dem Kind, das sich über 1000 Jahren in der Höhle verirrte und dessen Knochen man vor einigen Jahrzehnten unter einer dünnen Schicht Stalagmiten fand.

Ein wenig Gänsehaut kann auch der Besuch im Bergdorf **Zoniana** (1650 Einw.) hervorrufen, immerhin war der touristisch durchaus erschlossene Ort bis zu einer groß angelegten Polizeirazzia im Jahr 2007 eine Hochburg der Drogenkriminalität und des illegalen Waffenhandels auf Kreta. Darüber freilich bewahrt das überaus skurrile *Wachsfigurenkabinett Potamios* (Tel. 28 34 06 10 87, www.zoniana.gr) im Keller eines Wohnhauses am Dorfplatz Stillschweigen und stellt lieber mit einfachen Mitteln blutrünstige Szenen aus der älteren Vergangenheit Kretas nach: Widerstandskämpfer werden von Türken enthauptet, andere vegetieren in Kerkern vor sich hin und das Pulverlager des Klosters Arkadi scheint im Diorama auch gleich in die Luft zu fliegen. Daneben werden mit El Greco, Eleftherios Venizelos oder Nikos Kazantzakis bedeutende kretische Persönlichkeiten geehrt.

Rücksichtslose Raser in überladenen Pick-ups kündigen 7 km östlich von Zoniana das von Berggipfeln malerisch gerahmten **Anogia** (2100 Einw.) an. Das große Dorf gilt als Hort kretischer Freiheitsliebe, doch während sich dies früher häufig im Partisanenkampf gegen ausländische Besatzungsmächte manifestierte, scheinen die jüngeren Männer heute vor allem Widerstand gegen sämtliche Verkehrsregeln zu leisten.

Die Älteren, oft in traditionell schwarzer kretischer Tracht und mit schweren Lederstiefeln, sitzen dagegen bevorzugt in den Kafenia an der Platia im Unterdorf. Von ihren schattigen Plätzen aus beobachten sie die Ausflügler, die auf der Suche nach dem ursprünglichen Kreta die Gassen ihres Dorfes durchstreifen. Ihnen bieten die Frauen an beinahe jeder Straßenecke selbstgefertigte Web-, Häkel- und Stickarbeiten an. Ebenfalls an der Platia befindet sich das *Geburtshaus von Nikos Xilouris* (1937–1980), dem berühmtesten Lyra-Spieler Kretas. Ein Raum ist als Gedenkstätte eingerichtet, seine Wände sind über und über mit Fotos, Zeitungsausschnitten und Plattencovern bedeckt.

Mit etwas Glück trifft man im nahen *Kafenio Skoulas* den Schäfer Georgios Skoulas, der durch das kleine *Alkibiades-Skoulas-Museum* (Tel. 28 34 03 15 93, www.museum.anogia.info) seines Vaters führt. Der Autodidakt Alkibiades Skoulas (1902–

Die Schuld in Zeiten des Krieges

Die Jahre 1941–45 zählen zu den schrecklichsten der kretischen Geschichte. Damals besetzte die deutsche Wehrmacht die Insel und ging erbarmungslos gegen jede Form des Widerstands vor. Kamen bei Anschlägen deutsche Soldaten ums Leben, galt die Devise ›zehn Kreter für einen Deutschen‹. In sog. ›Sühnemaßnahmen‹ wurden rund 8000 Kreter, darunter viele Zivilisten, getötet und mehr als 40 Dörfer zerstört.

Vom 13. bis 15. August 1944 traf die deutsche Militärwillkür **Anogia**. Den Dorfbewohnern wurde vorgeworfen, Partisanen und britischen Spionen Unterschlupf zu gewähren und an der Entführung des deutschen Generals Karl Kreipe beteiligt gewesen zu sein. Jener Panzergeneral war in einer spektakulären Gemeinschaftsaktion von Kretern und Briten im April 1944 in Knossos gefangen genommen, zu Fuß über das Psiloritis-Gebirge geschleust und schließlich in einem Schnellboot in Kriegsgefangenschaft nach Ägypten gebracht worden. Dafür sollte nun jemand bluten – ob tatsächlich beteiligt oder nicht. In einem steinernen Buch vor dem Rathaus von Anogia ist noch heute zu lesen, wie die Bestrafung aussah: Alle Männer im Umkreis von 1 km wurden erschossen, alle Häuser niedergebrannt. Alte und Kranke, die sich nicht in Sicherheit bringen konnten, kamen in den Flammen um.

Leider ist Anogia ist nur ein trauriges Beispiel. Wer mit offenen Augen durch Kreta reist, sieht auf zahlreichen Dorfplätzen Mahnmale, die an die Gräuel der deutschen Wehrmacht erinnern.

Für Kirschen und Kirchen ist das ruhige Amari-Tal zwischen Kedros und Psiloritis bekannt

97) hatte erst im Alter von 70 Jahren Talent und Liebe zur Kunst entdeckte. Doch dann thematisierte er schaffensfroh in zahlreichen Holzskulpturen und naiven Gemälden das Leben auf dem Land und die Freiheitskämpfe der Kreter – und baute sich selbst ein Museum.

Anogia ist das Zentrum für **Schaf- und Ziegenzucht** auf der Insel. Etwa 100 000 Tiere weiden in der Umgebung und liefern Milch für die örtliche Käseproduktion. Ihr Fleisch wird in Anogia noch immer am liebsten auf traditionelle Weise zubereitet, nämlich mit Salz eingerieben und langsam am offenen Feuers gegart. Diese Köstlichkeit darf vor allem bei Hochzeiten nicht fehlen, bei denen es zudem mit Pistolenschüssen, Alkohol und Tanz oft hoch her geht.

i Praktische Hinweise

Hotel

Enagron, Axos, Tel. 28 34 06 16 11, www.enagron.gr. Idyllisch am Fuß der Berge gelegenes Landgut mit gemütlichen Apartments. Gäste können auf Wunsch bei der Landarbeit helfen, Kochkurse besuchen, an geführten Wanderungen teilnehmen oder auf Eseln ausreiten. In der Taverne gibt es leckere Mahlzeiten aus frischen lokalen Bioerzeugnissen.

26 Amari-Tal

Kirschblüte, Olivenholzschnitzereien und freskenreiche Kirchlein.

In rund 500 m Höhe erstreckt sich das breite fruchtbare Amari-Tal zwischen den kargen Bergmassiven des **Kedros** (1776 m) im Westen und des **Psiloritis** (2456 m) im Osten. Inmitten von Weinbergen, Olivenhainen und Obstplantagen – inselweit bekannt sind die köstlichen Kirschen der Region – finden sich urige Dörfer, malerische byzantinische Kapellen und interessante archäologische Stätten.

Besonders schön ist ein Ausflug in das stille Tal im Frühjahr, wenn bunte Wildblumen und weiße Kirschblüten vor der Kulisse schneebedeckter Berggipfel ein stimmungsvolles Bild bieten.

Erste Station eines Tagesausflugs von Rethimno aus ist das Bergdorf **Thronos**, das, wie der Name schon andeutet, tatsächlich auf bergiger Höhe über der Ebene thront. Im Ortskern wurde im 14. Jh. die kleine einräumige *Panagia-Kirche* (Schlüssel in der Taverne Aravanes nebenan) auf den Grundmauern einer frühchristlichen Basilika erbaut. Von diesem Vorgängerbau sind sogar noch Reste des Fußbodenmosaiks erhalten. Aus dem 14. und 15. Jh. stammen dagegen die

Fresken, die einem Bilderteppich gleich die Innenwände fast vollständig bedecken. Gut zu erkennen sind die biblischen Szenen Gastmahl des Abraham, Verkündigung und Christi Verklärung auf dem Berg Tabor.

Die ältesten Spuren menschlicher Besiedlung der Region fanden Archäologen am unteren Ortsrand von **Monasteraki**, wo sie mehrere große Magazine (Di–Sa 9–18 Uhr) aus dem 2. Jt. v. Chr. freilegten. Dabei wurden kostbare Gefäße und Siegelsteine gefunden, die auf ein bedeutendes politisches Zentrum in minoischer Zeit schließen lassen.

Schließlich lohnt noch im Süden ein Stopp im Dörfchen **Vizari**. Hier kann man in der Olivenholzwerkstatt an der Hauptstraße hübsche und praktische Souvenirs erwerben und ein wenig unterhalb des Ortskerns die bis zu 2 m hohen Mauerreste einer dreischiffigen Bischofskirche aus dem 7. Jh. besichtigen.

Wanderers Wahl – Zeushöhle oder Berggipfel

22 km südlich von Anogia ist die 4 km² große, durchschnittlich 1400 m hoch gelegene und vornehmlich als Weideland genutzte Nida-Hochebene ein beliebter Ausgangspunkt für die Besteigung des **Psiloritis** (2456 m). Dieser höchste Berg Kretas wird nach seiner Gipfelkapelle auch *Timios Stavros* (Ehrwürdiges Kreuz) genannt. Die Zufahrtsstraße endet an einer Taverne etwa 25 Gehminuten unterhalb der **Idäischen Grotte** (*Ideon Andron*), in der Göttervater Zeus seine Jugend verbracht haben soll. Wie hier gefundene Altäre und Votivgaben, darunter auch ein kostbarer Bronzeschatz mit Waffen, Tassen und Kessel (im Archäologischen Museum Iraklio, s. S. 75) beweisen, diente die 40 m tiefe Höhle seit minoischer Zeit als Kultplatz.

Bergwanderer sollten sich aber gut überlegen, ob sie der Höhle einen Besuch abstatten wollen, da allein schon für den Aufstieg auf den **Gipfel** des Psiloritits gut 4 Std. zu veranschlagen sind. Stabiles Wetter in der Zeit von Juni bis zum Frühherbst, festes Schuhwerk, ausreichend Trinkwasser, Proviant sowie Sonnen-, Wind- und Regenschutz sind sowieso Voraussetzungen.

Schwarz-gelbe E4-Markierungen, Steinmännchen und rote Farbpunkte weisen von besagtem Parkplatz aus den Weg. Er steigt zunächst langsam bis zu einem Sattel auf. Dann führt ein karger steiniger Hang in südwestlicher Richtung ein Stückchen hinunter zur **Alpe Kollita** (1¾ Std.), danach ein lang gezogenes Trockental wieder stetig bergauf, rechts vorbei an einem kleinen Krater und schließlich über die Nordflanke hinauf zum Gipfel. Hier oben liegt dem Wanderer ganz Kreta zu Füßen, bevor es in ca. 3½ Std. auf gleichem Weg wieder zurück zum Ausgangspunkt geht.

27 Plakias

Bei Individualreisenden beliebter Ferienort in einer weiten Bucht am Libyschen Meer.

Hübsch liegt Plakias (450 Einw.) am Ausgang eines grünen Talkessels an Kretas Südküste. Sein 1,5 km langer und bis zu 30 m breiter, feiner grauer **Sandstrand** fällt sanft ins Meer ab. Mit seiner großen Auswahl an Tavernen und Unterkünften bietet der Ort seinen Sommergästen alles, was sie für einen gelungenen Badeurlaub brauchen.

Ein Spaziergang entlang der Strandpromenade eröffnet die Unterhaltungsmöglichkeiten vor Ort: Im Norden kann man an der kleinen Hafenmole Fischer bei der Arbeit beobachten oder eines der Ausflugsboote zu Tauchrevieren und den nahen Stränden **Damnoni** und **Preveli** [s. S. 70] besteigen. Vorbei an Restaurants und Strandbars, Reiseveranstaltern und Supermärkten, an Liegestuhl- und Sonnenschirmverleihern erreicht man das ruhigere Südende der Bucht mit flachen Dünen und FKK-Abschnitt. Hier begrenzt der nahezu senkrechte Felshang des **Kap Kakomouri** den Strand – ein beliebtes Terrain für Kletterer und Freeclimber.

Ausflüge

Eine einfache Wanderung führt landeinwärts, vorbei an der Jugendherberge von Plakias und einer langsam verfallenden Wassermühle (Old Mill) durch Olivenhaine bergauf. Schon nach rund 30 Minuten Gehzeit schmiegen sich die Häuser von **Mirthios** bildschön an den grünen Hang oberhalb von Plakias. Von den Panoramaterrassen der hiesigen Tavernen hat man einen ausgezeichneten Blick auf den tie-

Sicher vertäut warten Fischer- und Ausflugsboote an Plakias' Hafenmole auf ihren Einsatz

fer gelegenen Ferienort und das Meer. Wer mag findet hier oben auch Unterkunft in einfachen Pensionen, eine ruhige Alternative zu den Übernachtungsmöglichkeiten in Plakias.

5 km weiter östlich lohnt im Dorf **Asomatos** das *Museum Papa Michalis Georgioulakis* (Tel. 28 32 03 16 74, www.oriseum.com, tgl. 10–15 Uhr) einen Besuch. Der namengebende Priester (*1921) hat Zeit seines Lebens Alltägliches und Ausgefallenes in seinem Wohnhaus zusammengetragen und zu einer kuriosen Sammlung vereint. Sie reicht von alten Postkarten über traditionelle Werkzeuge und sakrale Objekte bis zu eher abwegigen Sammelobjekten wie den Schuhen getöteter kretischer Freiheitskämpfer. Auch verzierte Schwerter, alte Hirtenstöcke und Lithographien sind zu sehen.

i Praktische Hinweise

Outdoor

Anso Travel, neben der Post und am Hafen, Plakias, Tel. 28 32 03 17 12, www.ansovillas.com. Wanderungen, z. B. durch die Kourtaliotiko-Schlucht an den Strand von Preveli, Mountainbiketouren sowie Bootsausflüge. Auch Fahrradverleih.

Kalypso Rock's Palace Diving Center, im Kalypso Cretan Village Resort & Spa, Karavos, Plakias, Tel. 28 31 05 66 41, www.kalypsodivingcenter.com. Padi-Kurse und Tauch-Exkursionen.

Kreta Kreativ, im Hotel Phoenix, Souda Bay, 3 km westlich von Plakias, Tel. 080 71/27 81 (Büro in Deutschland), www.kretakreativ.eu. Neben Joga, Pilates, Qi Gong und Tai Chi werden auch geführte Wanderungen, Malkurse und Esoterik-Seminare angeboten (Mai–Okt.).

Einkaufen

Lithos, an der Hauptstraße, Mirthios, Tel. 28 32 03 20 06. Schmuck von Designern aus ganz Griechenland, Töpferwaren sowie eine kleine Auswahl an Mode und Accessoires.

Hotels

******Kalypso Cretan Village Resort & Spa**, Karavos, Plakias, Tel. 283 20 31 29, www.kalypsohotels.com. Ausgedehnte, abwechslungsreich gestaltete Ferienanlage mit großem Meerwasserpool, Tennisplatz und Tauchschule in einer felsigen schmalen Bucht südlich von Plakias.

Pension Thetis, an der Straße landeinwärts Richtung Jugendherberge, Plakias, Tel. 28 32 03 143 0, www.thetisstudios.gr. Praktisch eingerichtete, günstige Studios inmitten eines üppig grünen Gartens mit kleinem Kinderspielplatz.

Restaurant

Kri Kri, Strand-Straße, Plakias, Tel. 28 32 03 22 23, www.portoplakias.gr. Gute Pizza und kretische Speisen.

Alle mal herhören – letzte Instruktionen für Tauchschüler am Strand von Preveli

28 Moni Preveli

Eine luftige Schlucht, ein bildschöner Strand und ein geschichtsträchtiges Kloster – südkretische Vielfalt.

Bei einem Ausflug zum Kloster Preveli, das pittoresk auf einem schroffen Felshang über Kretas Südküste thront, kann man Badevergnügen, Landschafts- und Kulturgenuss verbinden. Kommt man mit Auto oder Ausflugsbus von Norden her, führt der Weg zunächst etwa 6 km südlich des Abzweigs von der Hauptstraße 77 zwischen den mächtigen Felswänden der **Kourtaliotiko-Schlucht** hindurch.

An ihrem nördlichen Ende entspringt der auch im Sommer Wasser führende Fluss *Megalopotamos* und fließt dann durch die Schlucht und parallel zur Straße der Küste zu. Unterwegs bieten Parkbuchten die Möglichkeit, besonders schöne Ansichten auf den Fluss oder den tief eingeschnittenen, oft windgepeitschten Canyon zu genießen.

Nach etwa 2 km weitet sich das Felsental und entlässt den Reisenden in eine sanfte hügelige Landschaft, in der Zypressen und Steineichen, Oleander und Ölbäume für liebliches Ambiente sorgen. Links neben der Straße überspannt eine pittoreske Bogenbrücke in venezianischem Stil, doch aus dem 19. Jh., den glasklaren Megalopotamos, am Flussufer lädt die Taverne I Gefyra (s. u.) mit schattiger Terrasse zur Rast.

Nur wenige Hundert Meter weiter erheben sich links der Straße die grauen Ruinen des **Kato Moni Preveli**, des *Alten* oder *Unteren Klosters von Preveli*. Es wurde im 17. Jh. gegründet und Johannes dem Täufer geweiht. Hier lebten vor allem jüngere Mönche, die die umliegenden Felder bewirtschafteten. Anfang des 19. Jh. brandschatzten türkische Verbände die Abtei. Anschließend wurde sie nicht wieder aufgebaut. Doch gerade die in sattes Gras- und Baumgrün gebetteten, dem steten Verfall preisgegebenen Mauern bieten einen romantischen Anblick, und viele Autofahrer stoppen, um über den rundum gezogenen Zaun hinweg ein Foto zu machen.

Nach weiteren 2 km zweigt links ein geteertes Sträßchen Richtung Meer ab und endet auf einem großen Parkplatz. Von ihm aus führen rund 400 Treppenstufen die Steilküste hinunter zum berühmten grausandigen **Strand von Preveli**. Ihren besonderen Charme verdankt

Auf dem Fluss Megalopotamos gerät man selbst mit dem Tretboot nicht in Seenot

die längliche felsgesäumte Bucht in erster Line dem Megalopotamos, der hier die Berge verlässt und durch eine schmale, aber sehr grüne Küstenebene fotogen ins Meer mäandert. Der Palmenhain am Flussufer wurde leider im August 2010 durch ein Feuer in weiten Teilen zerstört. Wahrscheinlich wird es 20–30 Jahre dauern, bis aus und zwischen den schwarz verkohlten Baumstümpfen wieder neue Palmen wachsen. Desungeachtet trennt nach wie vor die Flussmündung den Strand in zwei ungleich große Hälften.

Vom Parkplatz kommend watet man durch das klare kalte Wasser, um an den weitläufigeren Strandabschnitt mit Liegestuhlverleih zu gelangen. Hier werden auch Tretboote vermietet, mit denen man ein Stück auf dem schilfgesäumten Fluss schluchtaufwärts strampeln kann.

Zurück auf der Hauptstraße windet sich das Asphaltband nun um die Ost-

Vom Hafen aus betrachtet gibt sich die Ferienhochburg Agia Galina eher kleinstädtisch

flanke des 420 m hohen karstigen Bergrückens *Timios Stavros*. Nach wenigen Minuten Fahrt erinnert links ein **Monument** mit den zwei gewehrtragenden Statuen eines orthodoxen Priesters und eines alliierten Soldaten an die Widerstandsaktionen der Mönche von Preveli 1941. Damals versteckten die Geistlichen neuseeländische und australische Soldaten vor den deutschen Invasoren, bis erstere mit U-Booten nach Nordafrika in Sicherheit gebracht werden konnten. Dafür inhaftierten die Deutschen die Mönche und raubten die Klosterschätze.

Vom Denkmal aus ist es nur noch ein Katzensprung bis zum Ende der Straße, wo die weißen Mauern und Gebäudewürfel von **Moni Preveli** (www.preveli.org, April–Mai tgl. 8–19, Juni–Okt. Mo–Sa 8–13.30 und 15.30–17, So 8–17 Uhr), auch **Piso Moni Preveli** oder *Hinteres Kloster*, malerisch an einem Hang hoch über dem Libyschen Meer liegen. Als ältestes Relikt der Klosteranlage trägt ein Brunnen am Hofeingang die Jahreszahl 1701, doch wahrscheinlich siedelten schon früher Mönche an dieser einsamen Stelle.

Bereits während der Türkenzeit machten die Mönche von Preveli durch ihren Mut und ihr Kloster als Zentrum des kretischen Widerstands von sich reden. Hier trafen sich die in den Bergen versteckt lebenden Aufständischen in einem geheimen Raum, wo die Geistlichen sie mit Lebensmitteln, Waffen und Informationen versorgten. Genaueres erfährt man in dem kleinen *Museum* gleich links nach dem Klostereingang. Darüber hinaus zeigt die Ausstellung Waffen, Handschriften und Bücher aus dem 17.–19. Jh., liturgisches Gerät, Paramente und Ikonen aus dem 17./18. Jh.

In der zweischiffigen *Klosterkirche* (1836) fällt die üppig mit geschnitzten Blumen, Ranken und Weintrauben verzierte hölzerne Altarwand auf. Die eingearbeiteten Ikonen zeigen die Vertreibung aus dem Paradies, die Opferung des Isaak oder Ungeheuer aus der Apokalypse. Einen Blick wert sind darüber hinaus die hölzerne, von einem Adler als Symbol des Klosterpatrons Johannes geschmückte Kanzel sowie der von zwei vergoldeten Löwen getragene Sitz des Popen.

Zuletzt lohnt es, auf die Klostermauer zu steigen und den **Blick** von der Brüstung über einen kleinen Tiergarten mit kretischen Hirschen, Ziegen und Pfauen hinweg weit über das Meer bis zum Horizont schweifen lassen.

i Praktische Hinweise

Restaurant

I Gefyra, an der Bogenbrücke über den Megalopotamos, Preveli, Mobil-Tel. 6936704126. Griechische Küche und schöne Sitzgelegenheit direkt am Fluss.

29 Agia Galini

Pittoresker Badeort mit attraktiven Stränden in der Umgebung.

Ein Hafenort wie gemalt: Bunte Fischerboote dümpeln im klaren, türkisfarbenen Wasser, dahinter, durchwebt von Palmen, Weinranken und Bougainvilleen, ziehen sich weiße kubische Häuser einen rötlichbraunen Hang hinauf, auf ihren Dachterrassen genießen entspannte Menschen einen kühlen Drink. Bei diesem Anblick, der sich im Hafen von Agia Galini bietet,

bemerkt man kaum, dass sich der einstige Fischerort längst zu einem der größten und beliebtesten **Ferienzentren** an Kretas Südküste entwickelt hat. In den steilen, mit Blumen geschmückten Treppengassen und an dem nur 100 m langen Kiesstrand nördlich des Ortskerns kann es im Hochsommer durchaus eng werden. Ausweichmöglichkeiten bieten die zahlreichen Ausflugsangebote, etwa zu den langen Stränden von **Agios Pavlos** und **Triopetra** im Westen von Agia Galini. Letzterer verdankt seinen Namen drei pittoresk aus dem Wasser ragenden Felsspitzen.

Auch Freunde griechischer Sagen kennen Agia Galini, gilt der oft windige Küstenort doch als Ausgangspunkt eines sagenhaften fliegerischen Fluchtversuchs. Vom hiesigen Felsen über dem Hafen sollen der erfindungsreiche Baumeister **Dädalus** und sein Sohn **Ikarus** mit ihren aus Wachs und Vogelfedern gefertigten Flügeln gestartet sein, um der Rache des Minos zu entgehen. Alles ging gut, bis Ikarus der Sonne zu nahe kam, das Wachs schmolz und der arme Junge ins Meer stürzte. Heute erinnern auf der felsigen Höhe zwei Statuen an die beiden legendären Flugpioniere.

i Praktische Hinweise

Ausflüge

Boote zu Stränden in der Umgebung fahren in der Saison tgl. vom Hafen ab. Auskunft direkt vor Ort oder in allen lokalen Reisebüros.

Hotel

****__Irini Mare__, 1 km östlich des Zentrums, Agia Galini, Tel. 28 32 09 14 88, www.irinimare.com. 97 modern eingerichtete Zimmer mit Balkon oder Terrasse, verteilt auf sieben Gebäude. Gepflegter Garten mit Pool. Fitness und Sauna.

Restaurant

Stochos Taverna, am Stadtstrand, Agia Galini, Tel. 28 32 09 14 33, www.stochos.gr. Auf der von Weinlaub beschatteten Terrasse am Strand genießt man gute griechische Küche. Die sympathische Wirtsfamilie Zevgadakis vermietet auch Studios und Zimmer im gleichen Haus.

Iraklio – Paläste, Strände und Kultur

Hobby-Archäologen und Altertumsfreunde wähnen sich in der 2641 km² großen Präfektur Iraklio leicht im siebten Himmel, denn hier warten auf sie die Überreste einiger der bedeutendsten Palastanlagen aus minoischer Zeit – **Knossos**, **Festos** und **Malia**. Die dort gefundenen einzigartigen Kunstschätze wie Stierköpfe, Statuen oder Fresken kann man im großartigen Archäologischen Museum der Inselhauptstadt **Iraklio** bewundern. Darüber hinaus lockt das antike **Gortis** mit den ältesten Gesetzestexten der griechischen, mithin der europäischen Kultur.

Freunde modernerer Kunst und Literatur wandeln im Dorf **Fodele** auf den Spuren des hier geborenen Malers El Greco oder lernen in **Mirthia** Leben und Werk des Dichters Nikos Kazantzakis kennen. Und auch Badefreunde können wählen – einen langen Sandstrand bei **Ammoudara**, von Felsen umschlossene Buchten bei **Agia Pelagia**, tobendes Strand- und Nachtleben in **Limenas Chersonisou** oder beschaulich-entspannte Atmosphäre in **Matala**, das schon in den 1970er-Jahren friedensbewegte Hippies an die Südküste zog.

30 Iraklio

Die Inselhauptstadt lädt ein zum Ausgehen, Einkaufen – und zum Besuch des Archäologischen Museums.

Iraklio (140 000 Einw.) ist groß, bunt und quicklebendig. Die **Inselmetropole**, benannt nach dem griechischen Helden Herakles, ist vielleicht nicht die schönste unter den kretischen Städten, dafür aber die größte. Und sie bietet großartige Museen, angesagte Restaurants, Klubs und reichlich Shoppingmöglichkeiten.

In der weiten Küstenebene im Zentrum von Kretas Norden und umgeben von fruchtbaren Hügeln öffnet sich Iraklio zum Meer hin. An der weiten Bucht befand sich bereits in minoischer Zeit einer der **Häfen** des etwa 4 km landeinwärts gelegenen Knossos. Die Byzantiner machten die lebhafte Stadt im 10. Jh. zum Bischofssitz. In venezianischer Zeit blühte sie unter dem Namen **Candia** als Residenz des Herzogs von Kreta, adelige Familien leisteten sich hier prächtige Stadtpaläste. Nach dem Fall von Konstantinopel 1453 ließen sich zudem zahlreiche byzantinische Intellektuelle und Künstler in Candia nieder. Doch schon kurze Zeit später drohte auch Kreta Gefahr von Os-

Tag und Nacht herrscht in Iraklios Hafen, dem größten der Insel, geschäftiges Treiben

manen aus dem Osten. Ab 1462 wurde ein noch heute erhaltener Mauerring mit imposanten Bastionen um die Stadt errichtet und stetig ausgebaut. 21 Jahre lang, von 1648–69, hielt er der Belagerung Iraklios durch die Türken stand, dann wurde die Stadt bis 1898 Teil des **Osmanischen Reichs** – und versank in Bedeutungslosigkeit.

Einen kurzen Aufschwung zu Beginn des 20. Jh. machte deutsches Bombardement 1941 wieder zunichte. Doch nach dem Zweiten Weltkrieg entwickelte sich Iraklio schnell zur wichtigsten Metropole der Insel: Hafen und Flughafen machen die Stadt zu einem Drehkreuz von Handel und Tourismus, Industriebetriebe siedelten sich im Umland an. Seit 1972 ist Iraklio **Inselhauptstadt** und Verwaltungssitz, seit 1973 auch Standort der medizinisch-naturwissenschaftlichen Fakultäten der **Universität** von Kreta.

Und Iraklio wächst weiter, ist heute nicht nur die größte Stadt Kretas sondern auch die fünftgrößte von ganz Griechenland. An der optischen Attraktivität wird noch gearbeitet, Fußgängerzonen werden eingerichtet, an der Küstenpromenade und auf den Plätzen der City haben sich einladende Tavernen etabliert und am **Museumshimmel** soll ab 2013 das dann völlig neu gestaltete Archäologische Museum mit seinen unbezahlbaren Schätzen aus der Vergangenheit Kretas wieder besonders hell strahlen.

Zwar scheint Iraklio aus der Ferne betrachtet riesig, doch die Hauptsehenswürdigkeiten liegen allesamt innerhalb der venezianischen Stadtbefestigung und können gut zu Fuß erkundet werden.

TOP TIPP Hauptanziehungspunkt ist im Osten das **Archäologische Museum** 1 (zzt. Interimsausstellung im Seitentrakt, Eingang in der Odos Chatzidakis, Tel. 28 10 27 90 86, Mo 13–19.30, Di–So 8–19.30 Uhr). Bis zur geplanten Neueröffnung (hoffentlich Mitte 2013) bietet es jedoch lediglich eine Übergangsausstellung, komprimiert auf rund 400 Exponate in einem einzigen Raum. Sie zeigt in chronologischer Reihenfolge die Highlights der Lokalarchäologie: Eines der ältesten Relikte aus dem Neolithikum (6800–3200 v. Chr.) ist eine kleine sitzende Fruchtbarkeitsgöttin aus Ierapetra. Blumenbemaltes Bankettgeschirr, ein Bronzedolch mit goldenem Schaft und der von neuzeitlichen Juwelieren so gerne kopierte goldene Anhänger ›Biene von Malia‹ zeugen vom erlesenen Geschmack in der Altpalastzeit (2000–1700 v. Chr.). Für die Neu-

Moderne Kreuzfahrt- und traditionelle Segelschiffe vor den Mauern von Kastro Koules

palastzeit (1700–1450 v. Chr.) stehen ausdrucksstarke Fresken, darunter die berühmte Stierspringerdarstellung aus Knossos. Rätsel gibt bis heute die kleine, grimmig dreinschauende Skulptur der ›Schlangengöttin‹ auf, ebenso der vielleicht für Blutopfer genutzte Stierkopf sowie der bronzezeitliche tönerne Diskos von Festos, dessen eingebrannte Hieroglyphen seit seinem Auffinden 1908 nicht entziffert werden konnten. Aus der Nachpalastzeit (1450–1100 v. Chr.), der dorischen Epoche (1100–480 v. Chr.) sowie der griechischen und römischen Antike (480 v. Chr.–400 n. Chr.) sind minimalistische Götterfiguren mit erhobenen Händen vertreten sowie anrührendes Spielzeug aus Kindergräbern, ein Öllämpchen mit erotischen Szenen oder die Marmorstatue eines wandernden Philosophen.

Mit Blick auf den Fährhafen geht es nun hinunter Richtung Meer und nach links zum **Venezianischen Hafen** 2, in dem kleine Jachten und bunte Fischerboote vor Anker liegen. Landseitig säumen mehrere riesige, nicht mehr genutzte Schiffs- und Lagerhallen (16. Jh.) das Hafenbecken, zur Bucht von Iraklio hin wird es von einer langen begehbaren Mole geschützt. An ihrer Spitze wacht gedrungen und wehrhaft das **Kastro Koules** 3 (tgl. 8–16 Uhr) über die Hafeneinfahrt. Die Venezianer bauten das zweistöckige, leicht konisch zulaufende Bollwerk 1523–40. Einziger Schmuck an den aus Naturstein gefügten Außenmauern sind die Reliefs je eines Markuslöwen über dem Nord- und dem Südportal. Durch letzteres betritt man die Festung, unter der beeindruckende Katakomben besichtigt werden können. Wer eine Taschenlampe mitgebracht hat, kann sogar einen Blick in das dunkle Kanonenlager werfen. Danach geht es über den Innenhof auf den zinnenbekrönten Wehrgang, der eine schöne Aussicht über Hafen, Stadt und Meer bietet.

Top Tipp

Durch die Odos 25 Avgoustou schlendert man nun wieder südwärts, leicht bergauf, bis sich die Fußgängerzone zur kleinen *Platia Agiou Titou* weitet. Wo heute hier die Kirche **Agios Titos** 4 steht, befand sich im 10. Jh. bereits ein dem hl. Titus geweihtes Gotteshaus. Es wurde immer wieder neu- und umgebaut, je nachdem, ob es von orthodoxen Christen, von Katholiken oder später von Muslimen genutzt wurde. 1869 richteten die Türken hier ihre Hauptmoschee ein, die 1925 wieder christianisiert wurde.

Kühl und einzigartig – die minoische ›Schlangengöttin‹ im Archäologiemuseum

Noch heute erkennt man den Stumpf eines Minaretts im Südosten der Kirchenfassade, die ringsum von einem fein gearbeiteten orientalisch anmutenden Fries abgeschlossen wird. Vier flache Stufen führen hinauf zum einfachen Holzportal, daneben und darüber fällt durch zwei Reihen Buntglas-Fenster farbiges Licht ins fast quadratische Innere unter achteckiger Kuppel. Ringsum erzählen an den Seitenwänden Gemälde die Lebensgeschichte des hl. Titus, des ersten Bischofs von Kreta. Seine hoch verehrte und vergoldete Schädelreliquie findet sich in einer Kapelle links im Vorraum.

Nur ein paar Schritte sind es von hier zur **Venezianischen Loggia** 5 (1626–29), die im 17. Jh. der hiesigen High Society als Klubhaus und Ballsaal diente. Der kleine zweistöckige Arkadenbau gilt als eines der gelungensten Beispiele profaner Renaissancearchitektur auf Kreta. Durch die von offenen Rundbögen getragene und mit einer schönen Holzdecke geschmückte Vorhalle gelangt man in einen schmucken halbrunden Innenhof, der von der Fassade des ehemaligen Zeughauses (17. Jh., heute Rathaus) begrenzt wird. Leider sind die Innenräume im Obergeschoss der Loggia nicht öffentlich zugänglich.

Ganz anders die einladenden Cafés im und um den gegenüberliegenden **El-Greco-Park** 6, eine kleine, doch erholsame Oase der Ruhe in Iraklios oft hektischer City. Schräg links von der Loggia erkennt man das Wahrzeichen Iraklions, den **Morosini-Brunnen** 7 auf der *Platia Eleftheriou Venizelou*. Er wurde 1628 vom venezianischen Statthalter Francesco Morosini gestiftet, um die städtische Trinkwasserversorgung zu sichern. Eine überlaufende Wasserschale ruht auf den Rücken von vier Löwen (14. Jh.), die ihrerseits Wasser in das wie eine achtblättrige Blüte geformte Brunnenbecken speien. Auf dessen Außenseite erkennt man Reliefs von Meereswesen und Göttern, darunter auch Europa auf dem Stier. Kunstgenuss verspricht auch die ehemalige Kirche **Agios Markos** 8 (Mo–Fr 9–13.30 und 18– 21, Sa 9–13 Uhr) im Osten des Platzes. Das zurückhaltend-elegante romanische Gotteshaus wurde 1239 erbaut und diente während der venezianischen Zeit als Sitz des Erzbischofs sowie als Grablege der Herzöge von Kreta. Heute sind in der dreischiffigen Basilika wechselnde Ausstellungen zu sehen.

Hinter der Markuskirche laden in der ostwärts führenden Gasse **Odos Korai** 9 wiederum zahlreiche Cafés und Restaurants zu einer Pause ein. Gestärkt kann man dann in den umliegenden autofreien Gassen auf Shoppingtour gehen. Die modernsten Modegeschäfte findet man in der **Odos Dedalou** ⑩, die größte Auswahl an Lebensmitteln in der **Odos 1866** ⑪. Sie wird von Olivenfässern und Gewürzbergen, bunten Obstständen und intensiv duftenden Käsetheken flankiert. Am Ende dieser Marktstraße erreicht man die *Platia Kornarou* mit einem netten, in einem türkischen Brunnenhaus untergebrachten Kafenion. Blickfang auf dem Platz ist der **Bembo-Brunnen** ⑫, der an ein allein stehendes Mauerstück erinnert. Er wurde Ende des 16. Jh. aus den Seitenteilen eines altrömischen Sarkophags und dem Torso einer römischen Statue zusammengewürfelt.

Ein etwa 10-minütiger Spaziergang führt hinauf zur **Martinego-Bastion** ⑬ der alten Stadtmauer. Auf ihrer aussichtsreichen Höhe befindet sich das schlichte *Grabmal* des berühmten kretischen Dichters Nikos Kazantzakis (1883–1957), eine flache quaderförmige Steinsetzung mit einfachem Holzkreuz. Die orthodoxe Kirche hatte dem Schriftsteller aufgrund seiner als ketzerisch erachteten Bücher die letzte Ruhe in geweihter Erde versagt. Kazantzakis selbst dürfte das einerlei gewesen sein, immerhin lautet seine Grabinschrift übersetzt: ›Ich erhoffe nichts, ich fürchte nichts, ich bin frei‹.

Zurück an der Platia Kornarou führen enge Gassen in nordwestlicher Richtung zur weitläufigen *Platia Ekaterini*, an der sich gleich drei Kirchen versammeln. Mächtigstes Bauwerk am Platz ist die Kathedrale **Agios Minas** ⑭ (1862–95), ein neobyzantinischer Kuppelbau mit zwei Glockentürmen. Ihre Fassade wird von zahlreichen bunt verglasten Rundbogenfenstern unterschiedlicher Höhe und Breite durchbrochen. Der Innenraum fasst bis zu 8000 Gläubige, Kuppeldecke und Wände bis herab zur umlaufenden Empore wurden in den 1960er-Jahren über und über mit Ornamenten, Engeln und Heiligen in Medaillons sowie mit Szenen aus dem Leben Jesu ausgemalt. Neben diesem imposanten Bischofssitz steht ein kleineres, ebenfalls dem hl. Minas geweihtes Gotteshaus, das sog. *Mikros Agios Minas*, aus dem 18. Jh. , das leider meist verschlossen ist.

Schräg dahinter versteckt sich am nördlichen Rand des Platzes die äußerlich unauffällige **Agia Ekaterini**, heute Sitz des *Museums für christliche Kunst*, besser bekannt als **Ikonenmuseum** ⑮ (zzt. wg. Restaurierung geschl., Wiedereröffnung für 2012 geplant, dann wieder Mo–Sa 9.30–19.30, So 10–18 Uhr). Der einschiffige Bau mit einer Fensterrosette über dem geradlinigen säulengerahmten Eingangsportal an der Schmalseite war 1555 als Kirche des damaligen Katharinenklosters erbaut worden. Es galt im 15.–17. Jh. als wichtigstes kulturelles Zentrum Kretas, an der hiesigen Sinai-Schule lernten und lehrten Theologen und Künstler aus dem gesamten griechischsprachigen Raum. Unter den Schülern befand sich auch der später berühmte Ikonenmaler Michael Damaskinos, der mit sechs Meisterwerken im Ikonenmuseum vertreten ist. Am 25. November, dem Namenstag der hl. Katharina von Alexandrien, wird im tonnenüberwölbten Innenraum noch jedes Jahr eine Messe gehalten.

Wer nun schnell zurück zum Meer möchte, folgt der abschüssigen *Odos Giamalaki* nach Norden bis zum **Historischen Museum** ⑯ (Odos Sofokli Venizelou 27, Tel. 28 10 28 32 19, www.historical-museum.gr, April–Okt. Mo–Sa 9–17, Nov.–März 9–15.30 Uhr) am Ende der Straße rechts. Es ist direkt an der Uferpromenade im klassizistischen Wohnhaus (19. Jh.) des ersten Ausgräbers von Knossos, Minos Kalokerinos, und im anschließenden Neubau aus dem 20. Jh. eingerichtet. Die ansprechend gestaltete Ausstellung spannt einen Bogen von der frühchristlichen Zeit bis zur Moderne. Zunächst wird mithilfe von historischen Karten, Fotos und einem Modell (1 : 500) von Iraklio im Jahr 1645 die Stadtgeschichte dokumentiert. Ein Raum mit Töpferwaren zeigt rund 200 Exponate aus kretischen Werkstätten seit byzantinischer Zeit. Reste eines Fußbodenmosaiks aus Chersonisou (spätes 4. Jh.) und bronzene Öllämpchen veranschaulichen die Ausstattung frühchristlicher Kirchen, Brunnen und Steinmetzarbeiten die luxuriöse Einrichtung venezianischer Villen (13.–17. Jh.). Der erste Stock ist der christlichen Kunst des 14.–17. Jh. gewidmet. Highlights sind zwei kleine Gemälde von El Greco, die ›Taufe Christi‹ und der ›Anblick des Berges Sinai und des Katherinenklosters‹. Auch osmanische Kunst (17.–19. Jh.) wie Fayencen aus der Valide-Moschee von Iraklio und Fresken aus einem Palast (18. Jh.) sind zu sehen, weiterhin Waffen und Uniformen. Ein Café mit hübsch begrünter Terrasse sorgt für das leibliche Wohl, bevor im zweiten Stock Leben und Werk des Au-

Bunt und bildgewaltig wurde die Agios Minas-Kathedrale in den 1960er-Jahren ausgestaltet

tors Nikos Kazantzakis anhand von Manuskripten und Erstauflagen vorgestellt werden. Sogar sein Arbeitszimmer in Antibes (1954–57) hat man samt Bibliothek nachgebaut. Ein weiterer Ausstellungsbereich stellt die Kriegsgräuel des 20. Jh. mithilfe historischer Filme und Augenzeugenberichte dar. Abschließend ist die 3. Etage vollständig Schmuck, Trachten, Musikinstrumenten und Handarbeiten kretischer Folklore gewidmet.

Noch im Werden ist die Sammlung des 2008 eröffneten **Naturhistorischen Museums** 17 (Tel. 28 10 28 27 40, www.nhmc.uoc.gr, Mo–Fr 8.30–15, Sa/So 10–16 Uhr) an der Uferstraße begriffen. Es wurde in einem früheren Elektrizitätswerk westlich des Hafens eingerichtet. Bislang erläutern hier einige Versteinerungen von Nilpferd, Hirsch und Elefant die kretische Fauna vor 9–7 Mio. Jahren. Dioramen mit präparierten Tieren wechseln sich ab mit lebenden Reptilien und Kleinsäugern in Terrarien. Jüngere Kinder amüsieren sich im Discovery Center, wo sie in einer sandgefüllten Wanne nach ›Knochen‹ suchen, eine ›Tropfsteinhöhle‹ erkunden oder einen ›Fischkutter‹ lenken dürfen. Für die

Zukunft sind eine Paläontologische Abteilung, ein Planetarium und ein Tierkrankenhaus geplant.

Ammoudara

Gut 5 km westlich von Iraklio säumt eine Reihe großer Hotels den etwa 200 m langen, häufig windgepeitschten hellen **Sandstrand** von Ammoudara. Auch an sonstigen touristischen Anbietern und Begleiterscheinungen – von Autovermietungen über Sonnenschirmverleihe, Supermärkten, Diskotheken und Tavernen – herrscht kein Mangel. Das Angebot ist meist auf Familien abgestimmt, die sich während der Saison an dem flach abfallenden, kaum einmal mehr als 10 m breiten Sandstreifen tummeln. Auf Flair muss man hier zwar verzichten, doch eignet sich Ammoudara gut für Feriengäste, die Badeurlaub und Stadtbesichtigung verbinden wollen.

i Praktische Hinweise

Information

EOT, Odos Xanthoudidou 1, Iraklio, Tel. 28 10 22 82 25, www.heraklion.gr

Flughafen

Heraklion International Airport Nikos Kazantzakis (HER), 5 km östlich vom Stadtzentrum, Iraklio, Tel. 28 10 39 71 36, www.hcaa-eleng.gr/irak.htm. Busse und Taxis zu Festpreisen (Liste in der Ankunftshalle) in fast alle Städte der Insel, dazu viele hoteleigene Shuttlebusse.

Bus

Limenos am Fährhafen und **Chanioportas** in der westlichen Neustadt, Iraklio, Tel. 28 10 22 17 65, www.bus-service-crete-ktel.com. Von den zwei großen Busbahnhöfe aus fahren Busse in alle Teile Kretas.

Städtische Busse nutzen die Platia Eleftherias im Osten der Innenstadt als Dreh- und Angelpunkt. Der Fahrer entwertet im Bus die vor der Fahrt in Kiosken oder Minimärkten gekauften Tickets.

Fähren

Fährhafen, 1 km östlich vom Venezianischen Hafen, Iraklio, Hafenamt, Tel. 28 10 24 49 12. Regelmäßig Fähren nach Piräus, Santorini, Thessaloniki oder zum Dodekanes. Auskünfte und Tickets auch bei allen örtlichen Reisebüros.

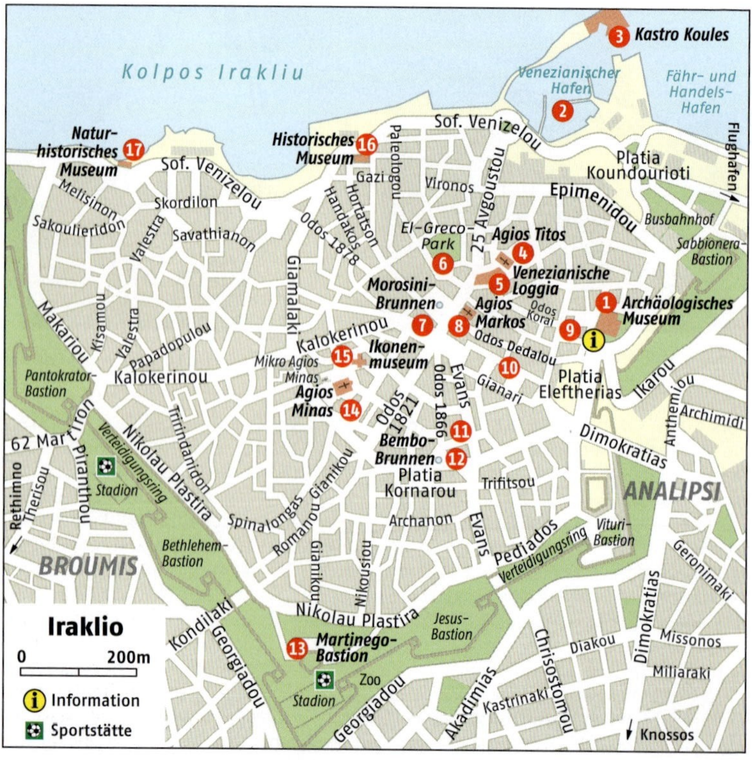

Der Morosini-Brunnen auf der Platia Eleftheriou Venizelou gilt als Wahrzeichen Iraklios

Outdoor

Cretan Adventures, Odos Evans 10, Iraklio, Tel. 28 10 33 27 72, www.cretan adventures.gr. Breit gefächertes Angebot für Aktivurlauber: Wanderungen, Fahrradtouren, Ausritte u.v.m.

Einkaufen

TOP TIPP **Aerakis Music**, Odos Daedalou 37, Iraklio, Tel. 28 10 22 57 58, www.aerakis.net. Riesige Auswahl alter und neuer kretischer Musik.

Duty Free, Flughafen, Iraklio. Ideal für alle, die sich noch in letzter Minute mit kretischem Olivenöl, Gewürzen oder Raki eindecken möchten.

Hotels

*******GDM Megaron**, Doukos Beaufort 9, Iraklio, Tel. 28 10 30 53 00, www.gdmmega ron.gr. Exklusives Haus mit Blick auf den Fährhafen. Komfortable Zimmer, Pool auf dem Dach, Fitnessraum, Sauna, Dampfbad und Jacuzzi.

*******Lato Boutique Hotel**, Odos Epimenidou 15, Iraklio, Tel. 28 10 22 81 03, www.lato.gr. Luxusunterkunft oberhalb vom Venezianischen Hafen mit geradlinig ausgestatteten Zimmern und Suiten. Fitness- und Spa-Bereich. Gourmet-Restaurants Brillant und Herb's Garden im Haus.

******Apollonia Beach**, westlich von Ammoudara (nahe dem Kraftwerk), Tel. 28 10 82 16 02, www.apollonia.gr. Großer Hotelkomplex in Park an breitem Sandstrand, mehrere Pools und Spa. Sehr gutes Preis-Leistungsverhältnis.

*****Kastro Hotel**, Odos Theotokopoulou 22, Iraklio , Tel. 28 10 28 41 85, www.kastro-hotel.gr. Moderne Zimmer mit Balkon oder Terrasse im Zentrum.

Restaurants

TOP TIPP **Ippocampus**, Odos Sofokli Venizelou 3, Tel. 28 10 28 12 40. Hervorragende *Mezedes* in großer Auswahl sowie Fischgerichte, zu genießen im freundlich eingerichteten Restaurant oder unter dem Sonnendach an der neu gestalteten Meerespromenade.

Ligo krassi ... ligo thalassa, Kreisverkehr am Venezianischen Hafen, Iraklion, Tel. 28 10 30 05 01. ›Etwas Wein ... etwas Meer‹, so der Name, bietet lecker Fisch und Meeresfrüchte zu fairen Preisen.

Loukoulos, Odos Korai 5, Iraklio, Tel. 28 10 22 44 35, www.loukoulos-restau rant.gr. Pizza, Pasta und mediterrane Speisen in feinem Ambiente. Besonders schön sitzt man im lauschigen Innenhof.

Café

Kirkor, Platia Eleftheriou Venizelou, Iraklio. Delikatesse in diesem zentral gelegenen Café ist *Bugatsa crema*, eine mit Griespudding gefüllte Blätterteigtasche.

Nachtleben

In den Cafés und Bars in Odos Korai und Odos Chandakos treffen sich die Nachtschwärmer Iraklios zum Aufwärmen. In den Klubs in der Doukos Beaufort und am Hafen wird anschließend bis in die frühen Morgenstunden getanzt.

31 Rodia und Moni Savathiana

Traditionelles Leben in den Bergen, Ferienspaß an der Küste.

Ein beliebtes Ausflugsziel im küstennahen bergigen Hinterland westlich von Iraklio ist am Nordhang des markanten Kegelbergs *Stroumboulas* das beschauliche Dorf **Rodia**. Von seinem Dorfplatz aus bietet sich ein herrlicher Panoramablick über die Bucht des rund 17 km entfernten Iraklio. Ein paar bodenständige Tavernen laden ein, den Aufenthalt noch etwas zu verlängern.

Fährt man dann auf teils nicht asphaltierter Piste 4 km weiter westwärts, gelangt man zum Nonnenkloster **Moni Savathianon** (tgl. 8–12 und 16–18 Uhr), das inmitten eines im Sommer wunderbar blühenden Gartens in den Bergen liegt. Die weiß gekalkten Wirtschaftsgebäude scharen sich um eine kleine, mit einigen Ikonen geschmückte *Kirche*, die der Muttergottes und dem heiligen Savas geweiht ist. Bis zum Zweiten Weltkrieg lebten in der Anlage auch Mönche, daher wird in dem Kirchlein der Schädel des 1866 im Kampf gegen die Türken gefallenen Klostervorstehers Eumenios Vourexakis aufbewahrt.

Durchblick – in der Hand der lächelnden Dame aus Fodele laufen alle Fäden zusammen

Ein kurzer Kreuzweg führt vom Klostergelände hinauf zu einer *Höhlenkapelle* des hl. Antonius. So mancher Besucher bleibt aber lieber unten und kauft bei den Nonnen qualitätvolle Handarbeiten.

Agia Pelagia

Fährt man von Iraklio aus nicht in die Berge sondern gut 20 km an der Küste entlang westwärts, vorbei an Ammoudara [s. S. 80] und den Ruinen der venezianischen Festung **Paleokastro**, findet man in Agia Pelagia ein häufig gebuchtes Ferienziel am Meer. Kleinere Hotels und Pensionen ziehen sich den Hang oberhalb eines schmalen Sandstrandes hinauf, luxuriöse Ferienanlagen in herrlichen Gärten und mit eigenen Badebuchten liegen verstreut in den Klippen am Ortsrand. Dank der zerklüfteten Küste ist Agia Pelagia eines der beliebtesten **Tauchreviere** Kretas.

i Praktische Hinweise

Outdoor

Divers Club Crete, Agia Pelagia, Tel. 28 10 81 17 55, www.diversclub-crete.gr. Tauchkurse und Exkursionen für Anfänger und Fortgeschrittene.

Hotel

*****__Out of the Blue__, Agia Pelagia, Tel. 28 10 81 11 12, www.capsis.com. Ökologisch ambitionierte Urlaubswelt. Nobel eingerichtete Bungalows und Villen inmitten einer wunderschönen Parkanlage mit mehreren Pools auf der hoteleigenen Halbinsel. Ein kleiner Freizeitpark und Zoo, das breit gefächerte Sportangebot sowie ein Spa-Bereich lassen keine Langeweile aufkommen.

32 Fodele

Dörfliche Konkurrentin im Wettstreit um den Titel ›Geburtsort El Grecos‹.

Mal ehrlich: kaum jemand hat jemals von Dominikos Theotokopoulos (um 1551–1614) gehört. Doch unter seinem Künstlernamen **El Greco**, ›der Grieche‹ ist er weltberühmt. Auch wenn Beweise fehlen, rühmt sich das im grünen Tal des Flüsschens *Pantomantris* gelegene Bergdorf Fodele, der Geburtsort des innovativen Malers zu sein. So werden an den Verkaufsständen entlang der Hauptstraße neben Handarbeiten auch El Greco-Sou-

›Der Grieche‹ aus Kreta, Meister des Manierismus

Lang gestreckte Figuren, expressive Gesichtsausdrücke, surreale Szenerien – der Maler **Dominikos Theotokopoulos** war seiner Zeit Jahrhunderte voraus, seine Gemälde faszinieren Kunsthistoriker und Laien noch heute.

Dabei studierte der um das Jahr 1551 vielleicht in Iraklio, vielleicht in Fodele geborene Künstler zunächst an der Berg-Sinai-Schule in Iraklio die stark reglementierte **Ikonenmalerei**. Im Alter von 25 Jahren zog es den begabten jungen Mann nach Italien, wo er zunächst in Tizians Werkstatt in Venedig arbeitete und später die Arbeiten Michelangelos in Rom studierte.

Doch Theotokopoulos, der im Ausland der Einfachheit halber nur **El Greco** (span./ital. ›der Grieche‹) genannt wurde und seine Werke auch selbst mit diesem Künstlernamen in griechischen Lettern signierte, wollte nicht nur Nachahmer sein, sondern seinen eigenen Stil entfalten. 1577 ließ er sich in Spanien nieder und unterhielt in Toledo eine eigene große Werkstatt. Zunächst riefen seine **manieristischen Gemälde** auf der Iberischen Halbinsel unterschiedliche Reaktionen hervor. Der spanische Königshof war schockiert von El Grecos Malerei, von der ungewöhnlichen Form seiner Gestalten, den unnatürlichen Farben und verzerrten Gesichtsausdrücken. Dagegen zeigten sich die Repräsentanten der Gegenreform fasziniert von der Spiritualität, Emotionalität und dem Visionären seiner Werke. El Greco erhielt zahlreiche gut bezahlte Aufträge von Kirchen, Klöstern und begüterten Privatleuten, für die er etwa das berühmte, 3,60 x 4,80 m große ›Begräbnis des Grafen von Orgaz‹ (1586) schuf.

›Das Begräbnis des Grafen von Orgaz‹ ist eines der bekanntesten Gemälde von El Greco

Am Ende seines Lebens aber stellte El Greco fest: ›Erst die Nachwelt wird mein Werk wirklich zu schätzen wissen und seinen Schöpfer als eines der größten Genies der spanischen Malerei verehren.‹ Der Künstler starb 1614 und liegt in der Klosterkirche Santo Domingo de Silos in Toledo begraben.

venirs verkauft, die schattige Taverne am glasklaren Fluss trägt seinen Namen und vor dem benachbarten Rathaus erinnert eine Bronzebüste an den berühmten Sohn des Dorfes.

Ein hübscher ausgeschilderter Spaziergang führt vom Ortszentrum über den Pantomantris und durch Orangenhaine zum sogenannten **Geburtshaus** (Tel. 2810521500, April–Okt. tgl. 9–19 Uhr). In dem kleinen, in den 1990er-Jahren rekonstruierten Natursteingebäude ist allerdings, abgesehen von ein paar Drucken und einer Dia-Show von Werken des Malers, nicht viel zu sehen. Auf dem Rückweg ins Dorf sollte man nachsehen, ob die byzantinische Kreuzkuppelkirche **Panagia Loumbinies** (meist Di–So 8.30–15 Uhr) geöffnet ist. Sie wurde im 11. Jh. aus Bruchsteinen auf den Grundmauern einer dreischiffigen frühchristlichen Basilika errichtet. Ihr Inneres schmücken Freskenreste aus dem 13./14. Jh. und man kann noch Marmorsäulen eines Vorgängerbaus aus dem 8. Jh. ausmachen.

Auch Badefreunde kommen bei Fodele auf ihre Kosten. Denn in seinem Westen jenseits der Nationalstraße kann es mit zwei **Sand-Kies-Stränden** aufwarten. Beide sind nett, der kleinere ist aber unbewirtschaftet. Am größeren, immerhin fast 300 m lang und 50 m breit, gehören Wasserski, Jetski, Bananaboat und Beachvolleyball zum Unterhaltungsprogramm, ergänzt durch einige Tavernen und ein Hotel direkt am Strand.

33 Knossos

Anschaulich und mit Mut zur Farbe rekonstruierte größte und bedeutendste Palastanlage der Minoer.

Für interessierte Laien bietet Knossos den besten Einblick in die minoische Kultur. Die 5 km südöstlich von Iraklio gelegene Palastanlage war das größte und bedeutendste **politisch-religiöse Zentrum** der Minoer auf Kreta. Außerdem hatte sich der als ›Entdecker von Knossos‹ gefeierte englische Gelehrte Sir Arthur Evans (1851–1941) während seiner hiesigen Ausgrabungen im frühen 20. Jh. auch bemüht, Gebäudeteile und Wandgemälde an Ort und Stelle zu rekonstruieren. ›Disneyland der Archäologie‹ stöhnen darum Kritiker, die Evans zu viel Fantasie vorwerfen – aber die meisten Knossos-Besucher finden: ›Endlich einmal etwas Anschauliches.‹

Schon seit dem 7. Jt. v. Chr. siedelten Menschen auf dem niedrigen, etwa 5 km vom Meer entfernten *Kephalas-Hügel*. Gegen 1900 v. Chr. entstand hier ein erster **Palastkomplex**, der nach einem Erdbeben um 1700 v. Chr. größer und schöner als zuvor wieder aufgebaut wurde. Die ineinander verschachtelten Gebäude waren bis zu fünf Stockwerken hoch und umfassten mehr als 1000 Wohn-, Repräsentations- und Kulträume sowie Werk- und Wohnstätten für rund 100 000 Menschen. Doch eine erneute Naturkatastrophe zerstörte um 1450 v. Chr. das blühende

Oben: *An Sitzgelegenheiten mangelt es nicht im Palastlabyrinth von Knossos*
Rechts: *Unbeschwert-bunte Rekonstruktion eines Gefäßträger-Freskos am Südpropylon*

Verwaltungs- und Handelszentrum. Es wurde zwar noch einmal wiedererrichtet, aber nach einem Großbrand Mitte des 14. Jh. v. Chr. aufgegeben. Nachfolgesiedlungen erreichten nicht mehr die alte Bedeutung.

1878 wurde der kretische Kaufmann und Archäologe **Minos Kalokerinos** auf Knossos aufmerksam, tauchte dieser Name doch sowohl in Homers *Odyssee* als auch in altägyptischen Verzeichnissen von Handelsstädten auf. Daher setzte Kalokerinos nahe dem Dorf Knossos den Spaten an und stieß binnen kurzer Zeit auf mehrere Magazinräume. Aus Angst, die türkischen Besatzer könnten seine Funde außer Landes bringen, brach er seine Grabungen aber bald ab. Auch der deutsche Troja-Ausgräber Heinrich Schliemann (1822–90) hatte übrigens ein Auge auf das Gelände geworfen, konnte sich aber mit dem damaligen Besitzer nicht auf einen Kaufpreis einigen. Nach Abzug der Türken grub hier schließlich in den Jahren 1900–35 der englische Gelehrte **Sir Arthur Evans** – und förderte nie gesehene Schätze zutage.

Ein Rundgang durch die viel besuchte Anlage von Knossos beginnt im **Westhof** 1, einem großen mit Steinplatten gepflasterten Platz, den zwei erhöht angelegte Wege durchqueren. Sie wurden wahrscheinlich nur anlässlich feierlicher Prozessionen und kultischer Handlungen begangen. Drei große Gruben (*Kouloures*) südlich davon wurden vermutlich als Getreidespeicher genutzt. Vorbei an einer runden Basis des westlichen Torbaus (Westpropylon) und zwei kleinen Räumen, in denen wohl Torwachen Dienst leisteten, durchschreitet man anschließend den **Prozessionskorridor** 2. Einst zierte seine Wände ein Fresko mit der Darstellung von rund 500 Menschen, die Opfergaben und Kultgegenstände wie Doppeläxte mit sich tragen (heute im Archäologischen Museum von Iraklio, s. S. 75). An Ende des Korridors öffnet sich linker Hand der mit Fresken von Kultgefäßträgern und rotbraunen Säulen geschmückte Südeingang, das **Südpropylon** 3. Von ihm aus führt eine breite

Treppe ins Obergeschoss, von Evans ›Piano Nobile‹ genannt. Hier oben befand sich wahrscheinlich ein Heiligtum mit Schatzkammer. Heute genießt man vom erhöhten Standort aus den Blick auf die 18 **Westmagazine** 4, in denen in übermannsgroßen *Pithoi* Wein, Öl, Getreide und Honig aufbewahrt wurden. In dem überdachten **Freskenraum** 5 in der nordöstlichen Ecke des Piano Nobile kann man außerdem Kopien von Wandmalereien, etwa das Stierspringer-Fresko oder die ›Damen in Blau‹, bewundern.

Nun steigt man hinunter auf den großen rechteckigen **Zentralhof** 6, auf dem wohl große Veranstaltungen, eventuell sogar Stierspiele, veranstaltet wurden. Seinen Nordwesten begrenzen zwei der bedeutendsten Raumkomplexe des Palastes: das **Zentralheiligtum** 7 mit Kultbassin und **Schatzkammer** 8, in der die berühmte kleine Figur der *Schlangengöttin* (heute im Archäologischen Museum von Iraklio, s. S. 75) gefunden wurde, sowie der **Thronsaal** 9, in dem der älteste Herrschersitz Europas bewundert wer-

Die Minoer – Europas erste Hochkultur

In Europa hatte es schon lange vor griechischer Zeit eine **Hochkultur** gegeben, in der ein bestens organisierter Regierungs- und Verwaltungsapparat, elegante Architektur und Freude an Festen, Schmuck und Kunst Hand in Hand gingen. Das behauptete zumindest der englische Archäologe **Sir Arthur Evans** (1851–1941) im Jahr 1900, nachdem er begonnen hatte, **Knossos** freizulegen.

Glanzzeit jener Kultur, die Evans nach dem sagenhaften König Minos als minoisch bezeichnete, war die Zeit 2000–1450 v. Chr., eine Epoche, in der auch das feudale Mittlere Reich in Ägypten blühte. Auf Kreta entstanden damals mit Knossos, Festos, Malia und Kato Zakros beeindruckende **Palastzentren** mit mehreren Hundert Räumen sowie zahlreichen Höfen, Terrassen und Treppenfluchten. Kostbar ausgestattet, dienten diese Anlagen wohl repräsentativen und religiösen Zwecken oder sportlich-rituellen Wettkämpfen.

Unscheinbarer waren die **Werkstätten** der Handwerker sowie die durch ein ausgeklügeltes Trinkwasser- und Abwassersystem verbundenen **Wohnviertel** für die bis zu 100 000 Bewohner der zugehörigen umliegenden Städte. Die Paläste besaßen auch riesige **Lager**, in denen in mannshohen Keramikkrügen (*Pithoi*) Wein, Öl, Getreide und Honig aufbewahrt wurden. Über die Bestände wurde in Archiven auf gebrannten Tontäfelchen in Hieroglyphen, später in Linear-A- Schrift minutiös Buch geführt.

Landwirtschaft und Handwerk erzeugten so viel Überschüsse, dass auch der **Export** florierte. Keramik, Textilien, Olivenöl und Vieh aus Kreta waren von Ägypten bis Vorderasien gefragt, auf vielen griechischen Inseln sind Reste minoischer Handelsniederlassungen erhalten. Sogar in Ägypten und Syrien finden sich minoische Wandmalereien.

Neben der Wirtschaft kam der **Religion** eine zentrale Rolle im Leben der Minoer zu. In Tempeln, Höhlen- und Gipfelheiligtümern verehrten sie männliche und weibliche Gottheiten, wovon zahlreiche Kultfiguren, etwa die Schlangengöttin (heute im Archäologischen Museum von Iraklio, s. S. 75) zeugen. Auf Opfersteinen (*Kernos*) brachten Priesterinnen und Priester Samen und Früchte dar, kleine

den kann. Er wurde aus einem einzigen Alabasterblock gehauen und besitzt eine hohe, elegant gewellte Lehne. Da man lange Zeit annahm, dass hier ein weiser und gerechter König seinen Platz hatte, sitzt heute der Vorsitzenden des Internationalen Gerichtshofs in Den Haag auf einer Kopie dieses sogenannten *Minos-Throns*. Möglicherweise blieb der Sitz aber auch als symbolischer Thron einer Gottheit leer, während sich die Honoratioren auf Bänken rechts und links davon niederließen. An den Wänden sind auf tiefrotem Grund Darstellungen von Greifen, Mischwesen mit Löwenkörper und Adlerkopf, zu sehen. Vor dem Thron steht eine große runde Steinschale, die ebenso wie das nebenan in den Boden eingelassene Bassin vermutlich kultischen Zwecken diente.

Nach Evans Vorstellung beherbergte der ursprünglich wohl fünf Stockwerke hohe Ostflügel der Palastanlage die königlichen Privatgemächer. Highlights dieses Gebäudetrakts sind ein großzügiges, durch Säulen zum Lichthof hin geöffnetes **Treppenhaus** 10 sowie das sogenannte **Megaron der Königin** 11 – obwohl nicht sicher ist, ob es in minoischer Zeit überhaupt eine Königin gab. Wunderschöne Fresken von Delfinen und detailfreudig ausgearbeiteten Seeigeln, Darstellungen von Tänzerinnen, Blumen und geometrische Motive schmückten seine von vielen Türen, Fenstern und Säulen durchbrochenen Wände. Drei kleine Nebenräume identifizierte Evans als Bad, Ankleideraum und Toilette, letztere mit einem über einem Wasserkanal angebrachten hölzernen Sitz. Luxus pur vor über 3000 Jahren! Ein wenig schlichter fällt das benachbarte **Megaron des Königs** 12 aus. Türreihen in drei von vier Wänden ließen Luft und Licht in den Hauptraum, an dessen Nordwand Evans einen hölzernen Thron platzierte. Nördlich der herrschaftlichen Säle lagen weitere **Vorratsräume** 13 sowie das **Handwerkerviertel** 14, in dem die Werkstätten eines Steinmetzes und eines Töpfers befanden.

Über den Zentralhof gelangt man nun zu einem Korridor, der von der hohen **Westbastion** 15 flankiert war. Evans rekonstruierte sie als einen von Säulen gestützten Gang, auf dessen Wand das Relieffresko eines wie energiegeladen wirkenden Stiers die Blicke auf sich zieht. In einer großen Pfeilerhalle am Nordeingang glaubte Evans eine **Zollstation** 16 zu erkennen, da hier die von den Häfen der Nordküste kommende gepflasterte Straße endete.

Außerhalb des Palastes befindet sich ein weiteres Kultbecken, das möglicherweise zur rituellen Reinigung gerade angekommener Reisender diente. An ihm vorbei gelangt man nach links zum **Theater** 17. In Knossos war das eine L-förmige Treppenanlage, auf der Zuschauer bei kultischen Spielen, religiösen und politischen Zeremonien oder Prozessionen Platz nehmen konnten.

Ton- oder Bronzetiere ersetzten eventuell tatsächliche Tieropfer. Von besonderer Bedeutung war der **Stierkult**. Mauerkronen, Fresken, Siegelringe, Abbildungen auf irdenen Sarkophagen und Steinreliefs zeigen stilisiert oder realistisch das kraftvolle Tier. Beeindruckend und rätselhaft sind die Darstellungen von wagemutigen Stierspringerinnen und Stierspringern wie auf dem bekannten Fresko von Knossos. Darauf packen junge Männer einen heranpreschenden Stier bei den Hörnern, schwingen sich mit einem eleganten Überschlag über dessen Rücken und landen gekonnt hinter dem Tier. Ob es jene athletischen Schauspiele tatsächlich so gegeben hat, ist allerdings ungewiss.

Ebenfalls ungeklärt ist die Frage, warum die blühende minoische Kultur um 1450 v. Chr. ein so jähes Ende fand. Wahrscheinlichster Grund ist eine schreckliche **Naturkatastrophe**, vielleicht ein Tsunami in Folge eines heftigen Vulkanausbruchs auf Santorin oder ein schweres Erdbeben, das alle Siedlungen in Küstennähe zerstörte. Die darauffolgenden Wirren scheinen jedenfalls die kriegerischen Achäer (auch Mykener genannt) genutzt zu haben, um Kreta vom griechischen Festland aus zu erobern und die Geschicke der Insel in den folgenden 250 Jahren zu bestimmen.

34 Archanes

Schmuckes Dorf und minoische Stätten inmitten eines lieblichen Weinanbaugebietes.

›Schlafender Zeus‹ nennen die Kreter den Berg **Jouchtas** (811 m), dessen Felskamm von bestimmten Blickwinkeln aus tatsächlich an das Profil eines auf dem Rücken liegenden Mannes erinnert.

An seinen bereits in minoischer Zeit besiedelten Osthang schmiegen sich 12 km südlich von Iraklio die liebevoll und zurückhaltend restaurierten Häuser von Archanes (4500 Einw., www.archanes.gr). Deren Bewohner bauen hauptsächlich Tafel- und Weintrauben an, der gute regionale Wein aus **Rosaki-Reben** wird auch nach Deutschland exportiert. Ein weiteres wirtschaftliches Standbein ist nachhaltiger Fremdenverkehr, der in der Region behutsam vorangetrieben wird. So ist Archanes heute auch ein beliebtes Urlaubsziel und Ausgangspunkt für Exkursionen ins kretische Binnenland.

Einen Spaziergang durch den Ort beginnt man am besten an der kleinen dreischiffigen **Panagia-Kirche** (14. Jh.). Sie zeigt innen Freskenreste aus der Erbauungszeit und eine Reihe schöner Ikonen, die zum Teil auch aus anderen Kirchen hierher gebracht wurden. Im Kontrast zum filigranen, von Rundbögen durchbrochenen Glockenturm über dem Kirchenportal steht wenige Meter entfernt ein quaderförmiger *Uhrturm* mit ebenfalls offener Laterne, der nach 1930 mithilfe von Geldspenden von Amerika-Auswanderern erbaut wurde.

Ein wenig südlich, versteckt zwischen Wohnhäusern, kann man durch ein Gittertor einen Blick auf die Grundmauern eines **minoischen Palastes** (1600 v. Chr.) werfen, dessen größter Teil aber unter der heutigen Bebauung verborgen ist. Aufgrund der räumlichen Nähe mutmaßen Archäologen, es könne sich um eine Sommerresidenz der Herrscher von Knossos gehandelt haben. Die hiesigen Ausgrabungen sind im **Archäologischen Museum** (Tel. 28 10 75 27 12, Mi–Mo 8.30–15 Uhr) dokumentiert. Daneben sind hier auch einige Grabbeigaben aus der nahen Nekropole von Fourni zu sehen sowie die Kopie des Bronzedolches, mit dem im Heiligtum von Anemospilia ein Mensch geopfert wurde (s. u.).

Schilder weisen anschließend den Weg zum am Ortsrand Richtung Iraklio liegenden **Museum für Geschichte und Tradition Kretas** (Tel. 28 10 75 28 91, Di–Fr 9.30–13.30 Uhr). Es zeigt in einem neoklassizistischen Stadthaus eine reiche volkskundliche Sammlung von traditionellen Einrichtungsgegenständen, Handarbeiten und Werkzeug.

Ausflüge

Nördlich von Archanes liegen zwei bedeutende archäologische Stätten, die jedoch nicht öffentlich zugänglich sind und aufgrund schlechter Zufahrtswege nur bedingt die Anreise lohnen. Die eine ist die **Nekropole von Fourni**, die etwa

Dank kretischer Volksfrömmigkeit zieren selbst die Kirchlein von Archanes zahlreiche Ikonen

Freiheit, Tod und Leidenschaft

Nikos Kazantzakis (1883–1957) ist einer der bedeutendsten griechischen Literaten des 20. Jh. Er wurde in Iraklio geboren, verbrachte aber nur wenige Jahre seines Lebens auf der Insel. Trotzdem scheint er heute auf Kreta allgegenwärtig: viele Straßen sind nach ihm benannt, ebenso der größte Flughafen der Insel. Das Dorf Myrtia, aus dem sein Vater stammte, richtete ihm zu Ehren ein Museum [s. S. 90] ein und auf der Martinego-Bastion in Iraklio [s. S. 78] liegt er begraben.

Die Zuneigung der Kreter erwarb der weit gereiste Jurist und Staatswissenschaftler durch seine **Romane**, die von einer tiefen Liebe zur Heimat und großer Bewunderung für den unbeugsamen Willen und die pragmatische Lebensweisheit der Inselbewohner erfüllt sind. Weltberühmt wurde Kazantzakis durch sein Werk **Alexis Sorbas** (1946), eine Hommage an die heißblütigen kretischen Freigeister, die, so das Motto des Titelhelden, ›das Leben lieben und den Tod nicht fürchten‹. Der Schelmenroman wurde 1964 mit Anthony Quinn in der Hauptrolle verfilmt und mit drei Oscars ausgezeichnet.

Zusammen – Zorba, der Grieche, und Basil, der Boss, tanzen Sirtaki (aus ›Alexis Sorbas‹)

Auf Kreta wurde hauptsächlich in den Dörfern **Kokkinou Chorio** in der Region Drapanos sowie in **Stavros** auf der Halbinsel Akrotiri gedreht. Letzteres war während des Filmdrehs Schauplatz der **Weltpremiere des Sirtaki**. Anthony Quinn tanzte den eigens für ihn auf Grundlage des traditionellen *Pentosalis* kreierten Tanz so überzeugend, so wild und leidenschaftlich, so original kretisch, dass der Sirtaki zum Inbegriff Kretas wurde und heute bei keinem Familien- oder Volksfest auf der Insel fehlen darf.

1500 Jahre (3. Jt.–1250 v. Chr.) lang für Bestattungen genutzt wurde. Sie gilt als das größte und bedeutendste Gräberfeld im ägäischen Raum. In den runden Kuppelgräbern und rechteckigen Grabbauten fanden sich zum Teil herrliche Grabbeigaben wie Schmuck, Geschirr und Elfenbeinschnitzereien (heute meist im Archäologischen Museum in Iraklio, s. S. 75).

Auch auf das minoische Heiligtum **Anemospilia** kann man nur über den Zaun hinweg einen Blick werfen. Interessanter als die Ruinen des kleinen Tempels sind aber ohnehin der schöne Blick auf das tiefer gelegene Iraklio und das Wissen, dass hier um 1700 v. Chr. ein Menschenopfer gebracht wurde: 1979 entdeckten Archäologen im Altarraum das Skelett eines gefesselten Jünglings, in dessen Brust ein 40 cm langer Bronzedolch steckte. Etwas entfernt lagen Überreste von drei weiteren Personen unter Mauerwerk begraben. Wollten Priester mit dem ultimativen Opfer in letzter Sekunde eine tobende Gottheit besänftigen, bevor ein verheerende Erdbeben sie letztlich selbst das Leben kostete?

Zwischen Archanes und dem südlich gelegenen Nachbarort Choudetsi befinden sich auf einer aussichtsreichen kleinen Anhöhe inmitten von Weingärten die Ruinen des minoischen Gutshofs **Vathypetro** (Di–So 8.30–14.30 Uhr). Neben der ältesten erhaltenen Weinpresse Europas, bestehend aus zwei übereinander angebrachten Tonschalen, die obere davon mit Ausguss, einer Olivenpresse, Werkstätten und Vorratsräumen verfügte der im 16. Jh. v. Chr. genutzte Landsitz auch über ein eigenes Heiligtum.

i Praktische Hinweise

Hotel

******Arhontiko**, Archanes, Tel. 28 10 75 29 85, www.arhontikoarhanes.gr. Vier geschmackvoll eingerichtete Apartments in einem 1897 erbauten Haus, in dem schon Partisanen unterkamen.

Restaurant

Spitiko, Platia, Archanes, Tel. 28 10 75 15 91. Spezialitäten der gemütlichen Taverne sind Lamm oder Ferkel vom Grill.

35 Nordwestliches Dikti-Gebirge

Literatur, Musik und Töpferei – drei Wein- und Olivendörfer pflegen Kunst und Kunsthandwerk.

Inmitten der lieblichen, von Weingärten und Olivenhainen geprägten Hügellandschaft südlich von Iraklio liegen die weiß gekalkten Häuserkuben von **Myrtia**. Aus diesem Dorf stammte Michael Kazantzakis, der Vater des berühmtesten Schriftstellers der Insel – Grund genug, um am Dorfplatz im Haus entfernter Verwandter ein *Nikos Kazantzakis Museum* (Tel. 2810741689, www.kazantzakis-museum.gr, März–Okt. tgl. 9–17, Nov.–Febr. So 10–15 Uhr) einzurichten. Manuskripte und Briefe, Fotos, persönliche Erinnerungsstücke sowie Kostüme und Plakate von Aufführungen seiner Theaterstücke illustrieren Leben und Werk des Autors, der u.a. ›Alexis Sorbas‹ schrieb. Auffälliger als das niedrige gelbe Museumsgebäude ist freilich das bewegte *Denkmal* von Manolis Tsombanakis auf dem Platz.

7 km südwestlich von Myrtia zieht im Dorf **Choudetsi** (900 Einw.) in einem restaurierten historischen Gutshaus das Museum des *Labyrinth Musical Workshop* (Tel. 2810741027, www.labyrinthmusic.gr, Mo–Fr 9–15 Uhr) Musikfreunde an. Seine Sammlung von rund 250, teils sehr ungewöhnlichen Instrumenten aus aller Welt wurde von dem irischstämmigen Weltmusiker Ross Daly gegründet, der zu den besten Spielern der kretischen Lyra zählt. Jedes Jahr im Sommer finden auf dem Gelände internationale Musik-Workshops statt. Zu den anschließenden Open-Air-Konzerten ist auch die Öffentlichkeit eingeladen.

Wer sich für Töpferei interessieren, sollte nun einen Abstecher nach Osten nach **Thapsano** (1400 Einw.) machen. Das Dorf ist wie Margarites [s. S. 63] seit Jahrhunderten für die Herstellung großer Vorratskrüge, *Pithoi*, berühmt. In mehreren Werkstätten, zum Beispiel bei *Moutsakis* (Tel. 2891041717, www.creta-ceramic.gr) kann man im Sommer bei der Arbeit zusehen und wird feststellen, dass es in Produktion und Ergebnis kaum Unterschiede gibt zwischen den heutigen Erzeugnissen und ihren Vorbildern aus minoischer Zeit.

i Praktische Hinweise

Einkaufen

TOP TIPP **Kellerei Boutari**, bei Skalani, auf halbem Weg zwischen Iraklio und Myrtia, Tel. 2810731617, www.boutari.gr. Modern-schicke Wein-

Zwischen Felsen himmelwärts

Am Votomos-See oberhalb von Zaros beginnt die hin und zurück 4- bis 5-stündige leichte bis mittelschwere Wanderung (festes Schuhwerk, Wasser, Sonnenschutz notwendig, beste Jahreszeit Mai–Okt.) durch die **Rouvas-Schlucht**. Sie heißt auch *Agios-Nikolaos-Schlucht*, denn sie führt über das im späten 20. Jh. neu gebaute Nikolauskloster rund 600 Höhenmeter aufwärts; Ziel und Wendepunkt der Tour ist die rund 950 m hoch auf einem kleinen Plateau gelegene schlichte *Kapelle Agios Ioannis*.

Der Weg ist gut mit roten und gelben Punkten markiert, bei Bedarf mit Stufen, Treppen und Brücken ausgebaut sowie stellenweise mit Holzgeländern gesichert. Vom See aus windet er sich zunächst zwischen gewaltigen Felsbrocken etwa 1 km bergauf zum Mönchskloster **Agios Nikolaos**. Hier kontrastiert im Hof eine große moderne Kuppelkirche mit dem deutlich älteren Bruchsteinkirchlein, das mit Ikonen und Fresken aus dem 14./15. Jh. ausgestattet ist.

Zwischen zwei teils aufgeforsteten, bis zu 300 m aufragenden **Felshängen** geht es nun stellenweise steil bergauf, wobei immer wieder das meist trockene Bachbett überquert wird (auf Markierungen achten). Nach etwa 1,5 Stunden endet die Schlucht am Beginn eines recht dichten **Waldes**, wo im Frühjahr unter Steineichen, Kiefern und Platanen Orchideen und Lilien blühen. Der Weg schlängelt sich, nun deutlich flacher, noch ein wenig weiter durch die Schatten spendenden Bäume zu einer aussichtsreichen offenen **Wiese**, auf der Tische und Bänke zu einer schönen Rast einladen. Ergänzt wird die lauschige Szenerie durch die etwas oberhalb thronende kleine Agios Ioannis-Kapelle, die den Umkehrpunkt der Wanderung markiert.

Würzige Bergluft weitet die Lungen der Wanderer auf ihrem Weg durch die Rouvas-Schlucht

kellerei inmitten eigener Weingärten. Verkauf ausgezeichneter Rot- und Weißweine, Führungen und Weinproben.

36 Zaros

Inselweit bekannt für Mineralwasser, Forellen und eine schöne Wanderung durch die Rouvas-Schlucht.

Das Dorf Zaros (2100 Einw.) am Südhang des Psiloritis ist auf Kreta in aller Munde. Im wahrsten Sinne des Wortes, denn in den Höhen rings um den in einem Tal gelegenen Ort sprudeln ergiebige **Mineralquellen**. Ihr Wasser ist, in Plastikflaschen abgefüllt, in allen Supermärkten der Insel zu kaufen. Schon die Römer leiteten das kühle Nass über ein heute nur noch in Bruchstücken erhaltenes Aquädukt südwärts in die Stadt Gortis.

In den 1980er-Jahren erkannte der findige Bauer Petros Gianakis eine weitere Verwendungsmöglichkeit für das frische klare Quellwasser. Nördlich oberhalb von Zaros legte er Wasserbecken an und züchtete darin kanadische **Forellen**. Die Geschäftsidee war ein voller Erfolg und heute kann man sich die begehrten Leckerbissen (*Pestrofa*) aus Zaros auf ganz Kreta schmecken lassen, sogar fangfrisch in mehreren Tavernen gleich neben den Forellenbecken.

Die Fischgründe werden von dem kleinen, etwas höher gelegenen **Votomos-Quellsee** (*Limni Botomou*) gespeist. Blaugrün schimmern seine Wasser am Fuß einer schroffen Felswand, am Ufer bieten Tavernen und ein Kinderspielplatz Erholung für Alt und Jung. Gleich nebenan beginnt der Wanderweg in die *Rouvas-Schlucht* (s. Kasten).

i Praktische Hinweise

Einkaufen

Musikinstrumente Antonis Stefanakis, Hauptstraße, Zaros, Tel. 28 94 03 15 27, www.stefanakis-antonis.gr. Der versierte Instrumentenbauer stellt hochwertige kretische Instrumente wie Lyra, Mandoline, Bouzouki oder Askomandoura her.

Hotel

Eleonas, am Ortsende Richtung Kamares, Zaros, Tel. 289 40 31 23 89, www.eleonas.gr. Moderne Cottages am Berghang. Pool, Taverne und Mountainbikes stehen den Gästen zur Verfügung.

Restaurant

TOP TIPP **Vegera**, an der oberen Platia, Zaros, Tel. 28 94 03 17 30, www.zaros.info, www.vegerazaros.gr. Günstige, traditionelle kretische Gerichte aus Bio-Zutaten, Schwerpunkt ist vegetarische Küche. Auch Kochkurse sind möglich.

Liebe, Laster, Lügen – kretische Geschichten im Überblick

Viele griechische Sagen und Mythen spielen auf Kreta. Kein Wunder, denn die fortschrittliche minoische Kultur muss auf die Völker des griechischen Festlands geradezu überirdisch erschienen sein.

Schon die Geburt des Göttervaters **Zeus** verorteten die Griechen auf Kreta, in der *Tropfsteinhöhle von Psychro.* Später versteckte ihn seine Mutter Rhea vor dem kinderfressenden Vater Kronos in der *Idäischen Höhle*. Als die Zeit gekommen war, riss der Sohn den Götterthron im Olymp an sich.

Schnell entwickelte Zeus ein Faible für schöne Frauen. Eine davon war die phönizische Prinzessin **Europa**, die eines schönen Sommertags mit ihren Freundinnen am Strand spielte. Da tauchte ein weißer Stier auf, in Wahrheit Zeus im Rindsfell. Europa setzte sich vertrauensselig auf den Rücken des Tiers, das daraufhin samt Prinzessin davonschwamm. Der Stier ging bei *Matala* in Kreta an Land und verführte Europa, nun wieder in Menschengestalt, unter einer Platane in *Gortis*. Frucht dieses ›Liebesabenteuers‹ war **Minos**, der legendäre erste König von Kreta, der in *Knossos* residiert haben soll.

Eines Tages schenkte Meeresgott **Poseidon** dem Minos einen kapitalen Stier, den ihm der König opfern sollte. Der aber behielt das prächtige Tier lieber für sich selbst. Poseidon rächte sich, indem er **Pasiphae**, die Gattin des Minos, mit unstillbarem Verlangen nach dem Stier schlug. Um sich ihm hinzugeben, bat die Untreue den Hofingenieur **Dädalus**, ihr ein hölzernes Kuhgestell zu bauen – der Rest der Episode ist nicht jugendfrei. Auch dieses Techtelmechtel blieb nicht ohne Folgen, die Königin gebar den **Minotaurus**, ein gefährliches Ungeheuer in Gestalt eines Mannes mit einem Stierkopf. Minos sperrte ihn in ein wiederum von Dädalus konstruiertes Labyrinth – hier scheint der Palast von Knossos auf – und fütterte die Kreatur mit Menschen. Jedes Jahr musste Athen damals als Sühne für einen Mord sieben Jünglinge und sieben Jungfrauen nach Kreta schicken, die dann dem Minotaurus zum Fraß vorgeworfen wurden. Bis eines Tages der attische Königssohn **Theseus** unter den designierten Opfern war. Vor Ort verliebten sich er und die kretische Prinzessin **Ariadne** ineinander. Sie verriet ihm, dass ein abgespulter roter Wollfaden ihn wieder aus dem Labyrinth herausführen würde. Derart präpariert betrat Theseus getrost die unübersichtliche Wohnstatt des Minotaurus, tötete diesen und machte sich gleich nach seiner erfolgreichen Rückkehr mit Ariadne aus dem Staub.

Gattin untreu, Minotaurus tot, Tochter über alle Berge – König Minos machte, nicht ganz zu unrecht, Dädalus für diese Serie von Fehlschlägen verantwortlich und setzte ihn samt Sohn **Ikarus** fest. Doch der findige Dädalus wusste einen Ausweg: Aus Wachs und Vogelfedern konstruierte er Flügel, mit denen Vater und Sohn einfach davonflogen, angeblich von einem Hügel über *Agia Galini* aus. Doch Ikarus kam nicht sehr weit. In jugendlichem Übermut geriet er der Sonne zu nahe, das Wachs schmolz und der Junge stürzte ins Meer. Dädalus aber schaffte es nach Sizilien, wo ihn König *Kokalos* huldvoll aufnahm. Als König Minos wenig später höchstselbst die Auslieferung des erfindungsreichen Mannes verlangte, ließ Kokalos den Kreter im Bad von seinen Töchtern tödlich verbrühen. Und das war das unrühmliche Ende von Minos – und einer aufregenden Ära.

Theseus tötet den Minotaurus – das war schon im 5. Jh. v. Chr. Thema in der Kunst

Die Erinnerung an die blühende römische Stadt Gortis bleibt selbst vor Ort bruchstückhaft

37 Gortis

TOP TIPP *In Stein gemeißelte Gesetze in der bedeutendsten griechisch-römischen Ausgrabungsstätte auf Kreta.*

Im Süden Zentralkretas erstreckt sich zwischen Küsten- und Inlandsgebirge die fruchtbare **Mesara-Ebene**, wo in plastikgedeckten Gewächshäusern Gurken, Tomaten, Bananen und Frühgemüse gezogen werden. Schon in der Antike war sie die Kornkammer der Insel. Am Fuß der Berge, die sie im Norden begrenzen, liegt mit Gortis die wichtigste griechisch-römische **Ausgrabungsstätte** (Tel. 28 92 03 11 44, im Sommer tgl. 8.30–18, im Winter tgl. 8.30–15 Uhr) Kretas.

Die Geschichte von Gortis gründet in der griechischen Mythologie, nach der hier Zeus seine erste Liebesnacht mit Europa verbracht haben soll (s. Kasten). Erwiesen ist, dass die in minoischer Zeit recht unbedeutende Siedlung **Gortys** nach der Einwanderung der Dorer im 10. Jh. aufblühte. Schon 200 Jahre später machte sie dank dreier bedeutender Handelshäfen an der Südküste sogar Festos [Nr. 39] den Titel als bedeutendste Stadt der Mesara-Ebene streitig.

Als 67 v. Chr. die Römer Kreta eroberten, schlugen sich die Bewohner von Gortis' sogleich auf die Seite der neuen Herrscher. Zur Belohnung wurde ihre Stadt zum **Verwaltungszentrum** der Insel und später der Provinz *Creta et Cyrenae* erhoben. Prächtige Bauten wie das theaterähnliche *Odeon*, öffentliche Bäder und Tempel zeugen noch als Ruinen vom Luxus, den die bis zu 80 000 Einwohner damals genossen.

Bedeutung in der **Kirchengeschichte** erlangte Gortis 58/59 n. Chr., als Paulus in der Nähe die widrigen Herbststürme abwartete. Als der Apostel nach Rom weiterreiste, ließ er seinen Gefährten Titus als ersten Bischof auf Kreta zurück, um die Insulaner, die er als ›Lügner, böse, wilde Tiere, faule Bäuche‹ (Brief an Titus, 1,12) beschimpfte, auf den rechten Weg des christlichen Glaubens zu führen. Eine andere religiöse Auffassung vertraten sowohl der römische Kaiser Decius, unter dem im Jahr 250 in Gortis zehn christliche

Große Geschichte in kapitalen Lettern – die Gesetze von Gortis sind rund 2500 Jahre alt

Bischöfe den Märtyrertod starben, als auch die Sarazenen. Sie machten während ihrer Eroberung Kretas im 9. Jh. den Bischofssitz Gortis quasi dem Erdboden gleich. Davon erholte sich die Stadt nie wieder, die Neugründung **Agii Deka** (›Die heiligen Zehn‹) konnte nie an alte Größe anknüpfen. Erst italienische Archäologen entdeckten das vergessene Gortis 1884 für die Neuzeit wieder. Allerdings sind die Ausgrabungen des auf rund 4000 ha geschätzten Areals bis heute nicht abgeschlossen.

Die wichtigsten Sehenswürdigkeiten der Grabung finden sich im bergigen Gelände nördlich der Hauptstraße 97 Richtung Mires. Highlight ist gleich zu Beginn des Rundgangs die eindrucksvolle Ruine der **Titus-Basilika** (6./7. Jh.). Die drei Apsiden der einstigen Bischofskirche aus akkurat behauenen Steinquadern sind in voller Höhe erhalten. Über die **Agora**, den antiken Marktplatz, gelangt man schnell nordwärts zum **Odeon**. Die Römer errichteten dieses halbrunde Amphitheater für Musik- und Poesiedarbietungen mit Bodenplatten und Sitzreihen aus Marmor um das Jahr 100 unter Verwendung älterer griechischer Bauteile. So kommt es, dass in seiner Außenwand die bedeutendsten archäologischen Funde der Anlage verarbeitet sind. Es handelt sich dabei um 42 Steinblöcke und -tafeln, in die im frühen 5. Jh. v. Chr. die ältesten und ausführlichsten erhaltenen **Gesetzestexte** der griechischen Kultur gemeißelt wurden. Sie standen ursprünglich für jeden Bewohner der Stadt sichtbar auf der Agora. In altdorischem Dialekt halten sie Regelungen in Bezug auf Heirat und Scheidung, Adoption und Erbschaft fest und nennen Strafen für Gesetzesbrüche. So war die Vergewaltigung einer Freien mit 100 Stateren zu bezahlen, wer eine Sklavin missbrauchte, musste zwei Statere entrichten. Die Schriftzeilen sind angeordnet ›wie der Ochse pflügt‹, d. h. der Steinmetz meißelte den Text in einer Zeile von rechts nach links, in der nächsten Zeile von links nach rechts usw., wobei er in jeder zweiten Zeile die Buchstaben spiegelte.

Nur wenige Schritte weiter nördlich gedeiht jene immergrüne **Platane**, unter der der Legende nach Zeus die von ihm in Gestalt eines Stiers entführte Europa

Einst genossen minoische Herrscher die Aussicht von Festos über die Mesara-Ebene

verführt und mit ihr den Minos gezeugt haben soll.

Für viele Besucher endet der Rundgang an dieser Stelle. Einige Unermüdliche überqueren aber noch das meist ausgetrocknete Bachbett des *Mitropolianos*. An seinem Westufer steigen sie auf eine Hügelkuppe im Nordwesten des Geländes, dessen aussichtsreiche Höhe die Ruinen der griechischen **Akropolis** krönen. Oder die Bewegungsfreunde spazieren durch das ausgedehnte Areal südlich der Hauptstraße, in dem weit verstreut zwischen Olivenbäumen die eingezäunten Überbleibsel weiterer antiker Bauten die Besichtigung lohnen.

Diese Mauerreste wurden als Isis- und Serapis-Tempel (7. Jh. v. Chr.), Apollo-Tempel, öffentliches Bad (Nymphaeum), Amphitheater und als römischer Statthalterpalast (Prätorium) identifiziert. Direkt neben der Straße Richtung Mitropolis/Mires kann man außerdem noch Säulen und Grundmauern einer fünfschiffigen frühchristlichen Basilika ausmachen.

38 Vori

Einblick in die Lebenswelt der Kreter vor hundert Jahren.

Das ausgezeichnete völkerkundliche **Museum der kretischen Ethnologie** (Tel. 28 92 09 11 10, April–Sept. tgl. 10–18 Uhr, sonst nach Anmeldung) ist der unbestrittene, da einzige Anziehungspunkt für Besucher im Dorf Vori. In einem stattlichen Dorfhaus nahe der zentralen Platia erklärt es anhand von Arbeitsutensilien, Fotos sowie Beschreibungen auf Englisch, wie die Kreter in den vergangenen Jahrhunderten Brot buken, Körbe flochten, Möbel schreinerten, Schuhe flickten, Tiere jagten oder Waren transportierten – kurz: wie sie lebten und arbeiteten. Die Fülle von rund 2500 Exponaten umfasst auch Modelle von typisch kretischen Häusern und Kirchen, Trachten sowie eine umfangreiche Sammlung von Musikinstrumenten.

39 Festos

TOP TIPP *Beeindruckender minoischer Palast mit Blick über die Mesara-Ebene.*

Die minoische **Palastanlage** von Festos (Tel. 28 92 09 13 15, Juni–Okt. tgl. 8–19.30, Nov.–Mai tgl. 8.30–15 Uhr), auch Phaistos genannt, thront auf einem Höhenrücken im Nordwesten über der fruchtbaren Mesara-Ebene. Ihr Gründer und erster Herrscher soll Rhadamanthys gewesen sein, der Bruder des sagenhaften König Minos. Archäologisch erwiesen ist die Besiedlung der Höhe ab dem 4. Jt. v. Chr., um 1900 v. Chr. wurde hier eine erste Palaststadt erbaut. Diese fiel 200 Jahre später einem Erdbeben zum Opfer, wurde aber schnell wieder aufgebaut.

Der wirtschaftliche Aufstieg dieses **›neuen‹ Festos** war sagenhaft. Mit der Mesara-Ebene beherrschte die Stadt die Kornkammer Kretas und trieb von ihrem Hafen Kommos (nördlich des heutigen Matala) aus Handel im ganzen Mittelmeerraum. So stieg sie im 2. Jt. v. Chr. nach Knossos zum wichtigsten politischen und administrativen Zentrum der Insel auf. Doch auch diese Anlage wurde um 1450 v. Chr. bei einer weiteren großen Naturkatastrophe zerstört, von dem einst blühenden Gemeinwesen blieb nur eine unbedeutende Siedlung. Diese stand fortan im Schatten der kontinuierlich er-

Mit Wanderschuhen zum Oben-ohne-Bad

Am südlichen Ortsrand von Matala weisen nahe einer unscheinbaren, aus dem Fels gehauenen Kapelle zahlreichen Wegweiser sowie rote und blaue Wandermarkierungen zum **Red Beach**. Wer ihnen folgt, kraxelt etwa eine halbe Stunde durch die schroffe Berglandschaft (geschlossene Schuhe werden empfohlen) mit herrlichen Ausblicken auf Matala und die Küste. Hat man dann das Gatter des Ziegenzauns auf der Anhöhe durchschritten (Gatter wieder schließen!), liegt in der Bucht unterhalb schon der von kargen hohen Felsen gesäumte, rot schimmernde **Sandstrand.** Das schöne Fleckchen Erde wird mittlerweile recht viel besucht. FKK ist hier erlaubt, im Sommer vermietet eine kleine Taverne Sonnenschirme und Liegen.

starkenden östlichen Nachbarstadt Gortis [Nr.37] und wurde schließlich im 2. Jh. v. Chr. von der Rivalin dem Erdboden gleichgemacht.

Seit dem Jahr 1900 wird die antike Stätte von Fachleuten des Italienischen Archäologischen Instituts erforscht. Ihr Areal zieht sich von der Höhe aus über den Südhang abwärts und ist großenteils für die Öffentlichkeit zugänglich. Allerdings benötigt man einige Fantasie, um sich die einstige Pracht der Palastanlage auszumalen. Das liegt auch daran, dass sowohl Reste des Alten als auch des Neuen Palastes erhalten sind und nicht immer klar voneinander unterschieden werden können.

Bis heute gibt der tönerne Diskos von Festos das Geheimnis seiner Inschrift nicht preis

Ein Rundgang über das terrassierte Gelände führt vom **Oberen** oder **Nordhof**, der möglicherweise als Markplatz diente, hangabwärts auf den von einem Prozessionsweg durchzogenen **Westhof**. Er war vermutlich Schauplatz religiöser und politischer Zeremonien. Auf der Nordseite des Hofes fanden Zuschauer auf den acht breiten Stufen einer **Tribüne** Sitzplätze und genossen gleichzeitig freie Sicht auf das Geschehen. Im rechten Winkel dazu führt östlich eine 14 m breite **Freitreppe** hinauf zu einigen Säulenresten (Basen erhalten). Sie trugen einen großen Bau, der als Eingangshalle in den Neuen Palast interpretiert wird oder als Versammlungshalle für die Teilnehmerinnen und Teilnehmer an kultischen Riten auf dem Westhof.

Verschlungene Wege führen von einem anschließenden Lichthof aus in königlichen Gemächer (s. u.). Man kann aber auch zunächst südlich der Treppenanlage einen Blick in die **Magazine** des Palasts werfen, deren einstige Funktion hier aufgereihte große Vorratskrüge veranschaulichen.

Die Räumlichkeiten münden im Osten auf den 22 x 46 m großen länglichen **Zentral-** oder **Mittelhof**, von dem aus am Hang im Nordosten magere Reste eines Kultbads zu sehen sind. Nur wenige Meter dahinter sind auf einem weiteren, zur Ebene hin offenen und daher aussichtsreichen Hof die kniehohen Grundmauern eines Schmelzofens zur Herstellung von Bronze erhalten.

Zwischen diesem Wirtschaftshof und der oben erwähnten Eingangshalle erstreckt sich der **Nordflügel**, der wohl interessantestes Teil des Palastes. Er ist auch vom Zentralhof her über einen mehrfach abknickenden Korridor zu erreichen, dessen Eingang zwei nachgebildete hölzerne Halbsäulen zwischen zwei Wachnischen flankieren. Über einen kleinen Hof erreicht man das **Megaron der Königin**, ein schmucker Raum mit steinerner Sitzbank und Alabasterverkleidung an Wänden und Fußboden. Daran schließt sich nördlich die **Halle des Königs** an, ein großer, durch viele Türöffnungen (*Polythyra*) luftiger lichtdurchfluteter Saal. In seinem Westen kann man ein Bassin für kultische Reinigungen besichtigen, nordöstlich die **Archive** und **Schatzkammern**.

Detaillierte Malereien auf einem Sarkophag aus Agia Triada zeigen eine minoische Trauerfeier

Hier wurde 1908 im Raum 101 der berühmte **Diskos von Festos** (heute im Archäologischen Museum von Iraklio, s. S. 75) gefunden, eine runde Tonscheibe aus der Zeit um 1700 v. Chr. mit 16 cm Durchmesser. Spiralförmig sind darin auf beiden Seiten Menschen-, Tier- und Pflanzenmotive sowie weitere Symbole eingedrückt, die an Hieroglyphen erinnern, jedoch nach wie vor nicht entziffert werden konnten.

40 Agia Triada

Rätselhafter kleiner Palast in unmittelbarer Nachbarschaft zu Festos.

Im Schatten zahlreicher Bäume erstrecken sich die Ausgrabungen von Agia Triada am südlichen Hügelhang im Tal des *Geropotamos*, etwa halbwegs zwischen Festos und dem nordwestlich davon gelegenen Küstenstädtchen *Timbaki*. Wie die Minoer einst den Ort nannten, war unbekannt, daher ›taufte‹ man die antike Stätte einfach nach einer nahe gelegenen Dreifaltigkeitskirche.

Seit 1902 graben Italiener in diesem überschaubaren, geradezu intim wirkende Gelände. Und wie im nahen Festos fanden sie auch hier beeindruckende Residenzgebäude, was zu mancherlei **Spekulation** führte. Handelte es sich bei Agia Triada um den Sommersitz der Herrscher von Festos? Das Landgut eines Prinzen? Einen Kultbezirk?

Am schlüssigsten scheint folgende Erklärung: Nach dem Erdbeben von 1700 v. Chr. zogen sich die Wiederaufbauarbeiten am Palast von Festos sehr hin. Daher könnte man um 1600 v. Chr. die **Residenz der Herrscher** ins kleinere, schneller fertiggestellte Agia Triada verlegt haben, während Festos fortan hauptsächlich als wirtschaftliches und religiöses Zentrum fungierte. Für diese Deutung spricht die reiche Ausstattung der Palastgebäude von Agia Triada. Zahlreiche Räume waren mit herrlichen Fresken und Fußbodenmosaiken ausgestattet, man fand hier kunstvoll gearbeitete Vasen und Trinkgefäße sowie einen einzigartigen Kalkstein-Sarkophag, sorgfältig bemalt mit Szenen des minoischen Totenkults (wie weitere Fundstücke heute im Archäologischen Museum von Iraklio, s. S. 75).

Nach der verheerenden Naturkatastrophe von 1450 v. Chr. übernahmen mykenische Herrscher das Regiment in Agia Triada und überbauten einen Teil des Palasts. In klassischer griechischer Zeit (6.–4. Jh. v. Chr.) wurde auf dem Gelände ein Zeustempel errichtet, der aber nicht erhalten ist. Ein Relikt des 14. Jh. ist die mit Fresken von der Verkündigung, Jesu Geburt und Christi Himmelfahrt ausgemalte Kapelle **Agios Georgios Gatalas**, die sich pittoresk über dem Gelände erhebt.

Vom kleinen Parkplatz auf der Anhöhe führt eine lange Steintreppe hinunter zum Grabungseingang. Rechts davon liegt eine Siedlung aus spätminoischer und mykenischer Zeit mit einem lang ge-

In Matala ist weniger mehr – Felshöhlen und Kiesstrand locken Besucher seit Jahrzehnten

zogenen Marktplatz. Er wurde von einer Ladenzeile gesäumt, von der acht nahezu gleichgroße Geschäftsräume deutlich zu erkennen sind. Links erstreckt sich der L-förmig angelegte minoische Palast. Der **Weg** führt vorbei an einigen mit *Pithoi* bestückten Magazinräumen sowie zahlreichen Wasserrinnen, die Regenwasser in eine Zisterne leiteten.

Ziel ist ein von vielen Türen durchbrochener und mit einer umlaufenden in Stein gehauenen Bank ausgestatteter Raum. Hierbei könnte es sich um das königliche Wohn- oder Schlafgemach gehandelt haben. Nebenan liegt das sog. Arbeitszimmer, das, den Resten nach zu urteilen, einst prächtige Fresken schmückten. Man erkennt noch das Bild einer Wildkatze, die einem Fasan auflauert, und einer ›Frau im Heiligtum‹. Im anschließenden Archiv fanden sich mehr als 200 Tonsiegel und Täfelchen mit Linear-A-Schrift. Einen unglaublich großen materiellen Wert stellten zu ihrer Zeit die 19 Bronzebarren á 29 kg dar, die man im Magazin östlich davon fand.

41 Matala

TOP TIPP

Im einstigen Hippie-Paradies mit Höhlenwand geht es noch immer ziemlich entspannt zu.

Matala (100 Einw., www.visitmatala.com) – in den 1960er-Jahren verhieß dieser Name Blumenkindern aus aller Welt grenzenlose Freiheit. Zahlreich unternahmen sie damals die beschwerliche Reise in das noch nicht von Straßen erschlossene oder mit Elektrizität und fließend Wasser versorgte kleine **Fischerdorf** an der Südküste Kretas. Die freundlichen Einheimischen erlaubten ihnen, im Wäldchen hinter dem etwa 200 m langen, schmalen **Sandstrand** zu campieren oder sich in den zahlreichen **Höhlen** am Sandsteinhang oberhalb der Meeres häuslich einzurichten. Dass diese teils von Menschenhand geformten Höhlen bereits in der Steinzeit vor rund 8000 Jahren bewohnt waren, in römischer Zeit als Grabkammern dienten und mitunter nur 2 x 2 m groß waren, störte niemanden. Ebenso wenig wie die wilden Parties am Strand – bis der Militärputsch 1967 in Griechenland ›für Ordnung sorgte‹ und dem bunten Treiben ein Ende bereitete. Noch immer reisen vor allem Indiviudaltouristen nach Matala. Sie schätzen die familiäre Atmosphäre in den Pensionen im Ort sowie die gemütlichen Tavernen entlang des legendären, sanft geschwungenen, wenn auch stark frequentierten Strandes. In der Hochsaison kommen am Nachmittag noch zahlreiche Tagesausflügler hinzu, die nach dem Besuch von Festos und Agia Triada etwas Badespaß suchen. Sie tummeln sich im klaren Meerwasser, klettern zwischen den teils gesperrten Höhlen herum oder suchen in der parallel zum Strand verlaufende Bazargasse nach Souveniren.

Ausflüge

5 km nordöstlich von Matala bietet das Dorf **Pitsidia** ausreichend einfache Unterkünfte und Tavernen für jene, denen es in Matala ein wenig zu trubelig zugeht. Nur 1,5 km sind es vom Ortskern aus zum prachtvollen **Kommos Beach**, einem langen Sandstrand am Fuß niedriger Hügel, an dem auch in der Hochsaison immer ein Plätzchen frei ist. Das südliche

Strandende wird von steilen Klippen begrenzt. Hier legen Archäologen zurzeit die Reste eines Hafens von Festos aus minoischer Zeit frei (nicht öffentlich zugänglich). Ausdauernde Strandwanderer laufen von hier in den 2 km nördlich gelegenen Badeort **Kalamaki**, wo zahlreiche Tavernen zur Rast einladen.

Matala ist auch Ausgangspunkt für Jeep-Ausflüge in das bis zu 1231 m hohe **Asterousia-Gebirge**, das die fruchtbare Mesara-Ebene nach Süden zum Meer hin begrenzt. Schroffe Felshänge, tiefe Schluchten, rötlich-braune Macchia sowie winzige, verstreut liegende Weiler und Klöster machen den Reiz dieser Berglandschaft aus. Nach einer serpentinenreichen Fahrt kann man sich jenseits des Höhenzugs am Strand von **Lentas** (www.lentas-online.com) erholen. Der bei Individualtouristen beliebte kleine Küstenort vor malerischer Bergkulisse fungierte in griechisch-römischer Zeit als Hafen von Gortis sowie als Heilbad mit einem Äskulap-Tempel (Ausgrabungen am oberen östlichen Ortsrand, nicht öffentlich zugänglich).

i Praktische Hinweise

Outdoor

TOP TIPP **Melanouri Horse Farm**, Pitsidia, Tel. 28 92 04 50 40, www.melanouri.com. Reitunterricht, Pferdetrekking, Ausritte am Strand, durch Olivenhaine oder in die Berge. Anmeldung erbeten.

Hotels

In Matala und Pitsidia vermieten fast alle Familien einfache Zimmer oder Apartments zu ähnlichen, moderaten Preisen.

Nikos, Matala, Tel. 28 92 04 53 75, www.matala-nikos.com. Die netten Wirtsleute Panagiota und Nikos bieten 22 einfache Hotelzimmer mit und ohne AC.

Restaurants

Bodikos, Pitsidia, Tel. 28 92 04 54 38, www.bodikos-matala.com. Köstliche Holzofenpizza.

Scala, auf den Klippen im Süden des Hausstrandes, Matala, Tel. 28 92 04 54 89. Kleine Taverne mit Terrasse, bestens geeignet für frischen Fisch und einen herrlichen Blick über die Bucht von Matala.

Im CretAquarium von Gournes kann man heimische Fische beobachten, ohne nass zu werden

42 Limenas Chersonisou

Bettenburg mit römischem Brunnen und einem interessanten anschaulichen Volkskundemuseum.

Limenas Chersonisou ist heute eine der **Ferienhochburgen** auf Kreta. In der Antike war es ein bedeutender Hafenort, der im 5. Jh. sogar zum Bischofssitz erhoben wurde. Als jedoch arabische Piraten im 7. Jh. die Stadt wiederholt plünderten, wanderten viele ihrer Einwohner ab.

Neusiedler kamen erst Anfang des 20. Jh. Keiner der Fischer und Bauern hätte wohl damals gedacht, dass sich der kleine Ort im Westen der weiten Bucht von Malia in den 1970er-Jahren dank seiner Nähe zum Flughafen von Iraklio und seiner sandigen Küste in Windeseile zu einem Zentrum des Pauschaltourismus entwickeln würde. Entlang dem eher schmalen, von einer Uferpromenade gesäumten Strand entstanden bald mehrstöckige Hotelanlagen mit heute über 30 000 Betten. Tavernen, Bars und Diskotheken sorgen für **Unterhaltung** zu jeder Tages- und Nachtzeit, ein vielfältiges Sportangebot komplettiert die Unterhaltungspalette.

Inmitten des Trubels stößt man noch auf Relikte aus römischer und frühchristlicher Zeit, wie etwa am nördlichen und am südöstliche Ortsrand die Ruinen je einer frühchristlichen **Basilika** aus dem 5./6. Jh. Ihre Böden weisen sogar noch Reste von Mosaiken mit geometrischen Mustern auf. Einzigartig auf Kreta ist der römische **Sarakino-Brunnen** aus dem 3. Jh. direkt an der Uferpromenade. Er hat die Form einer flachen Pyramide, deren vier dreieckige Seitenfelder einst Mosaike schmückten. Auf einer Seite ist der antike Belag noch erhalten, deutlich erkennt man Fische, eine Ente, Kraken und einen kleinen nackten Fischer mit blauem Hut.

Unbedingt sehenswert ist das am östlichen Ortsrand gelegene **TOP TIPP Volkskundemuseum Lychnostatis** (So–Fr 9–14 Uhr, Tel. 28 97 02 36 60, www.lychnostatis.gr). Das Freilichtmuseum bringt seinen Besuchern auf 7000 m² Ausstellungsfläche kretische Lebensart, traditionelle Bauwerke und Handwerkskünste sowie die heimische Flora näher. Nach einem kurzen Einführungsfilm im Haupthaus durchstreift man das liebevoll angelegte Außengelände mit Obsthainen, Kräuter- und Kakteengarten. Einge-

Wie sich Kreter früher betteten, zeigt das Museum Lychnostatis

streut laden ein traditionelles kretisches Haus, eine Ölpresse, eine kleine Kapelle und eine Rakibrennerei zur Besichtigung ein. Ein Herbarium erklärt, wie Parfüm und Tee hergestellt werden, in der Färberei wird Wolle mit Naturprodukten gefärbt. Und wenn man zur Traubenernte (Aug.–Okt. jew. Mi, Anruf vorab empfehlenswert) kommt, darf man sogar beim Stampfen von Wein mithelfen. Im Schatten der Reben lockt das Museumscafé, nebenan der kleine Hausstrand.

Ausflüge

Im Hinterland, nur wenige Kilometer von den Neonreklamen und dem Discolärm Limenas Chersonisous entfernt, überraschen drei Dörfer mit entspannter Ursprünglichkeit. Das alte **Chersonisou** punktet mit seiner hübschen Platia. In den Tavernen ringsum kann man die Einheimischen beim Tavli-Spielen beobachten. Etwas höher liegen das blumengeschmückte **Piskopiano** und das für seine Ateliers und Werkstätten bekannte **Koutouloufari** in aussichtsreicher Hanglage über der Küste. Hier wie dort laden enge Gässchen zum Bummeln, die Panoramaterrassen von Tavernen und Cafés zum Verweilen ein.

Im Küstenort **Gournes**, auf halber Strecke zwischen Iraklio und Limenas Chersonisou, lohnt das **CretAquarium** (Mai–Sept. tgl. 9.30–21, Okt.–April 9.30–17 Uhr, Tel. 2810337788, www.cretaquarium.gr) den Besuch. In 32 Aquarien tummeln sich über 200 Arten von Fischen und anderem Meeresgetier, darunter grimmig dreinblickende Sand- und Braunhaie, intelligente Kraken, urige Drachenköpfe und schillernde Meerpfaue. An jedem Becken geben Monitore auch in deutscher Sprache Auskunft über die Besonderheiten der jeweiligen tierischen Bewohner.

i Praktische Hinweise

Outdoor

Aqua Plus, 5 km südwestlich von Limenas Chersonissos an der Straße nach Kastelli, Tel. 2897024950, www.aquaplus.gr. Riesiges Spaßbad mit mehreren Wasserrutschen.

Star Waterpark, Limenas Chersonisou, www.starbeach.gr. Das Spaßbad bietet mehrere Pools, Riesenrutschen und Jetskiparkours, dazu Spa Center, tägliche Schaumparty, Bungee-Jumping u.v.m. **** Star Beach Village Hotel anbei.

Hotels

*****Creta Maris**, 4 km westlich vom Zentrum, Limenas Chersonisou, Tel. 28 97 02 70 00, www.maris.gr. Das luxuriöse Hotel im Stil eines kretischen Dorfes verfügt über einen gepflegten Sandstrand, mehrere Pools, ein Spa Center sowie ein breites Sport- und Unterhaltungsangebot für Groß und Klein.

****Amazones Village Suites**, Odos Lyktou, Piskopiano, Tel. 28 97 03 01 90, www.amazonesclub.com. Kinderfreundliche Apartmentanlage mit Pool in aussichtsreicher Lage über Limenas Chersonisou.

Restaurants

Il Camino, Odos Agias Paraskevis 101/Uferpromenade, Limenas Chersonisou, Tel. 28 97 02 44 32. Internationale und italienische Gerichte direkt am Strand, darunter auch leckere Holzofenpizza.

Platia, Piskopiano, Tel. 28 97 02 46 56. Auf der Panoramaterrasse hoch über dem Meer schmecken die griechischen Spezialitäten nochmal so gut.

Nachtleben

Camelot, Odos Agia Parascevi, Limenas Chersonisou, Mobil-Tel. 69 44 31 48 67, www.camelotclub.gr. In dem angesagten Klub sorgen Techno, Funk und Pop bei Lightshows für Partystimmung.

43 Malia

Partyhochburg und minoischer Palast unter einem Namen vereint.

Der fragwürdige Ruf als ›Ballermann von Kreta‹ eilt Malia voraus: knatternde Quads, English Breakfast all day long, Trinkgelage nicht nur am Strand, obskure Tattoo Studios ... wer im Urlaub auf all das verzichten kann, sollte einen großen Bogen um den bei britischen Jugendlichen beliebten **Badeort** Malia machen und zielstrebig die archäologische Stätte im Osten des Ortes zwischen Nationalstraße und Küste ansteuern.

Der **minoische Palastkomplex** (Di–So 8.30–15 Uhr) von Malia entstand um 1650 v.Chr. auf den Grundmauern eines etwa 250 Jahre älteren Gebäudeensembles. Bis er um 1450 v.Chr. durch die Naturkatastrophe zerstört wurde, der auch die anderen minoischen Zentren zum Opfer fielen, war der Palast Mittelpunkt einer bedeutenden Siedlung. Zum Meer hin ist dieser Stadt außerhalb des Grabungsgeländes eine große Nekropole vorgelagert, in der als Grabbeigabe u. a. die berühmte Goldschmiedearbeit ›Biene von Malia‹ (heute im Archäologischen Museum von Iraklio) entdeckt wurde.

Als Einstimmung auf Malia sollte man zunächst den **Ausstellungsraum** links vom Eingang besuchen. Hier sind Grabungspläne und Fotos der bedeutendsten Fundstücke zu sehen sowie ein Modell der Anlage, wie sie Archäologen zufolge in minoischer Zeit ausgesehen haben könnte. Es ist erstaunlich, wie modern die damalige Architektur wirkt.

Der **Rundgang** über das Gelände, auf dem bis zu 2 m hohe Mauerreste original erhalten sind, beginnt auch hier im Westhof mit Prozessionsweg. Im Osten führen mehrere **Magazinräume** zu acht gemauerten Rundschächten, die wohl als Getreidespeicher dienten. Ein paar Schritte weiter erreicht man den 48 x 22 m großen **Zentralhof**, in dessen Mitte man die

Gut beschirmt genießen viele Sommerurlauber das trubelige Strandleben von Malia

Mulde eines **Brandopferaltars** mit vier Pfostenlöchern für Stützen zum Fixieren eines Rosts erkennen kann. Eine weitere Besonderheit ist der **Kernos** im Südwesten des Platzes. Dabei handelt es sich um einen runden Opferstein von 90 cm Durchmesser mit einer Vertiefung in der Mitte und 34 kleineren Vertiefungen am Rand. Vermutlich deponierten Priester und Priesterinnen darin Getreide oder Früchte als Dank für eine gute Ernte. Neben dem Stein diente eine Schautreppe wohl als Tribüne für Zuschauer festlicher Zeremonien. Nebenan zeigen die Pfeiler in der **Pfeilerkrypta** noch eingeritzte Dreizacke, Sterne und Doppeläxte, wichtige Kultsymbole der Minoer.

Feierlichkeiten auf dem Zentralhof wohnte der Herrscher wohl in der erhöhten **Loggia** in Nordwesten bei, in der Wissenschaftler die Fundamente eines Altars und eines Throns freilegten. Man nimmt an, dass er sich zuvor in einer benachbarten kleinen Kammer ankleidete, wo Archäologen in einem Tonkrug ein Zepter mit Panterknauf, einen Dolch und ein Prunkschwert (heute im Archäologischen Museum von Iraklio, s. S. 75) fanden. Im Norden und Osten des Zentralhofs schließen sich weitere **Magazinräume** an, in denen *Pithoi* mit Öl, Wein und Honig lagerten.

Im Nordwesten legte man zudem die Überreste der sog. **Königlichen Gemächer** mit Kultbad frei, etwas abseits ein großes Handwerkerviertel, **Quartier m** genannt, mit Werkstätten von Töpfern, Siegelmachern und Bronzegießern.

i Praktische Hinweise

Hotels

*******Kalimera Kriti**, Sissi (2,5 km östlich von Malia), Tel. 28 41 06 90 00, www.kalimerakriti.gr. Große, luxuriöse Hotelanlage am Strand im Stil eines minoischen Palastes. So verteilen sich die 767 Zimmer, Suiten und Bungalows gut.

******Kernos Beach**, am Strand Richtung Stalis, Malia, Tel. 28 97 02 78 00, www.kernos-beach.com. 275 modern ausgestattete Zimmer und Bungalows in einer gepflegten Parkanlage. Direkter Strandzugang, Pools, Tennis, Minigolf.

Lassithi –
Licht und Meer in Kretas Osten

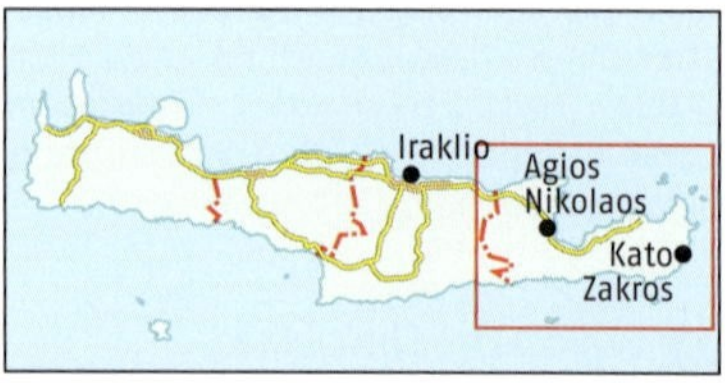

Die 1823 km² große Präfektur Lassithi im Osten von Kreta besitzt mit TOP TIPP dem **Golf von Mirabello** den landschaftlich wohl schönsten Küstenabschnitt der ganzen Insel. Hier fallen die Berge sanft ins tiefblaue Ägäische Meer ab. An ihre Hänge schmiegen sich die Häuser der attraktiven, auch bei Urlaubern beliebten Präfekturhauptstadt **Agios Nikolaos** und die mondänen Hotelanlagen von **Elounda**. Von letzteren genießt man einen herrlichen Blick auf die einstige Festungsinsel **Spinalonga-Kalidon** im Meer.

Wer Lust auf eine Landpartie hat, fährt in die **Dikti-Berge** und besucht so idyllische Dörfer wie **Kritsa**, das für seine mit Fresken ausgemalte Kirche *Panagia i Kera* bekannt ist, oder die **Lassithi-Hochebene**. Hier soll Göttervater Zeus in der Höhle **Dikteon Andron** geboren worden sein. Von der südlichsten Stadt Europas, **Ierapetra**, führen angenehme Ausflüge zum **Moni Kapsa** oder nach **Kato Zakros**. Das Städchten mit dem bedeutendsten ostkretischen Palast aus minoischer Zeit ist auch Endpunkt der beliebten Schluchtwanderung durch das **Tal der Toten**. Im Norden Lassithis ist die sympathische Kleinstadt **Sitia** ein guter Ausgangspunkt für Fahrten zum **Moni Toplou** mit seiner kostbaren Ikonensammlung, an den berühmten Palmenstrand von **Vai** oder den windumtosten, bei Surfern beliebten Kouremenos-Strand von **Palekastro**.

44 Agios Nikolaos

Lebhafte Kleinstadt mit prächtigen Ausflugsmöglichkeiten am wunderschönen Golf von Mirabello.

Malerisch erstrecken sich die weißen und pastellfarbenen Häuser und Hotels von Agios Nikolaos (11 000 Einw.) über die Hügel und entlang kleiner Badebuchten an der Westküste des **Golfs von Mirabello** (*Kolpos Mirambellou*). Zwar war der Ort schon in dorischer Zeit als Hafen **Kamara** der Stadt Lato gegründet, doch im 17. Jh. von den Türken zerstört und erst Ende des 19. Jh. wieder aufgebaut worden.

1904 wurde Agios Nikolaos Verwaltungszentrum der Region, seitdem geht es mit der Stadt beständig bergauf. Dank ihrer aussichtsreichen und sonnenverwöhnten Lage am Golf sowie den attraktiven, gut erschlossenen Stränden zählt Agios Nikolaos heute auch zu den beliebtesten **Ferienorten** Kretas.

Das Highlight der Innenstadt ist der kleine dunkelgrüne **Voulismeni-See** 1, der durch einen Kanal mit dem Meer verbunden ist und von den Fischern als

Ankerplatz für ihre bunten Boote benutzt wird. Schroffe Felsen rahmen das fast kreisrunde Gewässer im Norden und Osten. Aber im flachen Westen und im höher gelegenen Süden locken zahlreiche, abends hübsch beleuchtete Fischrestaurants, Cafés und Bars. Auf ihren Terrassen kann man Passanten aus aller Welt beobachten und den Legenden nachsinnen, die sich um den See ranken: Besitzt der aus unterirdischen Quellen gespeiste Süßwassersse wirklich keinen Grund? Ist er tatsächlich über einen unterirdischen Kanal mit der vulkanischen Kykladeninsel Santorin verbunden? Und warum konnte noch kein Taucher die Waffen und Panzer finden, welche die Deutschen am Ende des Zweiten Weltkriegs hier versenkten?

Neben der Touristinformation, nur ein paar Schritte vom See entfernt, zeigt das **Folkloremuseum** 2 (Tel. 28 41 02 50 93, Mo–Sa 10–14 und 17–19 Uhr) typisch kretische Handwerksutensilien, Haushalts- und Einrichtungsgegenstände vornehmlich aus dem 19. und frühen 20. Jh. Ein Rundgang führt durch eine gemütliche Wohnstube, ein Schlafgemach – besonders rührend ist das mit Schnitzereien verzierte Babybettchen – und eine Webstube. In Vitrinen sind Manuskripte, Drucke, Schmuck und Waffen aus verschiedenen Epochen ausgestellt. Leider lässt die Beschriftung zu wünschen übrig.

Überquert man anschließend die Brücke über den Kanal, so dass der See rechts, der Hafen für Ausflugschiffe und Fähren links liegt, kommt man zur **Odos 28 Oktovriou** 3. Sie ist die Fußgängerzone der Stadt und führt durch ein Spalier zahlreicher Mode- und Souvenirgeschäften leicht bergauf. Archäologiefans biegen bald links ab in die Odos K. Sfakianaki ab, wo sie an der Ecke zur Odos Moatsou links vom Straßenrand aus einen Blick auf die **Kamara-Ausgrabung** 4 werfen können. Auf dem überschaubaren Areal wurden die Überreste der ersten dorischen Hafensiedlung freigelegt. Interessanter ist es aber, weiter durch die Odos 28 Oktovriou zu schlendern. Mit etwas Glück zeigt die **Städtische Galerie** 5 (Odos 28 Oktovriou 8, bei Ausstellungen tgl. 11–14 und 18–21 Uhr) gerade eine Wechselausstellung. Dann kann man moderne Kunst, Fotografie oder Design in den wunderschönen, mit Lampen und Mobiliar teilweise noch original ausgestatteten Räumen der 1850 erbauten Jugendstilvilla genießen.

Süß und salzig – ein Kanal verbindet in Agios Nikolaos den Voulismeni-See mit dem Meer

Oberhalb der Einkaufsstraße, an der verkehrsumtosten Platia E. Venizelou, erhebt sich die moderne **Agia Triada** 6. Zwei niedrige Vierecktürme flankieren das Rundportal der Kirche, über dem ein Mosaik Engel und Heilige beim Mahl zeigt. Der überraschend mächtige Innenraum wurde in den 1980er-Jahren vollständig mit großfigurigen Fresken im traditionellen byzantinischen Stil ausgemalt. Vom Gotteshaus führt die breite Odos S. Venizelou hinunter zum **Ammos Beach** 7 neben dem Jachthafen. 10 Minuten Fußweg weiter östlich bietet sich auch am **Kitroplatia Beach** 8 Gelegenheit zu einem erfrischenden Bad. Beide Strände sind recht beengt, doch mit Liegen und Sonnenschirmen ausgestattet und die Wasserqualität ist trotz der innerstädtischen Lage ausgezeichnet.

Zwei weitere Sehenswürdigkeiten finden sich im Norden der Stadt. Das **Archäologische Museum** 9 (Odos Paleologou 74, Tel. 28 41 02 49 43, Di–So 8.30–15 Uhr) ergänzt das berühmte Schwestermuseum in der Inselhauptstadt Iraklio [s. S. 75]. Hier in Agios Nikolaos sind in sieben Sälen Funde aus Ostkreta zu sehen, von der neolithischen über die minoische bis hin zur griechisch-römischen Zeit. Zu den ältesten Exponaten zählen Stein- und Knochenwerkzeuge aus dem 3. Jt. v. Chr. sowie Bronzewaffen. Bedeutendstes frühminoisches Fundstück ist die ›Göttin von Myrtos‹, die 18 cm hohe Keramik einer weiblichen Figur mit winzigem Köpfchen, überlangem Hals und bauchigem Unterleib, einen Krug im Arm. Sehenswert ist ferner Goldschmuck (2300–2000 v. Chr.) aus den Gräbern von Mochlos. Idole in Menschen- und Tiergestalt, im Meeresstil verzierte Keramik und bemalte Tonsarkophage repräsentieren die mittel- und spätminoische Epoche. Gänsehaut verursacht das Skelett eines Kindes, das vor etwa 3500 Jahren bei Pressos in den nahen Bergen in einem Tonkrug bestattet wurde. Vorbei an Vitrinen mit Tierfigurinen, Münzen und Vasen gelangt man zu den Fundstücken aus griechisch-römischer Zeit, darunter Amphoren, Glaswaren, Öllampen, marmorne

Plan S. 106

Mona Lisa auf minoisch – Terrakotta-Kopf (8. Jh. v. Chr.) im Archäologischen Museum

Götterstatuen sowie ein bizarrer mit einem goldenen Lorbeerkranz geschmückter Totenschädel (1. Jh. n. Chr.), der noch eine Silbermünze für die Überfahrt ins Totenreich zwischen den lückenlos erhaltenen Zähnen trägt.

Wer sich sehr für byzantinische Gotteshäuser interessiert, kann nun noch das Hotel Minos Palace aufsuchen. Auf seinem Gelände befindet sich in einem schattigen Gärtlein die kleine Kuppelkirche **Agios Nikolaos** 10 (Schlüssel gegen Vorlage eines Ausweises an der Hotelrezeption). Apsis und Kuppel des einräumigen Bruchsteinbaus zeigen Reste floraler und geometrischer Fresken. Sie entstanden während des Ikonoklasmus' (Bilderstreit, 726–843), als sich christliche Theologen stritten, ob Heilige und biblische Gestalten figürlich dargestellt werden dürften. Im 14. Jh. wurden die Dekorationen dann mit damals üblichen Heiligendarstellungen übermalt und erst in jüngerer Zeit teilweise wieder freigelegt.

Ausflüge

An der Südküste des Golfs von Mirabello gelangt man zwischen Istro und Gournia (s. u.) über eine kurvenreiche Stichstraße bergauf zum weiß getünchten Wehrkloster **Moni Faneromenis** (meist Mo–Sa 9–13 und 17–19 Uhr). Die kleine mauerumgebene Anlage wurde im 17. Jh. in herrlicher Panoramalage über dem Meer erbaut. Vom lauschigen Innenhof führen Stufen zu einem in eine Grotte gebauten Kirchlein, das 1943 mit farbenfrohen Fresken ausgemalt wurde und eine als wundertätig verehrte Marienikone birgt.

Ein weiteres Ausflugsziel ist direkt an der Küstenstraße Richtung Sitia die Ausgrabungsstätte **Gournia** (Di–So 8.30–15 Uhr). Hier errichteten die Minoer um 1600 v. Chr. an der schmalsten Stelle Kretas eine Handelsstadt, die den Warenumschlag zwischen Nord- und Südküste kontrollierte. Nach der Naturkatastrophe von 1450 v. Chr. kehrte nur ein kleiner Teil der einstigen Einwohner in die verfallene Stadt zurück. Nur noch Mauerreste zeugen von verschachtelten Häusern und Vorratsräumen, an denen enge Gassen vorbeiführen. Auch die Statthalterresidenz ist noch zu erkennen, ebenso wie Reste eines kleinen Heiligtums

Östlich von Gournia windet sich die Straße die Hänge des *Orno Oros-Gebirges* hinauf. Dabei verläuft sie parallel zur Küste, auf die sich denn auch immer wieder herrliche Ausblicke öffnen. Nachdem man nach etwa 11 km ein Gipswerk passiert hat, führt links eine ebenfalls vielfach gewundene Straße weitere 5 km hinunter am die Küste in das Dörflein **Mochlos**

Schon das Portal der Agia Triada empfängt Besucher mit Bildern nach byzantinischer Art

(90 Einw.). Es ist aufgrund seiner überaus entspannten Atmosphäre bei ruhesuchenden Urlaubern sehr beliebt. Sie wohnen in familiären Pensionen, essen in freundlichen Tavernen am winzigen Hafen und genießen den Blick auf die schroffe, in der Abendsonne rot glühende Küstenlinie des westlichen Golfs von Mirabello und das unbewohnte Inselchen Mochlos gegenüber.

Praktische Hinweise

Information

EOT, Odos Akti Iosif Koundourou (an der Kanalbrücke), Agios Nikolaos, Tel. 28 41 02 23 57, www.aghiosnikolaos.gr

Bus

Busbahnhof für Überlandbusse, nahe dem Krankenhaus (Odos Knosou) im Nordosten der Stadt, Agios Nikolaos, Tel. 28 41 02 22 34

Fähre

Hafenamt, Agios Nikolaos, Tel. 28 41 09 01 08. Vom Fähranleger am Nordhafen fahren die Ausflugsboote nach Spinalonga ab. Verbindungen bestehen zwischen Piräus und Sitia, letztere mit Weiterreise auf den Dodekanes.

Über den aktuellen Fahrplan geben alle Reisebüros in Agios Nikolaos Auskunft.

Einkaufen

Mittwochsmarkt, Odos Ethniki Antistaseos, Agios Nikolaos. Mittwochvormittags Straßenmarkt zwischen Krankenhaus und Voulismeni-See mit Lebensmitteln, Kleidung und Krimskrams.

Café

Dodoni, Odos Paleologou 10, Agios Nikolaos, Tel. 28 41 02 58 01. Köstliche Eiscreme und das beste Schoko-Soufflé der Stadt.

Hotels

*******Iberostar Mirabello Beach**, Agios Nikolaos, Tel. 28 41 02 84 00, www.iberostar.com. Kinderfreundliche Anlage mit Bungalows und Zimmern im Haupthaus. Schöne Pools, eigener Sandstrand, großes Sportangebot, Spa.

*****Du Lac**, Odos 28 Oktovriou 17, Agios Nikolaos, Tel. 28 41 02 27 11, www.dulachotel.gr. Stadthotel mit komfortablen Zimmern, z. T. mit schönem Blick auf den Voulismeni-See.

Über Stock und Stein zu weißem Strand

Wer eine kleine Wanderung nicht scheut, findet ganz in der Nähe von Olous die ideale Stelle für ein erfrischendes Bad im Meer. Dazu folgt man zunächst der Fahrstraße am westlichen Inselufer nach Norden und biegt nach 200 m rechts ab. Nach einem knappen Kilometer durch die von dornigem Busch- und Strauchwerk (Phrygana) bewachsene Küstenlandschaft erreicht man einen Parkplatz unterhalb einer meist geschlossenen Kapelle. Hier folgt man einem von mehreren Trampelpfaden den Hügel hinunter zum **Kolokithia Beach**, einem 70 m langen Streifen feinen weißen Sandes in einer etwas größeren, ansonsten eher felsigen Bucht am kristallblauen Meer.

Touristische Infrastruktur gibt es hier nicht, aber dieses besonders schöne Fleckchen Erde ist auch den Kapitänen der Kalidon-Ausflugsboote nicht unbekannt. Sie legen auf ihrer Fahrt hier gerne einen Badestopp ein, so dass man im Zeitraum von 11–17 Uhr mit jeder Menge Mitbesucher rechnen muss.

Pleiades Luxurious Villas, Agios Nikolaos, Tel. 28 41 09 04 50, www.pleiadesvillas.com. Design-Ferienhäuser mit Pool und Meerblick. Für Selbstversorger mit gehobenen Ansprüchen.

Restaurants

Itanos, Odos Kiprou 1, Agios Nikolaos, Tel. 28 41 02 53 40. Freundliche schlichte Taverne mit Dachterrasse. Büffett mit guten günstigen kretischen Speisen.

Pelagos, Odos Koraka 10/Ecke Katehaki, Agios Nikolaos, Tel. 28 41 02 57 37, www.pelagos-restaurant.com. Exzellente Fischgerichte im stilvollen Ambiente einer klassizistischen Villa mit Garten.

45 Elounda

Von unbezahlbar bis beschaulich: Ferien am Golf von Mirabello.

Willkommen in der Welt der Reichen und Schönen! Keine andere Region Kretas weist eine so hohe Konzentration von Luxushotels (www.elounda.com) auf wie die zerklüftete Küste des Golfs von Mirabello südlich von **Elounda** (1600 Einw.). Während der 11 km langen Fahrt auf der Panoramastraße von Agios Nikolaos in den mit Tavernen und Souvenirshops gut

›Sieh', wie schön!‹ – der Golf von Mirabello trägt seinen Namen zu Recht

ausgestatteten Hafenort mit Sandstrand weisen immer wieder diskrete Schilder nach rechts zum Meer. An seiner Küste verstecken sich in kleinen Privatbuchten exklusive Unterkünfte mit Blick auf Spinalonga und Kalidon. Dabei benötigen zumindest einige der Gäste solche Hinweise sicher nicht, da sie mit dem Hubschrauber, dem Wasserflugzeug oder der Jacht anreisen.

Elounda selbst ist ein touristisch geprägter **Ferienort** mit reichlich entsprechendem Angebot von Apartmentvermietern über Juweliere und andere Luxusgeschäfte bis zu Wassersportcentern.

Vom Hafen aus kann man aber bei einem ausgedehnteren Spaziergang (ca. 3 Std. hin und zurück) oder einer Fahrradtour die durchaus sehenswerte nähere Umgebung erkunden. Der späte Nachmittag ist dafür die beste Zeit. Zunächst passiert man südlich des Bootsanlegers die Fischrestaurants mit ihren verführerischen Auslagen und erreicht schnell den Damm, der hinüber zur Halbinsel **Spinalonga** führt. Beim Überqueren bemerkt man zu beiden Seiten flache steinerne Becken im Wasser, in denen einst Meersalz gewonnen wurde. Auf der Halbinsel

Ab und zu beten Gläubige noch in der Klosterkirche von Moni Aretiou

führt der Weg über eine Bogenbrücke, vorbei an der ersten von zwei Windmühlen und nach rechts zum Restaurant Kanali (s. u.) – eine der stimmungsvollsten Adressen für einen Kaffee oder ein Essen abseits des Trubels. Wenige Meter links hinter der Taverne befinden sich ungeschützt und frei zugänglich inmitten von Feldern und Weiden Reste eines schönen **Mosaikfußbodens** (zweite Hälfte 5. Jh.), der einst eine frühchristliche Basilika zierte. Neben geometrischen und floralen Ornamenten sind einige Fische und niedliche Delfine zu erkennen.

Zurück an der Meeresküste von Spinalonga kann man im seichten Wasser zwischen Canal Bar und der kleinen Kapelle links davon nach den Ruinen der antiken Hafenstadt **Olous** Ausschau halten. Sie gilt als Vorläuferin von Elounda, wurde im 1. Jt. v. Chr. von den Dorern gegründet und versank im 4. Jh. n. Chr. im Meer. Grund dafür waren tektonische Verschiebungen, die den Westen Kretas um mehrere Meter anhoben und den Osten der Insel gleichzeitig absenkten.

Ausflüge

Beschaulicher als in Elounda geht es 5 km weiter nördlich in **Plaka** (40 Einw.) zu. Vom hiesigen Hafen fuhren einst die Versorgungsschiffe zu den Leprakranken auf Kalidon, heute bieten Fischer die kurze Überfahrt für Ausflügler an.

Zwei Kiesstrände säumen den kleinen Ort, in dem Ruhesuchende in familiären Pensionen übernachten und guten Fisch essen können.

Wer es noch einsamer mag, kann mit dem Auto weiter nach Norden fahren. Olivenhaine, Ziegenherden und Ruinen von Windmühlen prägen hier die Landschaft. Zwischen den Dörfchen Vlatos und Karidi kann man das im 17. Jh. gegründete Kloster **Moni Aretiou** (tgl. 9–13 und 17–20 Uhr) besuchen, das sich hier direkt neben der Straße hinter wehrhaften Natursteinmauern versteckt. In türkischer Zeit spielten die hiesigen Mönche eine bedeutende Rolle im kretischen Widerstand gegen die Besatzer. Heute sind die Gebäude verlassen, werden aber nach und nach restauriert bzw. unregelmäßig als stimmungsvolle Verkaufsstände für regional produzierte Weine und Olivenöl genutzt.

i Praktische Hinweise

Fähre

Hafen, Elounda. In der Saison legen alle 20 Min. Schiffe zur einstigen Lepra-Insel Spinalonga-Kalidon ab.

Outdoor

Driros Beach Watersports, im Hotel Driros Beach zwischen Elounda und Plaka, Mobil-Tel. 69 44 93 27 60, www.spinalonga-windsurf.com. Unterricht und Verleih von Equipment für Windsurfen, Wasserski, Jetski, Wakeboard, Segeln, Tauchen, Kajakfahren ...

Spinalonga-Kalidon, die einstige Lepra-Insel ist ein beliebtes Ziel von Bootsausflüglern

Einkaufen

TOP TIPP **Noa**, am Hafen, Plaka, Tel. 28 92 04 24 97. Accessoires, Mode und Töpferwaren in den Farben Grün, Blau und vor allem Türkis.

Hotels

TOP TIPP *******Domes of Elounda**, zw. Elounda und Plaka, Tel. 28 41 04 35 00, www.domesofelounda.com. Villen und Suiten in der luxuriösen Anlage sind ebenso modern wie gemütlich ausgestattet. Chefkoch ist Lefteri Lazarou, Griechenlands einziger Michelin-Stern-Träger. Privatstrand, Spa, Kinderbetreuung und diverse Sportangebote.

******Elounda Blue Bay**, zwischen Elounda und Plaka, Tel. 28 41 04 19 59, www.eloundabluebay.gr. Gepflegte Bungalow-Anlage mit Pool und schmalem Privatstrand mit Blick auf Spinalonga-Kalidon. Freundlich-engagierter Service, abends Konzerte einheimischer Musiker.

Restaurants

TOP TIPP **Kanali**, bei den Windmühlen, Spinalonga, Elounda, Tel. 28 41 04 20 75. Einsam gelegene Taverne mit köstlichen *Mezedes*. Besonders schön am Abend, wenn die Fischerboote nach dem Fang im Mondschein vorbeiziehen.

Olondi, am Hafen, Elounda, Tel. 28 41 04 10 40. Beste griechische Küche mit viel frischem Fisch, dazu zauberhafte Aussicht auf Hafen und Meer.

46 Spinalonga-Kalidon

TOP TIPP *Einstige Insel der Verbannten, bewacht von venezianischem Fort.*

Kaum ein Urlauber am Golf von Mirabello verzichtet auf einen Bootsausflug auf die ›Lepra-Insel‹ Spinalonga. Dabei handelt es sich eigentlich um das winzige Eiland Kalidon, das der Halbinsel Spinalonga [s. S. 109] im Norden vorgelagert ist.

Auf dem lediglich 200 x 400 m großen felsigen Terrain errichteten die Venezianer 1579 ein **Fort**, das die Türken erst 1715, also 45 Jahre nach dem Rest Kretas, nach einem Sieg am Verhandlungstisch in Besitz nahmen. Bald siedelten sich osmanische Fischerfamilien auf Kalidon an. Doch sie verließen ihre Häuser fluchtartig, als die kretische Regierung 1903 beschloss, alle **Leprakranken** Kretas auf dem Inselchen in Quarantäne zu versammeln. Ab 1913 lebten dort bis zu 1000 isolierten Inselbewohner in elenden Umständen. Notdürftig richteten sie Häuser her und legten Obst- und Gemüsegärten an. Ein Arzt kam nur sporadisch. Erst Ende der 1930er-Jahre besserte sich die Lage ein wenig: Die Regierung ließ eine Desinfektionskammer bauen, was Besuch vom Festland möglich machte, und richtete ein Krankenhaus ein, ab 1949 sorgte ein Stromgenerator für Elektrizität. Vier Jahre später wurde ein **Heilmittel** gegen Lepra entdeckt und 1957 die letzten Internierten auf Kalidon in die Freiheit entlassen.

Ein 1 km langer **Rundgang** um das Inselchen beginnt unterhalb der gewaltigen Südbastion der venezianischen Festung, an der das Relief des Markuslöwen an die Herkunft ihrer Erbauer erinnert. Linkerhand führt ein Tunnel zur Wohn- und Ladenstraße der einstigen Leprakolonie. Dort klären Informationstafeln und historische Fotografien über diesen Teil der Inselgeschichte auf. Rechts passiert man die kleine Kirche *Agios Pandeleimonas*, neben der ein Pfad hinauf zum *Hospital* und zur Kirche *Agios Nikolaos* führt. Links des Hauptweges gibt die *Porta Maestra*, das Haupttor aus venezianischer Zeit, den Blick auf das Meer frei.

Am steilen Felsufer entlang führt der Weg weiter zur zweischiffigen Beerdigungskapelle Agios Georgios und zu dem Friedhof, den die Leprakranken auf der venezianischen *Bastion Donato* anlegten.

i Praktische Hinweise

Ausflüge

Ausflugsboote nach Spinalonga-Kalidon legen während der Saison in den Häfen von Agios Nikolaos, Elounda und Plaka ab. Ein Anbieter ist zum Beispiel:

Nostos Tours, Odos Roussou Koundourou 30, Agios Nikolaos, Tel. 28 41 02 28 19. Einer von mehreren Anbietern informativer geführter Touren auf die Lepra-Insel Spinalonga.

Souvenirgeschäfte und Wohnhäuser sind in Kritsa gleichermaßen liebevoll geschmückt

47 Östliches Dikti-Gebirge

TOP TIPP *Kreta-Kaleidoskop: wunderbar ausgemalte Kirche, gemütliches Bergdorf und aussichtsreiche dorische Stadt.*

Abwechslungsreich präsentieren sich die Ausläufer des Dikti-Gebirges westlich von Agios Nikolaos. Als erster Besichtigungspunkt bietet sich hier die TOP TIPP Marienkirche **Panagia i Kera** (Di–So 8.30–15 Uhr) an, die sich unweit östlich von dem Ort Kritsa zwischen Olivenbäumen und Zypressen versteckt. Das gut ausgeschilderte, dreischiffige Bruchsteinkirchlein mit flacher Kuppel auf hohem Tambour wurde ab dem 13. Jh. erbaut und bis zum 15. Jh. vom Boden bis zur Decke mit Fresken ausgestattet.

Man kann sehr gut nachvollziehen, wie sich die *Malweise* über die Jahrhunderte veränderte, wenn man mit der Besichtigung im Mittelschiff beginnt: Hier finden sich die ältesten Fresken aus dem 13. Jh., die noch ganz der byzantinischen Kunstauffassung verhaftet sind. Die Figuren scheinen wie eingefroren, mit starren Gesichtern und unbeweglichen Körpern, perspektivisch nicht korrekt, die Farben wirken düster. Doch zeigen die Bilder spannende Details: Nach seiner Geburt im Stall wird der kleine Jesus erst einmal in einem Wassertrog gewaschen, beim Gastmahl des Herodes fließt der Wein in Strömen und den bethlehemitische Kindermord illustrieren brutale Szenen mit aufgespießten Kinderköpfen.

In der Apsis sind Kirchenväter in Reihe sowie Christi Himmelfahrt dargestellt. Das Südschiff wurde in der 1. Hälfte des 14. Jh. ausgemalt. Im Vergleich zu älteren Fresken wirken die Gesten und Gesichtsausdrücke der Abgebildeten viel lebendiger. Thema des Bilderzyklus' ist das Leben von Maria und ihrer Mutter, der hl. Anna. Auch hier erfreuen ikonografische Feinheiten. Wie verzweifelt erscheint etwa Josef, als er erfährt, dass Maria schwanger ist, und wie erschöpft wirkt das viel zu kleine Eselchen, das eine ernst dreinblickende Muttergottes zur Volkszählung nach Bethlehem trägt. Aus der Mitte des 14. Jh. stammen schließlich die leider nur fragmentarisch erhaltenen Fresken von Aposteln und Heiligen, Frommen und zu Höllenqualen Verdammten im nördlichen Seitenschiff. Besonders interessant ist hier die sonst seltene Abbildung des Kirchenstifters nebst Gattin und Kind.

Was vom Rathaus übrig blieb – hier diskutierte einst der Rat von Lato über Kommunalpolitik

Von der Kirche sind es nur fünf Minuten Autofahrt in das Bergdorf **Kritsa** (1600 Einw.), dessen weiße Häuser sich in 400 m Höhe an den rötlichen Felshang zu klammern scheinen. Besonders schön und daher auch viel besucht ist der obere Teil des Dorfes. Hier säumen hübsche Tavernen und Cafés, Künstlerateliers und kleine Geschäfte mit Handarbeiten und Naturprodukten (Gewürze, Honig, Olivenöl, Raki) die verkehrsberuhigte Straße hin zur modernen Pfarrkirche *Agios Georgios Charakitis*. Immer wieder laden blumengeschmückte Treppengassen zu ›Abwegen‹ und Fotostopps ein. Diese Anmut brachte auch die Filmteams ins Dorf: 1956/57 wurde hier ›Der Mann, der sterben musste‹ nach einem Roman von Nikos Kazantzakis gedreht, 1964 war er szenenweise Kulisse für den Klassiker ›Alexis Sorbas‹.

Am unteren Ortsrand von Kritsa führt eine Stichstraße 4 km nordwärts in die Berge zur Ausgrabungsstätte **Lato** (Mai–Okt. Di–So 8–20 Uhr). Dabei handelt es sich um eine im 7. Jh. v. Chr. gegründete dorische Stadt auf einem Pass. Die luftige Höhenlage mit freiem Blick auf die Küste ist typisch für dorische Siedlungen: Man konnte Feinde schon von Ferne sehen und gleichzeitig selbst nach Opfern für den nächsten Raubzug Ausschau halten.

Bei einem *Rundgang* durch Lato passiert man zunächst die Reste des Stadttors aus mächtigen Steinquadern. Eine breite Treppenstraße führt weiter nach oben, vorbei an den Grundmauern von Wohnhäuser und Werkstätten. Gut zu erkennen sind rechts vom Weg die Überreste einer Färberei mit Waschtrog und Zisterne, in der Werkstatt daneben steht noch eine Handmühle, in einer anderen ein Mörser. Oben öffnet sich die Agora mit den Ruinen eines rechteckigen Tempels, vermutlich ein Heiligtum der Göttin Leto, die der Stadt den Namen gab. Darüber hinaus sind eine große antike Zisterne und ein runder Dreschplatz aus neuerer Zeit auszumachen. Linker Hand führt eine breite Treppe hinauf zum Rathaus (*Prytaneion*).

i Praktische Hinweise

Einkaufen

Kritsa Stone/Nigel Angelo, Kritsa, Mobil-Tel. 69 48 84 27 01, www.kritsastone.com. Skulpturen aus Marmor und Bronze im Stil des 19. Jh. Auch Auftragsarbeiten.

Hotel

B&B Olive Press, Kritsa, Tel. 28 41 05 12 96, www.olivepress.centerall.com. Nette Zimmer und Apartments in einer historischen Olivenpresse im Oberdorf.

Auf der grünen Lassithi-Hochebene leben deutlich mehr Schafe und Ziegen als Menschen

48 Lassithi-Hochebene

TOP TIPP *Eine kleine Welt für sich, mit friedlichen Bauerndörfern und der sagenumwobenen Geburtshöhle des Zeus.*

Abgeschirmt von den bis zu 2148 m hoch aufragenden Gebirgsstöcken des Dikti-Gebirges liegt die Lassithi-Hochebene (*Oropedio Lessithiou*) auf 817–850 m Höhe. Hier wächst auf fruchtbarem, im Frühjahr sehr wasserreichen Schwemmland reichlich Getreide, Obst und Gemüse. Davon leben die Menschen in den immerhin 21 Dörfern des Plateaus seit Jahrhunderten – und das nicht schlecht. Mittlerweile ziehen die ländliche Idylle und Beschaulichkeit auch immer mehr Urlauber an, die die etwa 10 x 5 km große Region vor allem im Sommer mit Reisebussen oder auf eigene Faust erkunden.

Der schnellste und bequemste Weg von der Küste auf die Lassithi-Ebene führt von Malia aus auf guter Straße südwärts ins Landesinnere. Ein erster Besichtigungsstopp lohnt schon unterwegs in **Krasi**, dessen Dorfplatz die größte Platane Kretas mit einem Stammumfang von 18 m ziert.

Gern angesteuert wird auch **Moni Kera** (tgl. 8–13 und 16–20 Uhr), ein kleines Kloster, dessen Gebäude überwiegend aus dem 18. Jh. stammen. Viel älter ist allerdings die dreischiffige, aus Bruchsteinen errichtete Klosterkirche, die innen noch Fresken aus dem frühen 14. Jh. aufweist. Gut zu erkennen sind Verkündigung, Christi Geburt und Himmelfahrt. Große Verehrung genießt die in die geschnitzte Ikonostase eingefügte Marienikone, die der Legende zufolge mehrmals

Effektvoll ausgeleuchtet und gut erschlossen ist die Zeushöhle Dikteon Andron

von den Türken nach Konstantinopel entführt wurde, aber auf wundersame Weise immer wieder nach Kera zurückkehrte. Jedes Jahr am 8. September wird zu Ehren der Muttergottes ein großes Fest im Kloster veranstaltet.

Nun sind es nur noch einige Kilometer, die letzten drei ausgesprochen kurvenreich, hinauf zum **Ambelos-Pass** (900 m), von dem aus man einen ersten Blick auf die Lassithi-Ebene werfen kann. Auf der Passhöhe stehen die Ruinen alter Getreidemühlen in langer Reihe. Einst trieben Tausende von Windrädern Pumpen an, die im Sommer Grundwasser auf die Felder förderten. Längst sind sie durch Generatoren ersetzt worden.

Rund um die Lassithi-Ebene führt eine Ringstraße zu allen Sehenswürdigkeiten und Attraktionen. So weisen im Dorf *Psychro* Schilder westwärts in die Berge, hinauf zur Höhle **Dikteon Andron** (im Sommer tgl. 8–19.30, im Winter tgl. 8.30–15 Uhr). Die Stichstraße endet auf einem Parkplatz, von dem aus man zu Fuß in 15 Minuten oder schneller und teurer auf dem Rücken eines Esels, hinauf zu der Tropfsteingrotte gelangt, in der Göttervater Zeus geboren worden sein soll. Wie ein moosbewachsener Schlund tut sich der Höhleneingang im Fels auf. Beim Abstieg über rund 200 Betonstufen zum meist unter Wasser stehenden Höhlengrund passiert man eine Reihe schön geformter Stalagmiten und Stalagtiten. Votivgaben (heute im Archäologischen Museum in Iraklio, s. S. 75) beweisen, dass die Höhle von minoischer Zeit bis zum 1. Jh. n. Chr. als Kultplatz genutzt wurde.

In **Agios Georgios** ist schon das Gebäude des **Volkskundemuseums** (April–Okt. tgl. 10–16 Uhr) bemerkenswert. Aus Angst vor Türkenüberfällen verzichteten seine Erbauer im 19. Jh. auf Sonnenlicht und verzichteten auf Fenster. Öffnungen im Dach ließen zumindest ein wenig Licht und Luft ein. Der Hauptraum ist mit Original-Mobiliar ausgestattet, Steinbackofen und Webstuhl sind auch noch vorhanden. In diesem Zimmer lebte und arbeitete noch bis in die 1950er-Jahre eine ganze Familie. In Vorratskammer und Stall werden landwirtschaftliche Geräte ausgestellt. Darüber hinaus sind eine alte Schmiede mit riesigem Blasebalg sowie eine Handarbeitsausstellung zu sehen. Im Haus gegenüber stellen Fotos und Zeitungsausschnitte den Dichter Nikos Kazantzakis und den Politiker Eleftherios Venizelos vor.

Etwas oberhalb von Agios Georgios will sich der 200 ha große **Lasinthos Eco Park** (Tel. 28440 891018, www.lasinthos.gr, April–Okt. tgl. 10–18.30 Uhr) als Ökodorf mit Agrotourismus etablieren. In Schaubetrieben wird hier Landwirtschaft und Handwerk ›nach kretischer Tradition‹ betrieben. Kongresshalle, Kirche und Café gehören ebenso zum Konzept wie Restaurant mit Platz für bis zu 800 Besucher, moderne Gästeappartments und ein großer Souvenirshop.

Kurz vor dem südlichen Ortsrand von **Tzermiadon**, dem Hauptdorf der Lassithi-Hochebene, weisen Schilder ostwärts zur **Trapeza-Höhle** (auch Kronos-Höhle, *Kronion Cave*). Die nur etwa 300 m² kleine, unbeleuchtete Tropfsteinhöhle liegt etwa 90 m über dem Ort in den Bergen und wurde seit dem späten Neolithikum von

Höhlenmensch und Mondlandung

Zwischen Moni Kera und dem Ambelos-Pass machen entlang der Straße immer wieder handgeschriebene Schilder auf das **Museum der Menschheitsgeschichte/Homo Sapiens Museum** (Tel. 28970 51880, www.homo-sapiens-village.gr, Karwoche–Okt. tgl. 9–19 Uhr) aufmerksam. Bei Kilometer 45 ist es schließlich erreicht, deutlich zu erkennen an den weißen Windmühlen, die über dem großen Museumsparkplatz aufragen. Von hier aus hat man einen wundervollen Blick über das von Schluchten zerfurchte Küstengebirge.

Dann aber geht es durch einen steinernen Gang zur Museumskasse, hinter der eine überaus skurrile Ausstellung wartet. Sie genügt keineswegs wissenschaftlichen Ansprüchen, präsentiert aber auf unterhaltsame Weise nachgebaute Behausungen von Höhlenmenschen und frühzeitlichen Jägern und Sammlern, einen griechischen Tempel mit Plastikgöttern oder eine Kapelle mit Mönchschor vom Tonband. Nur noch ein kleiner Schritt scheint es dem gewitzten Museumsgründer Georgios Petrakis von hier zur Erforschung des Weltalls, und er setzt im Folgenden der Hündin Laika ebenso ein Denkmal wie Jurij Gagarin, Neil Armstrong und allgemein ›den für die Wissenschaft gestorbenen Astronauten‹.

Menschen als Kult- und Begräbnisstätte genutzt. Hier oben ist es meist recht ruhig, lebhafter geht es in Tzermiadon selbst zu, dessen Ortsbild Andenkenläden, Tavernen und Cafés dominieren.

i Praktische Hinweise

Unterkunft

Pensionen, die einfache günstige Zimmer vermieten, finden sich reichlich in Tzermiadon und Agios Georgios.

Restaurant

Rea, Agios Georgios, Tel. 28 44 03 17 74. Schmackhafte kretische Küche in gemütlicher Atmosphäre. Auch einfache Gästezimmer.

49 Ierapetra

Lange Kiesstrände ziehen jeden Sommer zahlreiche Badeurlauber in die südlichste Stadt Europas.

Ierapetra (12 000 Einw.) liegt in einer weiten **Küstenebene** in Kretas Süden am Libyschen Meer. Die Einwohner der südlichsten Stadt Europas leben vom Anbau von Obst und Gemüse, das reichlich im fruchtbaren Umland und Hunderten von Gewächshäusern gedeiht. Entlang des Stadtstrandes und der sich anschließend über mehrere Kilometer gen Osten hinziehenden Kiesbuchten findet sich eine große Auswahl an **Ferienhotels**.

In minoischer Zeit beherrschte der Hafen **Hierapytna** die Region. Er blieb trotz wirtschaftlicher Rückschläge nach der römischen Eroberung im Jahr 67 v. Chr. ein bedeutender Handelsknotenpunkt, bis Araber ihn im 9. Jh. zerstörten. Neuerlichen Aufschwung und den heutigen Namen verdankt Ierapetra dann den Aufbauarbeiten der Venezianer im 13. Jh. Allerdings finden sich nur noch wenige Relikte aus der Vergangenheit in der geschäftigen, vornehmlich von modernen Bauten geprägten Stadt.

Ein Rundgang beginnt am besten beim **Archäologischen Museum** (Platia Kanoupaki, Di–So 8.30–15 Uhr), das in einem 1899 erbauten Schulgebäude untergebracht ist. In seinen drei Räumen sind minoische Töpferwaren, Keramik und Kleinplastiken zu sehen. Aus der Zeit um 1000 v. Chr. stammt ein Tonsarkophag, den ausdrucksstarke abstrahierte Zeichnungen von Tieren, Menschen und sogar einem Wagenrennen schmücken. Im Mittelpunkt des letzten Raumes steht eine 1,50 m hohe Persephone-Statue aus dem 2. Jh. n. Chr. Der griechischen Mythologie nach musste die Tochter des Zeus und der Demeter die Hälfte des Jahres bei ihrem Gatten Hades in der Unterwelt verbringen. Dieser Umstand wird von den Schlangen, die sich um das Haupt der Skulptur winden, versinnbildlicht. Den Sommer aber verbrachte sie bei ihrer Mutter, der Erdgöttin, die vor lauter Glück den Menschen reiche Ernten bescherte, symbolisiert durch die Ären in Persephones Hand.

Parallel zum langen **Stadtstrand** von Ierapetra verläuft die freundliche, von zahlreichen Tavernen und Bars gesäumte Uferpromenade. In ihrem Westen macht ein Wegweiser auf **Napoleon's House** in einer schmalen Altstadtgasse (Nr. 9) aufmerksam. Das zweistöckige, sandfarbene Gebäude mit niedrigem Holzportal ist verschlossenen und deshalb nur von außen zu besichtigen. Interessanter als das Haus ist die Geschichte, dass Napoleon Bonaparte auf seinem Kriegszug nach Ägypten 1798 in Ierapetra vor Anker gegangen und hier übernachtet haben soll. Erst am nächsten Morgen erfuhr sein Gastgeber dank eines Notizzettels auf dem Kopfkissen, den der Kaiser zurückgelassen hatte, welche Berühmtheit er beherbergt hatte.

Zurück am Meer sind es nur noch wenige Schritte bis zum genuesisch-venezianischen **Kastell** (Di–So 8.30–15 Uhr, unregelmäßig auch bis Sonnenuntergang) am Fischerei- und Jachthafen. Es wurde ab dem 14. Jh. auf rechteckigem Grundriss errichtet. Hinter seinen hohen, im 17. Jh. erweiterten Mauern verbirgt sich ein unspektakulärer Innenhof, von dem Treppen zum Wehrgang hinaufführen.

Atmosphärereicher ist da schon ein Spaziergang durch die verwinkelten Gassen des benachbarten alten türkischen Viertels. Dabei kann man einen Blick auf die osmanische **Moschee** (Ende 19. Jh., nicht allgemein zugänglich) mit Minarett und elegantem Brunnenhaus im Hof werfen.

Ausflüge

Im Sommer fahren täglich Ausflugsboote vom Hafen aus zur kleinen unbewohnten Insel **Chrisi** (auch Gaidouronisi), die ca. 15 km südlich von Ierapetra im kristallklaren Meer liegt. Hauptanziehungspunkt auf dem naturgeschützten, 5 km langen und 1,5 km breiten Eiland ist der fantasti-

sche Sandstrand *Golden Beach* (Taverne, Liegestühle und Sonnenschirme) an der Nordküste. Man erreicht ihn vom Bootsanleger aus nach einem kurzen Fußmarsch durch ein Wäldchen mit windgebeugten, zum Teil über 300 Jahre alten Wacholderbäumen.

14 km westlich von Ierapetra ist das kleine Küstendorf **Mirtos** (430 Einw.) Anziehungspunkt für Individualreisende. Zentrum des hiesigen Urlaubslebens ist ein gepflegter, mitunter windgepeitschter *Kiesstrand*, den nette Lokale begleiten. Im kleinen *Dorfmuseum* (Tel. 28 42 05 41 43, im Sommer Mo/Di, Do/Fr 10–14, Mi 17–20 Uhr) am Kirchplatz kann man sich landwirtschaftliches Gerät sowie archäologische Fundstücke aus der Gegend ansehen. Unter den präsentierten Objekten sind minoische Tongefäße und eine antike Statuette der Aphrodite. Lust auf eine Entdeckungstour macht das detailfreudiges Grabungsmodell der minoischen Siedlung *Fournou-Korifi*, die im 3. Jt. v. Chr. bestand. Gerne erklärt das engagierte Museumspersonal interessierten Besuchern den komplizierten Weg zu diesem Ausgrabungsgelände unweit östlich von Mirtos.

i Praktische Hinweise

Information

Info-Kiosk, Hafen, Ierapetra, Tel. 28 42 09 00 00, www.ierapetra.gr

Zwischen Kirchturm und Kastell liegen im Hafen von Ierapetra die Fischerboote am Kai

Ausflüge

Ausflugsboote zur Insel Chrisi, im Sommer tgl. ab dem Hafen, Ierapetra.

Nautilos Yacht Rentals, Ierapetra, Tel. 28 42 08 99 86, www.ierapetra.net/nautilos. Jachtcharter, etwa für Inselhüpfen.

Hotels

*****Kakkos Bay**, Ferma (10 km östlich von Ierapetra), Tel. 28 42 06 12 41, www.kakkosbay.com. Familiengeführtes Hotel mit großen Zimmern und Bungalows. Feinkiesiger Strand, Pool und Taverne.

****Cretan Villa**, Lakerda 16, Ierapetra, Tel. 28 42 02 85 22, www.cretan-villa.com. Neun geräumige, komfortable Zimmer in restauriertem Stadthaus des 18. Jh.

Restaurants

Ca'Nova, Uferpromenade, Mirtos, Tel. 28 42 05 13 21. Italienische und internationale Gerichte, z. B. gute Holzofenpizza.

Napoleon, an der Promenade, Ierapetra, Tel. 28 42 02 24 10. Frischer Fisch und schmackhafte *Mezedes* mit Meerblick.

Nachtleben

Bars und **Diskotheken**, Odos Kyrva (parallel zur Uferpromenade), Ierapetra. Lokale Ausgehmeile für junge Kreter.

50 Ormos Makrigialos und Chandras-Hochebene

Von wildromantisch bis sultaninensüß – abwechsungsreiche Fahrt durch den einsamen Südosten Kretas.

24 km östlich von Ierapetra gab das Fischerdorf **Makrigialos** der länglichen Bucht vor seiner Haustür den Namen. Ein flach ins Meer abfallender Sandstrand und mehrere gemütliche Tavernen machen den ruhigen Ort auch für Urlauber mit kleinen Kindern attraktiv.

Abwechslung vom Strandleben bietet ein Bootsausflug (Juni–Okt. tgl., Hinfahrt 10 Uhr, Rückfahrt 17 Uhr) auf die heute unbewohnte, schattenlose Insel **Koufonisi**, die 18 km südöstlich von Makrigialos im Meer liegt. Hier züchteten die Römer Purpurschnecken, aus denen sie den kostbaren tiefroten Farbstoff für die kaiserlichen Gewänder sowie für Senatoren- und Magistratsstreifen gewannen. Noch heute häufen sich am weißen Sandstrand Abertausende leerer Schneckenhäuser. Inseleinwärts kann man noch die Ruinen einer römischen Siedlung samt Theater entdecken.

Auf der Weiterfahrt durch den rauen, stellenweise sogar wilden Südosten Kretas dominieren rotbraune, schroffe Klippen, spärliche Phrygana und tiefblaues Meer die Küstenlandschaft. Dramatischer Höhepunkt ist etwa 7 km östlich von Makrigialos die tief in die Felsen eingeschnittene **Perifolakia-Schlucht**. Trittsichere und mit gutem Schuhwerk, Sonnenschutz und Proviant ausgerüstete Wanderer können durch sie von der Küste in 3 Std. aufwärts in das Dörfchen Perifolakia steigen. Lediglich der obere Teil der Tour verlangt ein wenig Klettern (Rückweg etwa 2 Std.).

Am unteren Ausgang der Schlucht, zum Meer hin heben sich die weißen kubischen Gebäude von **Moni Kapsa** (tgl. 6.30–12.30 und 15.30–19 Uhr) lebhaft von der roten Felswand ab. Das Johannes dem Täufer geweihte Kloster wurde wohl im 15. Jh. gegründet, nach mehreren Türkenüberfällen im 17. Jh. verlassen, dann aber 1861–63 von dem als Ortsheiligen verehrten Wunderheiler *Jerontojannis* restauriert. Durch das Klosterportal gelangt man in einen von Weinreben beschatteten Hof, in dem ein Brunnen plätschert und Bänke zur Rast einladen. Stufen führen hinauf zu einer kleinen, mit einem hübschen geometrisch-floralen Kieselsteinmosaik belegten Terrasse. Auf Nachfrage schließt ein Mönch das Renaissanceportal zur zweischiffigen Klosterkirche auf. In ihrem düsteren Inneren haben Gläubige die älteste Ikone in der Ikonostase, die Darstellung der Enthauptung Johannes' des Täufers (15. Jh.), mit zahlreichen Votivtäfelchen behängt. Über schmale Felsstufen und durch ein ebensolches Tor (Riegel einfach zurückschieben) kann man zuletzt noch zu einer Eremitenhöhle über dem Kloster steigen, in der schon mehrere Einsiedler lebten, zuletzt besagter Jerontojannis.

In der kleinen Siedlung **Goudournas** kann man nochmals einen Badestopp am schönen Sandstrand mit Blick auf die Insel Koufonisi einlegen, bevor man der Straße in die Berge folgt. In herrlicher Einsamkeit windet sich das Asphaltband hier kontinuierlich aufwärts. Wer Zeit hat, sollte kurz vor dem hübschen Bergdorf Ziros nach Südosten wieder Richtung Meer abzweigen. Dieser Weg führt über eine wildromantische, von Thymianblüten lila gefärbte Hochebene und schließlich, gespickt mit grandiosen Ausblicken auf die weite *Bucht von Ambelos*, in unzähligen Serpentinen hinunter ans Meer nach **Xerokambos**. Die Streusiedlung verfügt über einen langen Sandstrand sowie viele durch niedrige Felsen begrenzte Badebuchten, die zum Bad im glasklaren, warmen Wasser des Libyschen Meers einladen. Einige wenige, eher schlichte Pensionen und Tavernen ermöglichen Ruhesuchenden auch einen längeren Aufenthalt.

Ins Landesinnere zurückgekehrt, bietet sich bei **Ziros** ein ganz anderes Kreta-Bild. Das hübsche Dorf mit seinen weißen und pastellfarbenen Häusern liegt inmitten von satt-grünen Weingärten auf der Hochebene von Chandras. Dieses sonnenverwöhnte Plateau auf bis zu 600 m Höhe ist bekannt für seine Sultaninen. Dazu werden hier im August allenthalben Trauben zum Trocknen ausgebreitet. 1 km nordöstlich des namengebenden Dorfes **Chandras** im Süden der Hochebene kann man zuletzt noch einen Blick auf die Ruinen des verlassenen mittelalterlichen Dorfes **Voila** werfen, das sich pittoresk zu Füßen eines felsigen Hügels erstreckt. Markantestes Bauwerk ist der wehrhafte Wohnturm (15. Jh.) einer venezianischen Adelsfamilie, dessen Eingang mit ornamentalen Steinmetzarbeiten sowie den eingemeißelten Symbolen Axt und Zypresse verziert ist.

Einen Abstecher wert ist der etwas abgelegene Strand von Xerokambos an der Ostküste

Wer die Fahrt in den wildromantischen Südosten Kretas als **Rundtour** geplant hat, kann abschließend über die gut ausgebaute Verbindungsstraße zwischen Sitia und Ierapetra an die Südküste zurückkehren.

i Praktische Hinweise

Unterkunft

Aspros Potamos, Pefki (oberhalb von Makrigialos), Tel. 28 43 05 16 94, www.asprospotamos.com. Elf am Hang übereinander gestaffelte Steinhäuschen, die einst den Ziegenhirten von Pefki als Sommerquartier in den Bergen dienten. Heute sind die einfachen Unterkünfte renoviert, besitzen Bäder und Strom für den Kühlschrank, doch für Beleuchtung sorgen weiterhin Kerzen und Öllampen.

Restaurants

Porphyra, gegenüber Sunwing Kreta Hotel, Makrigialos, Tel. 28 43 05 11 25, http://porphyrarestaurant.blogspot.com. Zu den Spezialitäten des Restaurants gehören saftiges Grillfleisch, Fisch- und Pastagerichte. Darüber hinaus gibt es eine ausgezeichnete Weinkarte.

Spilia Tou Drakou, auf halbem Weg zwischen Makrigialos und Moni Kapsa (ausgeschildert), Tel. 28 43 05 14 94. Gute kretische Küche, auch Fleisch vom offenen Grill, mit herrlichem Blick auf die Küste.

51 Sitia

Sympathische Kleinstadt in Kretas Nordosten mit schöner Hafenpromenade und zwei interessanten Museen.

In einer weit geschwungenen, nach Osten hin von einem langen **Sandstrand** gesäumten Bucht staffeln sich die weißen und pastellfarbenen Häuser von Sitia (8200 Einw.) an einen niedrigen Hügel. Die Bewohner des angenehmen **Hafenstädtchens** leben vor allem von Landwirtschaft und Handel. Tourismus spielt eine untergeordnete Rolle, auch weil der kleine Regionalflughafen auf einer Halbinsel nördlich der Stadt noch nicht von ausländischen Fluggesellschaften angesteuert wird.

Die Einwohner von Sitia nehmen es gelassen, umso gemütlicher geht es in ihrem Städtchen zu. Es war in byzantinischer Zeit sogar Bischofssitz, besaß einen geschäftigen Hafen. Die Venezianern wollten es gar zu einer großen Küstenfestung ausbauen. Die streng im rechten Winkel zueinander verlaufenden Gassen stammen noch aus dieser Zeit. Doch im Jahr 1508 machte ein Erdbeben die stolzen Pläne zunichte. Im 17. Jh. taten Überfälle der Osmanen ein Übriges, sodass Si-

tia verlassen und erst ab 1870 wieder besiedelt wurde.

Den besten Blick über Sitia genießt man vom kleinen venezianischen **Kastell Kasarma** (während der Saison meist vormittags geöffnet), das inmitten der Stadt auf einer Anhöhe im Norden über der Bucht thront. Der schmucklose Innenhof der Festung wird im Sommer für Theateraufführungen und Konzerte genutzt. Von hier aus steigt man durch Treppengassen hinunter zum sehenswerten **Folkloremuseum** (Odos Kapetan Sifinos, Juli/Aug. Mo–Sa 9.30–13.30 Uhr), das in einem schmucken Stadthaus aus dem 19. Jh. untergebracht ist. Auch die Exponate stammen aus dieser Zeit: Eine Dorfküche ist zu sehen, ein bäuerliches Schlafzimmer, eine Raki-Destille, Schulmaterialien, Musikinstrumente, Seidenkokon-Stickereien, Webarbeiten und die Utensilien von Schustern, Tischlern und Sattelmachern. Im 1. Stock gewährt ein elegant möblierter Raum Einblick in die vornehme bürgerliche Welt des 19. Jh.

Nur wenige Schritte sind es vom Museum hinunter zur Promenade, die im Norden vom großen Fähranleger begrenzt wird. Südlich davon ankern kleine Jachten und Fischerboote im großen von Tavernen und Cafés gesäumten **Hafen**. Besonders an lauen Sommerabenden, wenn Live-Musik gespielt wird und die Einheimischen mit der ganzen Familie entlang des Hafenbeckens flanieren, kann man hier Stunden mit Beobachten verbringen.

Noch weiter im Süden grenzt zwischen zwei langen Molen die **Platia Politechniou** an den Hafen. Auf dem länglichen Platz zieht die Statue des Dichters *Vitzentzos Kornaros* (ca. 1553–1613) den Blick auf sich. Der berühmteste Sohn Sitias schuf mit dem ›Erotokritos‹, einem Versepos um das höfische Leben, das Hauptwerk der Kretischen Renaissance.

Geht man von hier aus die große Odos Eleftheriou Venizelou landeinwärts, gelangt man geradewegs zum **Archäologischen Museum** (Tel. 28 43 02 39 17, Di–So 8.30–15 Uhr), das chronologisch geordnet Funde aus Ostkreta von der minoischen bis zur römischen Zeit präsentiert. Zu den Exponaten gehören Tafeln mit Linear-A-Schrift aus Kato Zakros, Tonstatuetten im dädalischen Stil aus der Bucht von Sitia und Amphoren aus einem versunkenen römischen Schiff. Das Highlight der Ausstellung gleich zu Anfang des Rundgangs ist eine in Palekastro gefundene 50 cm hohe Jünglingsstatuette (15. Jh. v. Chr.) aus minoischer Zeit. Die filigrane Figur – sogar Fingernägel und einzelne Muskeln an Armen und Beinen sind gut zu erken-

Vom Hafen aus gesehen fällt das Kastell Kasarma im Stadtbild von Sitia kaum auf

nen – wurde aus einem Flusspferdhauer geschnitzt, sie trägt filigrane goldene Sandalen, in ihren Augen glänzten einst Bergkristalle. Experten vermuten, dass es sich dabei um die Darstellung des jugendlichen Zeus handelt.

i Praktische Hinweise

Information

Info-Kiosk, Odos Karamanli, südlich der Platia Politechniou am Hafenbecken, Sitia, Tel. 28 41 02 42 00, www.sitia.gr

Flughafen

Sitia Municipal Airport (JSH), gut 1 km nördlich der Stadt, Sitia, Tel. 28 43 02 44 24, www.hcaa-eleng.gr/sitia.htm. Nur innergriechischer Flugverkehr.

Fähre

Hafenamt, Sitia, Tel. 28 43 02 23 10. Im Sommer regelmäßig Fährverbindungen zu den Inseln des Dodekanes sowie nach Piräus.

Einkaufen

Union of Agricultural Cooperatives, Odos Misonos 74, Sitia, Tel. 284 32 22 11, www.sitiacoop.gr. Verköstigung und Verkauf von regionalen Produkten, etwa preisgekröntes Olivenöl, Raki und Weine.

Hotels

*****Sitia Beach** Resort & Spa, Odos Karamanli, Sitia, Tel. 28 43 02 88 21, www.sitiabeach.com. 161 komfortable Zimmer und Suiten, mehrere Restaurants und Bars. Drei Süßwasserpools und Kinderbecken, Spa-Bereich, Tennisplatz und Volleyballfeld. Durch die Küstenstraße vom Sandstrand Sitias getrennt.

Villa Petra, südöstlich der Innenstadt, Sitia, Tel 28 10 28 34 93, fraga@hotmailcom.gr. Großzügiges, komplett ausgestattetes Ferienhaus (bis 5 Personen), nur wenige Meter vom schönen Naturstrand.

Restaurants

Balcony, Odos Fountalidou 19, Sitia, Tel. 28 43 02 50 84, www.balcony-restaurant.com. Traditionelle kretische Gerichte wie Zicklein in Zitronensoße, aber auch Experimentelles mit exotischen Noten wie ›Vegetarische Überraschung mit Majoran und Oregano‹ im ersten Stock eines neoklassizistischen Stadthauses.

Meraki, Odos El. Venizelou 151, Sitia, Tel. 28 43 02 34 60. Urige Taverne am Hafen, in der sich auch Einheimische leckere *Mezedes* schmecken lassen.

52 Moni Toplou

TOP TIPP *Hinter den wehrhaften Mauern des wohlhabenden Klosters verbergen sich einzigartige Kunstschätze.*

Auf einer kargen Hochebene 10 km östlich von Sitia trotzt das wehrhafte **Mönchskloster** Moni Toplou (Tel. 28 43 06 12 26, tgl. 9–18, Museum April–Okt. tgl. 9–18 Uhr) seit seiner Gründung im 14. Jh. dem Zahn der Zeit. Von außen ahnt man angesichts der hohen fenster- und schmucklosen Mauern nicht, dass es sich bei Toplou um eines der reichsten Klöster Griechenlands handelt. Es besitzt weite Ländereien, die es teils auch für umstrittene Bauprojekte wie etwa eine riesige Hotelanlage am Kap Sidero, verpachtet, produziert aber auch hervorragendes Olivenöl und Weine nach Bio-Standard.

Wohlstand lockt immer auch zwielichtige Gestalten an. Dickes Mauerwerk, Pechnasen, eiserne Türen und allerlei Fernwaffen sollten in den vergangenen Jahrhunderten die Mönche vor **Überfäl-**

len schützen. Der türkische Begriff *Top* für ›Kanone‹ ersetzte schließlich sogar den ursprünglichen Namen *Moni Panagia Akrotiriani*, Kloster der Muttergottes vom Kap. Trotzdem wurde das Kloster von Piraten (1498), Malteserrittern (1530) und Türken (1646 und 1821) gestürmt und ausgeraubt. Im Zweiten Weltkrieg richteten die Deutschen den damaligen Abt Silingakis hin, da er kretischen Widerstandskämpfern Zuflucht gewährt und ihnen erlaubt hatte, im Kloster eine Funkstation zu betreiben.

Vom Besucherparkplatz führt der Weg vorbei an einer Windmühle und durch das große Haupttor in den äußeren Klosterhof, um den die Mönchszellen angeordnet sind. Durch ein weiteres Tor unter dem hohen venezianischen Glockenturm gelangt man in einen ausgesprochen hübschen mit Kieselsteinen gepflasterten und mit Blumen geschmückten Innenhof. Mit Brunnen, Treppchen und dreistöckigen Arkaden mutet er geradezu romantisch an.

Mitten im Hof erhebt sich die **Kirche**, neben deren Portal links eine antike Marmortafel (2. Jh. v. Chr.) ins Mauerwerk eingelassen ist. Es handelt sich dabei um einen in Stein gemeißelten Vertrag zwischen den griechischen Städten Hierapytna (Ierapetra) und Itanos. Das Innere des kleinen zweischiffigen Gotteshauses gleicht einem Museum, voll von liturgischen Geräten, Gewändern und Inkunabeln. Vor allem aber ziehen an den Wänden und in der Ikonostase die kostbaren Ikonen aus dem 15.–18. Jh. die Blicke auf sich. Stunden könnte man damit zubringen, die biblischen Geschichten allein auf der detailfreudig gemalten Ikone **Groß bist Du, Herr** (1770) von Joannis Kornaros zu identifizieren: Adam und Eva im Paradies, Kain und Abel, Noah im Fisch, Jesu Geburt, Maria als Himmelskönigin, Christus in der Vorhölle u. v. m.

Im Gebäude links neben der Kirche ist eine **Ausstellung** von Kupferstichen mit religiösen Motiven und Abbildungen diverser weiterer Klöster zu sehen. Diese waren im 18./19. Jh. ein beliebtes Andenken an Pilgerreisen. Ein kleiner Raum birgt Relikte aus dem Freiheitskrieg 1821 und dem Zweiten Weltkrieg, darunter Waffen und Soldatenhelme.

i Praktische Hinweise

Einkaufen

Klostershop, im ersten Torbogen des Innenhofs, Moni Toplou. Wein, Raki und Öl aus klostereigener Produktion, Ikonen, Kunstdrucke, Bücher zu Sehenswürdigkeiten, Geschichte und Natur Kretas.

Dattelpalmen sind das auf Kreta ungewöhnliche Wahrzeichen des Sandstrandes von Vai

53 Vai und Itanos

Karibischer Traumstrand unter Palmen und eine archäologische Stätte im äußersten Nordosten Kretas.

Der **Palmenstrand** von Vai ist berühmt. Täglich reisen Neugierige in Bussen und Mietwagen an, um das auf Kreta einzigartige Naturphänomen zu bestaunen: einen 32 ha großen Palmenhain, der sich zwischen Straße und rötlichen Felsen bis zum Meer erstreckt. Zugänglich ist aber nur ein kleiner Bereich direkt am schönen feinen hellen **Sandstrand** (Schirm- und Liegenverleih, Tavernen), an dem es im Sommer denn auch sehr eng und trubelig werden kann.

Niemand weiß genau, woher die imposanten, oft mehrstämmigen Palmen stammen. Gern wird erzählt, dass phönizische Händler – wahlweise Sarazenen oder aus Ägypten zurückgekehrte römische Legionäre – hier Dattelkerne ausgespuckt hätten, alles Weitere habe anschließend die Natur bewerkstelligt. Das kann aber nicht sein, denn die Palmenart **Phoenix theophrasti** gibt es nur auf Kreta und ihre Früchte sind für Menschen ungenießbar. Außerdem ist anzunehmen, dass diese Bäume in minoischer Zeit auf der ganzen Insel wuchsen, denn ihre Darstellung ziert so manches Tongefäß aus jenen Tagen.

Ruhiger als in Vai, wenn auch nicht wirklich einsam, geht es 2 km weiter nördlich an den von Felsen umrahmten **Sand-Kies-Buchten** von Itanos zu. Hier kann man im glasklaren Meerwasser leicht Stunden mit Plantschen und Schnorcheln verbringen. Als Kontrastprogramm bietet sich an, neben dem Parkplatz die Überreste der **antiken Hafenstadt** Itanos (jederzeit zugänglich) zu durchstreifen. Der Ort war wohl schon in minoischer Zeit besiedelt und wurde erst von den Venezianern endgültig aufgegeben. Erkennbar sind noch Ruinen der dorischen Stadtmauer, Fundamente und Säulenreste einer frühchristlichen Basilika sowie zwei runde Dreschplätze.

i Praktische Hinweise

Outdoor

Water Sports Natura, Vai Beach, Tel. 28 43 06 13 32. Verleih von Surfbrettern und Tretbooten. Bootsausflüge samt Wasserski, Jetski oder Bananenboot fahren sind ebenfalls im Angebot.

Ausgerechnet Bananen verkauft dieser griechische Händler am Palmenstrand in Vai

54 Palekastro

Ländliche Ruhe, rasante Wellenritte und die Fundstätte des berühmten jugendlichen Zeus.

Palekastro (1000 Einw.) lockt Individualreisende und Tagesbesucher gleichermaßen mit seiner gemütlichen Atmosphäre sowie drei **Stränden** und einer **Ausgrabungsstätte** in unmittelbarer Nähe. Einzige Sehenswürdigkeit direkt im Dorfzentrum ist das **Folkloremuseum** (Tel. 28 43 06 15 46, Juni–Sept- Di–So 10–13.30 und 18–21 Uhr), untergebracht in einem schön restaurierten Bruchsteinhaus unterhalb der Platia. Hier gibt es ein bäuerliches Schlafgemach und eine voll ausgestattete Küche, Trachten und landwirtschaftliches Gerät, Vorratskrüge und einen alten Webstuhl zu sehen.

Durch ausgedehnte Olivenhaine und teilweise über Schotterpisten gelangt man zu den attraktiven, wenngleich oft steindurchsetzten Stränden östlich von Palekastro: **Maridati** ist ein ruhiger, von Felsen gerahmter Sand-Kiesstrand auf halber Strecke nach Vai.

TOP TIPP Der 2 km lange, von Tamarisken gesäumte Sandstrand **Kouremenos** am kleinen gleichnamigen Fischerhafen gilt als das Dorado für *Windsurfer* auf Kreta. In den Sommermonaten bläst hier der Nordwind Meltemi und garantiert rasante Wellenritte vor der Kulisse roter Klippen. Südöstlich, von Kouremenos allerdings durch den markanten Tafelberg *Kastri* getrennt, erstreckt sich die ruhige Sandbucht von **Chiona**, an der ausgezeichnete Fischtavernen zum Essen einladen.

Gleich hinter dem Strand von Chiona befindet sich das Ausgrabungsgelände **Roussolakos** (meist zugänglich). Archäologen legen hier die nach Knossos wohl größte Siedlung der Minoer auf Kreta frei, eine 1350–1200 v.Chr. blühende Hafenstadt, die durch den Handel mit Ägypten und Phönizien reich geworden war.

Bei einem Rundgang über das Gelände kann man noch gut gepflasterte Straßen, Gassen, Treppen und die Grundmauern von einst bis zu drei Stockwerke hohen Wohnhäusern erkennen. Sogar eine Kanalisation gab es hier damals schon. In einem strandnahen Gräberfeld war 1988 die berühmte Elfenbeinstatue des jugendlichen Zeus (heute Archäologisches Museum von Sitia, s. S. 120) gefunden worden.

TOP TIPP

Freizeitvergnügen im Tal der Toten

Am Dorfplatz von Ano Zakros (750 Einw.), dem Oberdorf, beginnt die einfache, wegen der landschaftlichen Kontraste zwischen pflanzenreichem Bachbett und schroffen Felswänden aber grandiose **Schlucht-Wanderung** (2½ Std. einfach, April–Nov. begehbar, mit roten Punkten, E4-Tafeln und Wegweisern gekennzeichnet, feste Schuhe, Proviant, Sonnenschutz und Badesachen empfehlenswert). Zunächst führt ein asphaltierter Weg rechts an der Kirche vorbei zum südöstlichen Ortsausgang. Dem Bach *Zakros* folgend geht es nun weiter abwärts durch den üppig von Ginster, Oleander und Platanen bewachsenen Canyon, rechts und links ragen rötlich-violette Felswände bis zu 300 m empor. Darin sind unterschiedlich große **Höhlen** gut zu erkennen, in denen einst die Minoer ihre Toten bestatteten. Allerdings wurden diese letzten Ruhestätten noch in antiker Zeit von Grabräubern geplündert. Nach gut 2 Std. Wanderung ist das **fruchtbare Tal** von Kato Zakros mit Bananen- und Zitrusplantagen, minoischer Palastanlage und dem schönen, von Tavernen gesäumten Kiesstrand erreicht. Im Sommer kann man mit dem Linienbus nach Zakros zurückfahren (Zeiten vorher in Zakros erfragen). Auch in den Tavernen wird Transferservice angeboten.

i Praktische Hinweise

Information

Info-Büro, an der Durchgangsstraße nahe der Platia, Palekastro, Tel. 28 43 06 13 05, www.palaikastro.com

Outdoor

Freak Surf Station, Kouremenos-Strand, Palekastro, Mobil-Tel. 69 79 25 38 61 (im Sommer), www.freak-surf.com. Unterricht, Verleih und Verkauf von Ausrüstung. Im Sommer auch Yoga am Strand.

Unterkunft

Privatunterkünfte finden sich reichlich in Palekastro sowie an den Stränden, z. B.

Pegasus Rent Rooms, Chiona-Strand, Palekastro, Tel. 28 43 06 11 14. Sieben einladende Zimmer und zwei Apartments. Restaurant im familiengeführten Haus.

Restaurant

I Chiona, Chiona-Strand, Palekastro, Tel. 28 43 06 12 28. Köstlicher fangfrischer Fisch, Terrasse direkt am Meer.

Taverna Maridati, Maridati-Strand, Palekastro, www.maridati.sitia-creta.org. Ideal: kretische Küche am Meer. Auch Vermietung von Ferienwohnungen.

55 Kato Zakros

Winziger Badeort und große minoische Palastanlage beim Tal der Toten.

Wer Ruhe sucht und für sein Glück nichts weiter benötigt als einen langen, von gemütlichen Tavernen und netten Privatunterkünften gesäumten **Kiesstrand**, der ist in der weiten Bucht von Kato Zakros (80 Einw.) genau richtig. Denn genau das gibt es hier – und nicht viel mehr.

Sollte man Lust auf Abwechslung verspüren, kann man das **Tal der Toten** (s. Kasten) aufwärts wandern oder die Ruinen des **minoischen Palastes** (zwischen Schlucht und Strand, Tel. 28 43 02 68 97, Mai–Okt. tgl. 8–20, Nov.–April 8–15 Uhr) besichtigen, eines der großen auf Kreta. Seine Glanzzeit lag um 1600–1450 v.Chr., als der Seehandel mit Kleinasien und Nordafrika florierte und die hiesigen Kunsthandwerker importiertes Bergkristall und Elfenbein bearbeiteten.

Bei einem **Rundgang** über das Gelände mit seinen oft noch knie- bis schulterhohen Mauerresten fallen die zahlreichen Brunnen, Zisternen und Bassins mit

Ungeachtet des Namens durchqueren jeden Sommer zahlreiche Wanderer das Tal der Toten

bis zu 5 m Durchmesser auf. Sie fingen das Wasser von drei umliegenden Quellen auf. In minoischer Zeit dienten sie sowohl der Wasserversorgung als auch der kultischen Reinigungen, heute tummeln sich in ihnen bevorzugt Sumpfschildkröten und Frösche.

Im Zentrum der Anlage erstreckt sich der *Zentralhof*, im Westen begrenzt vom Kultbereich mit Halle, Heiligtum und Schatzkammer. Im Archiv wurden Tafeln mit Linear-A-Schrift gefunden. Unklar ist die Funktion einer *Säulenhalle* mit abgehender Küche im Norden des Hofs. Vielleicht fanden hier kultische Mahlzeiten statt. Ringsum lagerten jedenfalls in mehreren *Magazinen* einst viele hundert Tongefäße, darunter auch mannshohe *Pithoi*, während im Südwesten *Werkstätten* überwogen. Am östlichen Rand des Zentralhofs lagen die *Gemächer des Herrscherpaars*, 20 m weiter östlich ist eine kleine Grube mit vier 2 m langen Rinnen das Überbleibsel eines der ersten Metallschmelzöfen der Welt. Nördlich an die Palastanlage schließen sich die Ruinen eines Wohngebiets an. Der antike Hafen blieb bislang unentdeckt.

i Praktische Hinweise

Unterkunft

Stella Apartments, Kato Zakros, Tel. 28 43 02 37 39, www.stelapts.com. Studios 500 m vom Strand, Grillplatz und Hängematten im Garten. Die Inhaber Stella und Stratis Ailamaki bieten auch Wanderungen und Klettertouren an.

Kreta aktuell A bis Z

Vor Reiseantritt

ADAC Info-Service:
Tel. 018 05 10 11 12 (0,14 €/Min.)

Unter dieser Telefonnummer oder im Internet können ADAC Mitglieder umfangreiches *Informations- und Kartenmaterial* anfordern.

ADAC im Internet:
www.adac.de
www.adac.de/reisefuehrer

Kreta im Internet:
www.visitgreece.gr

Griechische Zentrale für Fremdenverkehr (GZF)/Ellenikos Organismos Tourismou (EOT):
www.visitgreece.gr

Deutschland
Neue Mainzer Str. 22, 60311 Frankfurt/Main, Tel. 069/257 82 70, info@gzf-eot.de

Österreich
Opernring 8, 1010 Wien, Tel. 01/512 53 17, grect@vienna.at

Allgemeine Informationen

Reisedokumente

Personalausweis oder Reisepass, Kinder unter 16 Jahren Kinderreisepass oder Eintrag im Pass eines Elternteils.

KFZ-Papiere

Führerschein und Zulassungsbescheinigung Teil 1 (ehem. Fahrzeugschein). Darüber hinaus wird die Mitnahme der Internationalen Grünen Versicherungskarte empfohlen.

Krankenversicherung

Die in die gesetzliche Versicherungskarte integrierte Europäische Krankenversicherungskarte wird in ganz EU-Europa anerkannt und garantiert grundlegende medizinische Versorgung. Sicherheitshalber empfiehlt sich der Abschluss einer zusätzlichen Reisekranken- und Rückholversicherung.

Hund und Katze

Für Hunde und Katzen ist ein vom Tierarzt ausgestellter EU-Heimtierausweis mit dem Nachweis einer Tollwutimpfung vorgeschrieben, ebenso Kennzeichnung durch Mikrochip oder Tätowierung.

Zollbestimmungen

Es ist verboten, Antiquitäten zu erwerben und aus Griechenland auszuführen! Reisebedarf für den persönlichen Gebrauch ist abgabenfrei. Richtmengen für Reisende aus EU-Ländern sind: 800 Zigaretten, 400 Zigarillos, 200 Zigarren, 1 kg Tabak, 10 l Spirituosen, 20 l Zwischenerzeugnisse, 90 l Wein (davon max. 60 l Schaumwein), 110 l Bier. Für Reisende aus Nicht-EU-Ländern (z. B. Schweiz) gelten geringere Höchstmengen.

Zoll-Information:

Deutschland: www.zoll.de
Österreich: www.bmf.gv.at/zoll
Schweiz: www.ezv.admin.ch

Geld

Die gängigen Kreditkarten werden in Banken, Hotels, zahlreichen Geschäften und Restaurants akzeptiert. In größeren Ortschaften kann man an Geldautomaten rund um die Uhr Geld abheben.

Tourismusämter im Land

In den Präfekturhauptstädten gibt es Tourismusämter der Griechischen Zentrale für Fremdenverkehr (EOT). Darüber hinaus verfügen kleinere Ortschaften gelegentlich über eine städtische Touristeninformation und/oder privat geführte Auskunftsstellen. Adressen, Telefonnummern und Websites sind im Haupttext unter Praktische Hinweise angegeben.

gtp – Greek Travel Pages, www.gtp.gr. Rund 500 Seiten starkes Monatsmagazin mit Informationen in englischer Sprache zu Flug- und Schiffslinien, Busverbindungen, Hotels u. ä.

Hellenic Travelling, Tel. 21 09 94 01 09, www.travelling.gr. Gleichartiger, ebenfalls sehr informativer Service zu Reisen in Griechenland in englischer Sprache.

Notrufnummern

Notruf: Tel. 112 (EU-weit, auch mobil: Polizei, Unfallrettung, Feuerwehr)

Touristenpolizei: Tel. 171

Pannenhilfe: Tel. 104 00 (Hilfe ist kostenpflichtig)

ADAC Notrufstation Athen:
Tel. 21 08 93 77 77

ADAC Notrufzentrale München:
Tel. 00 49/89/22 22 22 (rund um die Uhr)

ADAC Ambulanzdienst München:
Tel. 00 49/89/76 76 76 (rund um die Uhr)

ADAC Partnerklub: Automobil- und Touringklub von Griechenland/Ellinikí Léschi Periigíseon kai Aftokinítou (ELPA), Leoforos Knossou/Ecke Leoforos Georgiou Papandreou 66, Iraklio, Tel. 28 10 21 05 81, www.elpa.gr

ÖAMTC Schutzbrief Nothilfe:
Tel. 00 43/(0)1/251 20 00, www.oeamtc.at

TCS Zentrale Hilfsstelle:
Tel. 00 41/(0)224 17 22 20, www.tcs.ch

Diplomatische Vertretungen

Deutsche Botschaft, Karaoli & Dimitriou 3, 10675 Athen-Kolonaki, Tel. 21 07 28 51 11, www.athen.diplo.de

Deutsches Honorarkonsulat, Goethe-Zentrum, Digeni Akrita 1/Ecke Iroon Polytechniou, 73100 Chania, Tel. 28 21 06 88 76, chania@hk-diplo.de

Deutsches Honorarkonsulat, Odos Dikeossinis 7, 71202 Iraklio, Tel. 28 10 22 62 88, iraklion@hk-diplo.de

Österreichische Botschaft, Odos Vasilissis Sofias 4, 10674 Athen, Tel. 21 07 25 72 70, www.aussen ministerium.at/athen

Österreichisches Honorarkonsulat, c/o Cretan Holidays, Mafsolou 201, 71601 Nea Alikarnassos, Iraklio, Tel. 28 10 33 14 46, austrianconsul@cretanholidays.gr

Schweizer Botschaft, Odos Iassiou 2, 11521 Athen, Tel. 21 07 23 03 64, www.eda.admin.ch/athens

Besondere Verkehrsbestimmungen

Höchstgeschwindigkeiten: Pkw und Wohnmobile bis 3,5 t innerorts 50 km/h, Motorräder 40 km/h. Außerorts je nach Ausschilderung 90–110 km/h, Motorräder max. 70 km/h.

Promillegrenze: 0,5. Motorradfahrer und Personen, die den Führerschein noch keine zwei Jahre besitzen: 0,2 Promille.

Im **Kreisverkehr** haben grundsätzlich die einfahrenden Fahrzeuge Vorfahrt.

Abblendlicht darf tagsüber an Pkw nicht eingeschaltet sein. Ausnahmen gelten bei schlechten Sichtverhältnissen und für Wagen mit automatischem Tagfahrlicht.

Halteverbotsschilder mit einer senkrechten Linie gelten an ungeraden, mit zwei an geraden Monaten.

Parkverbot ist am Straßenrand gelb markiert. Blaue Streifen bedeuten gebührenpflichtige, weiß gebührenfreie **Parkzone**.

Mitführpflicht für Verbandspaket, Warndreieck, Warnweste und Feuerlöscher.

Kein Gesetz, aber Usus: Auf Schnellstraßen hält man sich in der Regel ganz rechts und gibt schnelleren Fahrern die Möglichkeit trotz Gegenverkehr zu überholen. Auf Bergstraßen empfiehlt es sich, vor Kurven zu hupen.

Zeit

Ganzjährig MEZ +1 Stunde.

Anreise

Auto

Autoreisende sollten sich beim ADAC über evtl. Mautgebühren in den Transitländern erkundigen. In Piräus starten regelmäßig Autofähren (s. u.) nach Iraklio und Chania auf Kreta. Die Einfuhr von Kraftstoff in Kanistern, deren Mitnahme auf Fährschiffen und das Auffüllen von Kanistern an Tankstellen sind verboten.

Fähre

Zwischen Piräus und Iraklio bzw. Chania verkehren Autofähren. Die Fahrt dauert ca. 7 Stunden. Fährgesellschaften sind:

Anek Lines, über ADAC Fähren, Große Langgasse 3 a, 55116 Mainz, Tel. 061 31/23 24 33, www.anek.gr. Piräus–Chania, Iraklio, Sitia.

Minoan Lines, über ADAC Fähren (s.o) www.minoan.gr. Piräus–Iraklio.

Superfast Ferries, Herrenholz 10, Tel. 04 51/88 00 61 66, www.superfast.com. Piräus–Iraklio.

Flugzeug

Der Flughafen von Iraklio wird von allen großen europäischen Flughäfen aus angeflogen. Europäische Charter- und innergriechische Flüge gehen auch nach Chania, während Sitia bislang ausschließlich von Flugzeugen aus Griechenland angesteuert wird.

International Airport Nikos Kazantzakis (HER), 5 km östlich vom Stadtzentrum, Iraklio, Tel. 28 10 39 71 29, www.hcaa-eleng.gr/irak.htm

Flughafen Chania Daskalojannis (CHQ), 16 km östlich von Chania-City auf der Halbinsel Akrotiri, Tel. 28 21 08 38 00, www.hcaa-eleng.gr/chandat.htm

Sitia Municipal Airport (JSH,) 1 km nördlich der Stadt, Sitia, Tel. 28 43 02 44 24

Bank, Post, Telefon und Internet

Bank

Banken (*Trápeza*) öffnen meist Mo–Do 8–14 und Fr 8–13.30 Uhr, in größeren Städten mitunter auch nachmittags.

Post

Postämter (*Tachydromeía*) sind meist Mo–Fr 9–14 Uhr geöffnet, in größeren Städten häufig auch nachmittags.

Telefon und Internet

Internationale Vorwahlen:
Griechenland 00 30
Deutschland 00 49
Österreich 00 43
Schweiz 00 41

Telefonauskunft: Tel. 118 88

Alle kretischen Festnetznummern sind zehnstellig, Mobil-Nummern beginnen stets mit einer 6.

Die Benutzung handelsüblicher Mobiltelefone ist auf Kreta möglich. An Kiosken werden Prepaid-Karten für Handys verkauft. Von Kartentelefonen auf der ganzen Insel kann man ins In- und Ausland telefonieren. Telefonkarten der Telefongesellschaft OTE (*Organismós Tilepikoinonión Elládos*) erhält man in vielen Geschäften, Kiosken oder in OET-Shops.

In allen Großstädten sowie in den meisten Badeorten gibt es Internetcafés sowie Lokale mit WiFi / WLAN. Auch viele Hotels bieten diesen Service an, in kleineren Häusern ist er oft kostenlos, größere Hotels verlangen häufig hohe Gebühren.

Einkaufen

Die Öffnungszeiten der Geschäfte variieren beträchtlich. Als Richtwert gilt Mo–Fr 9–13 und 16–20, Sa 9–14 Uhr. In touristischen Ballungszentren haben viele Geschäfte im Sommer mitunter bis 22 Uhr geöffnet, in Dörfern ist Mo oft Ruhetag.

Typische Mitbringsel von der Insel sind **Holzschnitzarbeiten**, **Töpferwaren**, **Stickereien** und **Webteppiche**. Auch **Lederwaren** und **Schmuck** zählen zu den beliebten Souvenirs. Ein Relikt aus der Türkenzeit sind **Komboloi**, Ketten mit Holz-, Glas-, Plastik- oder Bernsteinperlen, die griechische Männer gerne zum Zeitvertreib durch die Finger gleiten lassen. In Andenkenläden gibt es sie in allen Größen zu kaufen.

Die Ausfuhr von archäologischen Fundstücken, Antiquitäten und alten Ikonen ist verboten. Ersatzweise können **Repliken** mit nach Hause genommen werden, zum Beispiel aus dem Museumsshop in Rethimno, oder auch neue **Ikonen**, die es in fast allen Klosterläden sowie zahlreichen Werkstätten zu kaufen gibt.

Landwirtschaftliche Produkte wie **Olivenöl**, eingelegte **Oliven**, **Kräuter**, **Gewürzmischungen** oder **Thymian-Honig** wecken zuhause kulinarische Urlaubserinnerungen. Auch eine Flasche **Wein** oder **Raki** bringt den Geschmack von Kreta in heimische Gefilde.

Essen und Trinken

Was den einen die **Kreta-Diät**, ist den anderen schlicht eine bodenständige Mittelmeerküche mit kalt gepresstem Olivenöl, viel frischem Obst und Gemüse, Käse und Fisch. Unabhängig vom Namen soll sie Herz-Kreislauf-Krankheiten ebenso wie Übergewicht verhindern und überhaupt das Leben verlängern.

Und das keineswegs frugal. Zwar begnügen sich die Kreter zum **Frühstück** meist mit einem Kaffee und einem Blätterteigteilchen, aber am **Abend** offenbaren sie sich als wahre Genussmenschen. Am liebsten treffen sie sich dann mit der Familie oder im Freundeskreis auf der Terrasse einer gemütlichen Taverne.

Vorab bestellt die Tischgemeinschaft (*Parea*) Brot und Oliven, dann eine opulente Auswahl an **Mezedes** (Vorspeisen): *Tzatziki*, *Fava* (Erbsenbrei, der vom Gast mit Olivenöl und Zwiebeln abgeschmeckt wird), gefüllte Wein- oder Kohlblätter (*Dolmadakia*), Käsetaschen (*Tyropitakia*), gefüllte Zucchiniblüten (*Anthi*), Wildkräuter (*Chorta*), Bauernsalat (*Koriatiki*), in Folie gebratener Fetakäse (*Fetta psiti*), Schnecken (*Kuklus*), frittierte Sardinen (*Gopes*) oder sauer eingelegte Krakenarmstückchen (*Chtapodi*).

Theoretisch – in der Praxis aber eher selten, da alle bereits satt sind – folgt darauf der Hauptgang mit **Fleisch- und Fischgerichten**, etwa *Mousaka* (Gemüseauflauf mit Hackfleisch), *Stifado* (Rindfleisch oder Kaninchen in Tomaten-Zimt-Soße), am offenen Feuer gegrilltes Lamm (*Arni*) oder Zicklein (*Katsiki*), *Kakawia* (Fischsuppe) oder *Bakaliaros mich skordalia* (Dörr-Seehecht mit Knoblauch-Kartoffelpüree). Frischer Fisch (*Psaria*) wird gewogen, nach Kilo berechnet (teuer!) und anschließend meist gegrillt. Eine Olivenöl-Zitronen-Soße dient zum Würzen, dicke Pommes frites sind meist die Beilage der Wahl. **Vegetarische Alternativen** sind *Boureki*, ein mit Käse überbackener Gemüseauflauf oder *Briam*, in Olivenöl geschmortes Gemüse.

In den meisten Tavernen gibt es zum Abschluss einen kleinen **Nachtisch**, etwa frisches Obst und ein Gläschen Raki, gratis. Leckere Desserts sind auch Joghurt mit Honig (*Jaurti me meli*) oder *Sfakianes Pittes* (dünne, mit Honig und Frischkäse gefüllte Pfannkuchen).

Geht man mit Griechen essen, so ist es üblich, dass derjenige die Rechnung begleicht, der das gemeinsame Abendessen in die Wege geleitet hat. 5–10 % **Trinkgeld** werden in der Regel auf dem Tisch zurückgelassen.

Das Kafenio, eine griechische Institution

Hier ist ein Mann ein Mann: Unberührt von weiblichem Dekorationswillen ist das Kafenio der Anziehungspunkt für Griechen jeden Alters. An schlichten Holz- oder Plastiktischen, beleuchtet von grellem Neonlicht, trifft man sich, trinkt Kaffee oder Raki, klönt, spielt Tavli oder Karten. Zu Essen gibt es höchstens ein paar Nüsschen oder ein Schälchen Oliven, eine Verpflichtung zum Konsum besteht ohnehin nicht. Vor allem die Alten stellen ihre Stühle gerne nach Draußen und beobachten stundenlang das Treiben auf der Straße, das *Komboloi* (Perlenkettchen) stets in Händen.

Wenn die Kafenio-Gäste nicht gerade entspannt vor sich hinschweigen, wird vielleicht auch über **Politik** diskutiert. Ursprünglich war jedes Kafenio einer der drei großen griechischen Parteien zugeordnet, jene mit grünen Türen und Fensterrahmen den Linken, die Kommunisten trafen sich in den roten Kafenios, die Konservativen in den blauen. Heute gibt es diese Trennung nicht mehr, und auch die eine oder andere Frau wurde bereits in einem Kafenio erspäht. Ob sie sich allerdings wohl gefühlt hat, ist zumindest fraglich.

Getränke

Griechischer **Kaffee** (*Elliniko*) wird meist als Mokka aufgekocht und dampfend heiß in kleinen Tassen serviert. Man trinkt ihn *skétto*, ohne Zucker, *métrio*, leicht gesüßt, oder *glikó*, sehr süß. Wer große Tassen vorzieht, erhält löslichen Nescafé. Aus letzterem wird auch der beliebte Frappé zubereitet, schaumig geschlagener eisgekühlter Kaffee.

Zum Mittag- und Abendessen trinkt man meist **Mineralwasser** (*Nero*), **Bier** (*Bira*) der Marken Alpha, Amstel, Heineken, Mythos oder **Wein** (*Krasi*). Vor allem offene Hausweine variieren stark in ihrer Qualität. Manche sind hervorragend, andere schmecken eher nach Ethanol. Es empfiehlt sich daher, den Wirt vorab um ein Schlückchen zum Kosten zu bitten. Gute kretische Flaschenweine stammen aus den Regionen südlich von Iraklio sowie aus der Region um Sitia, bekannte Kellereien sind Boutaris, Creta Olympias oder Dourakis.

Schon zum Essen oder danach zur Verdauung trinken Kreter gern **Raki**, einen 35–40 %-igen klaren Tresterschnaps, den fast jeder Haushalt selbst destilliert. Je nach Zugabe von Honig, Kräutern oder Früchten kann man ihn geschmacklich fein variieren. *Jia sas!* – Zum Wohl!

Feiertage

1. Januar (*Protochroniá*, Neujahrstag), 6. Januar (*Theofániá*, Dreikönigstag), Februar/März (Beginn der Fastenzeit mit dem *Katharí Deftéra*, dem Reinen Montag), 25. März (*Ethnikí Yortí Ikostís Pemptís Martíou*, Unabhängigkeitstag), März/April (*Megáli Paraskeví*, Karfreitag, und *Páscha Anástassi*, Ostern), 1. Mai (*Ergatikí Protomagiá*, Tag der Arbeit), Mai/Juni (*Pentikostí*, Pfingsten), 15. August (*Koímissis tis Theotókou*, Mariä Entschlafung), 28. Oktober (*Epétios tou Óchi*, Gedenktag an die Ablehnung des italienischen Ultimatums 1940), 8. November (Kretischer Nationalfeiertag), 25./26. Dezember (*Christoúgenna*, Weihnachten).

Festivals und Events

Alle Kirchen und Klöster feiern ihre Heiligen und Märtyrer mit Patronatsfesten. Auf den Gottesdienst folgt meist ein Volksfest mit Essen, Musik und Tanz. Termine erfragt man am besten vor Ort.

Über aktuelle Kultur- und Sportveranstaltungen auf der ganzen Insel informieren auch die Webseiten www.crete.tournet.gr und http://weekly.kreta.to.

Die griechisch-orthodoxe Kirche bestimmt den Termin beweglicher Feiertage nach dem Julianischen Kalender. Daher feiern Orthodoxe (Neukalendarier) und zum Beispiel Katholiken Ostern und Pfingsten an unterschiedlichen Tagen.

Januar

Küstenorte: Taufe Jesu. Feierliche Prozession ans Meer und Segnung des Wassers. Anschließend wird ein Kreuz in die Fluten geworfen und junge Männer aus der Gemeinde tauchen danach.

Februar/März

Rethimno: Karneval. In der Woche vor Rosenmontag finden Maskenbälle statt, am Faschingssonntag ein großer Festumzug in der Altstadt.

März

Auf ganz Kreta: Unabhängigkeitstag. Fröhlich bunte Umzüge und Tanzveranstaltungen (25.3.).

März/April

Auf ganz Kreta: Ostern. Prozession am Karfreitag und Feuerwerk in der Nacht von Karsamstag auf Ostersonntag.

April

Asi Gonia: Fest des hl. Georg (Agios Georgios). Schafe und Ziegen werden durch das Bergdorf getrieben, auf dem Kirchplatz gesegnet und gemolken. Die frische Milch wird an die Besucher verteilt.

Mai

Auf ganz Kreta: Maifeiertag mit traditionellem Picknick im Grünen (1.5.).

Iraklio, Chania, Rethimno u. a.: Gedenken an die Schlacht um Kreta und die Bombardierung Kretas im Zweiten Weltkrieg sowie Sportveranstaltungen und Folkloredarbietungen (letzte Maiwoche).

Juni

Auf ganz Kreta: Fest von Johannes dem Täufer. Johannisfeuer. Hirten feiern die Sonnwende mit Musik und Tanz (24.6.).

Makrigialos: Casa dei Mezzo Music Festival. Klassikkonzerte internationaler Künstler (www.casadeimezzo-festival.com).

Agios Nikolaos: Woche des Meeres. Alle zwei Jahre Wettkämpfe in Bootsfahren, Schwimmen und Surfen (2012, 2014 ..., jeweils in der letzten Juniwoche).

Juli/August

Ierapetra: Kyria-Festival. Tanz, Theater, Konzerte und Kunstausstellungen.

Sitia: Kornaria-Festival. Folklore, Konzerte und Theater u. a. in der Festung Kazarma.

Agios Nikolaos: Lato-Festival. Traditionelle kretische Musik und Tanz, Theater und Kunstausstellungen sowie Schwimmwettkämpfe.

Juli–September

Rethimno: Renaissance-Festival. Musik, Theater und Ausstellungen von europäischen Künstlern in der ganzen Stadt (www.rfr.gr).

Iraklio: Sommer-Kunstfestival. Konzerte, Oper und Ballett internationaler Ensembles u. a. im Freilufttheater Nikos Kazantzakis (www.heraklion.gr).

Juli

Rethimno: Weinfest. Kretischer Wein, Kulinaria und Folklore im Stadtpark.

Anogia: Yakinthia Festival. Internationale Künstler bieten Musik, Tanz und Lesungen (http://yakinthia.com).

August

Chania: Rock Festival. Schon Paradise Lost haben hier gerockt (www.chania rockfestival.com).

Auf ganz Kreta: Mariä Entschlafung. Patronatsfest in zahlreichen Gemeinden und Klöstern (15.8.).

Archanes: Weinfest.

Sitia: Sultaninenfest. Volksfest mit Musik und Tanz (letzte Augustwoche).

Tzermiado: Kartoffelfest. Volksfest anlässlich der Knollenernte in der Lassithi-Hochebene.

Iraklio: Titustag. Feierliche Prozession zu Ehren des ersten Bischofs der Insel (25.8.).

Oktober

Moni Gouverneto: Fest des hl. Johannes der Eremit. Prozession vom Kloster zur Höhle, im welcher der Eremit lebte.

Elos: Kastanienfest. Leckereien aus Esskastanien (am 3. So des Monats).

Auf ganz Kreta: Ochi-Tag (Nein-Tag). Militärparaden und Volksfeste anlässlich der Weigerung Kretas, 1940 vor den italienischen Truppen kampflos zu kapitulieren (28.10.).

November

Moni Arkadi: Jahrestag der Explosion des Klosters 1866 (7.–9.11.). Diese Tragödie begründete den inselweit begangenen kretischen Nationalfeiertag (8.11.).

Klima und Reisezeit

Mitte März beginnt auf Kreta die Urlaubssaison. Nach zum Teil heftigen Regenfällen November bis Anfang März blühen nun die Wildblumen, die Berghänge sind sattgrün, Wanderer und Mountainbiker genießen die üppig sprießende Natur. Einige Schluchten, auch die berühmte Samaria-Schlucht, stehen aber noch unter Wasser und sind unpassierbar.

Im April/Mai öffnen die meisten archäologischen Stätten ihre Türen für Besucher. Dann, wie auch im Oktober, sind die Temperaturen von 20–24° C ideal für ein ausgedehntes Kulturprogramm auf den Grabungsfeldern und in den Städten. Das Meer ist dann allerdings noch etwas kühl.

Die Monate Juni bis September stehen mit heißen Luft- (bis zu 35 ° C im Schatten) und warmen Meerwassertemperaturen ganz im Zeichen der Badesaison. An der Küste weht meist ein erfrischender Wind, so dass hier selbst hitzeempfindliche Menschen das Klima in der Regel noch als angenehm empfinden.

Klimadaten Kreta

Monat	Luft (°C) min./max.	Wasser (°C)	Sonnen-std./Tag	Regen-tage
Januar	9/16	16	3	12
Februar	9/16	15	5	7
März	10/17	16	6	8
April	12/20	16	8	4
Mai	15/23	19	10	2
Juni	19/27	22	12	1
Juli	22/29	24	13	0
August	22/29	25	12	0
September	19/27	24	10	2
Oktober	17/24	23	7	6
November	14/21	20	6	6
Dezember	11/18	17	4	10

Kultur live

Theateraufführungen, Tanzveranstaltungen und Konzerte kann man vor allem in den größeren Städten an Nord- und Südküste erleben. Besonders empfehlenswert sind die auf ein internationales Publikum zugeschnittenen Großveranstaltungen wie Renaissance-Festival in Rethimno, Lato-Festival in Agios Nikolaos oder des Sommer-Kulturfestival in Iraklio [s. Festivals und Events].

Wer Griechisch spricht oder ein Gastspiel besucht, kommt auch in den städtischen Theatern auf seine Kosten:

Theater der Stadt Chania, Nikiforou Foka 5, Chania, Tel. 28 21 04 42 56, www.dipethekritis.gr

Nikos Kazantzakis Theater (Openair), Koules Festung, Iraklio, Tel. 28 10 24 29 77

Museen, Kirchen und Klöster

Die Öffnungszeiten der Museen und archäologischen Ausgrabungsstätten sind ständigen Veränderungen unterworfen. Vor allem in der Nebensaison kann es schon einmal passieren, dass man entgegen der Angaben am Eingang vor verschlossenen Türen steht. Wenn ein Besuch mit langer Anreise verbunden ist, lohnt sich darum vorab ein kurzer Anruf.

Die kleineren Kirchen sind außer zur Messe und zu Festen in der Regel verschlossen. Im nächstgelegenen Kafenio liegt aber häufig ein Schlüssel für Besucher bereit. Oder man trifft auf einen hilfsbereiten Popen, der Interessierte herumführt und sich über eine kleine Spende freut. Generell sollte man aber bei einem Kirchenbesuch die griechische Siesta (ca. 14–17 Uhr) beachten und auf sittsame Kleidung achten.

Nachtleben

In den international geprägten Badeorten entlang der Küste herrscht an nächtlicher Unterhaltung in Bars und Diskotheken kein Mangel. Junge Griechen zieht es eher in die Nachtklubs der größeren Städte Chania, Rethimno, Iraklio und Ierapetra, in denen auch griechischer Rock und Pop gespielt wird.

Wer es ein wenig gediegener mag, beginnt den Abend mit einem gemütlichen Tavernenbesuch, reiht sich dann ein in die *Volta*, den abendlichen Spaziergang entlang der Uferpromenade, isst hier ein Eis, trinkt dort ein Gläschen Wein und lauscht der Musik, die aus den Bars auf die Straße dringt. Oft sind es die typisch kretischen Klänge von Lyra, Bouzouki und Laute, welche die Einheimischen zum Tanzen animieren. Und mit etwas Glück bekommt man auch *Mantinades* zu hören, improvisierte Reimpaarverse voller Witz – eine jahrhundertealte kretische Version von Hip-Hop.

Sport

Bungee-Springen

Wem der Bungee-Sprung vom Kran in Chersonisos nicht spektakulär genug ist, kann sich im Sommer mit Liquid Bungy [s. S. 42] in der Aradaina-Schlucht an Kretas Südküste am Seil von der zweithöchsten Bungee-Brücke Europas 138 m in die Tiefe stürzen.

Golf

Kretas einziger 18-Loch-Golfplatz liegt in Chersonisos, ein anspruchsvolles Gelände vornehmlich für geübte Sportler.

Crete Golf Club, Chersonisos,
Tel. 28 97 02 60 00, www.crete-golf.com

Kajakfahren

Seekajaks sind eine besonders schöne Möglichkeit, die einsamen Buchten und spektakulären Felsformationen der Südküste vom Wasser aus zu erkunden. Ein- und mehrtägige Kajaktouren bietet z. B.:

Nature Maniacs, c/o Itanos Tours, Sitia, Tel. 28 25 09 10 17, Mobil-Tel. 69 49 44 72 06, www.naturemaniacs.com, www.itanos-tours.gr. Kajaktouren ab Loutro, auch mit Wanderungen kombinierbar.

Klettern

Schroffe Felsen und landschaftlich wie hinsichtlich der Flora außergewöhnliche Schluchten lassen das Herz eines jeden Outdoor-Kletterers höher schlagen. Eine gute Auswahl englisch- und französischsprachiger Kletterführern für Erfahrene zu bestellen unter www.lacorditelle.com.

Radfahren und Mountainbiking

Auch wenn Radfahren auf Kreta immer beliebter wird, sollte man auf stärker befahrenen Straßen nicht mit der Rücksichtnahme von Autofahrern rechnen. Es gibt so gut wie keine ausgewiesenen Radwege und den Seitenstreifen der Straßen nutzen meist motorisierte Verkehrsteilnehmer für Überholmanöver. Für entspannte Radeltouren eignen sich allenfalls wenig befahrene Nebenstraßen. Man sollte also vorab Ortkundige nach geeigneten Strecken fragen oder sich geführten Touren anschließen.

Für Mountainbiker hingegen ist Kretas gebirgiges Binnenland mit seinen unasphaltierten Pisten und Pfaden ein ideales Terrain. Anbieter von Leihrädern sowie organisierten Touren werden unter den Praktischen Hinweisen bei den jeweiligen Orten genannt.

Reiten

Mehrere Reitställe haben sich auf die Bedürfnisse von Pferdefreunden eingestellt. So stehen bei vielen Anbietern neben Reitstunden auch Galoppieren am Strand oder anspruchsvolle Mehrtagestreks durchs Gebirge auf dem Programm. Die Kontaktdaten ausgewählter Reitställe finden sich im Haupttext unter den Praktischen Hinweisen.

Schwimmen

Das klare, saubere Meerwasser rund um Kreta eignet sich hervorragend zum Schwimmen. Vorsicht ist bei hohem Wellengang geboten. Die rote Flagge am Strand bedeutet höchste Gefahr und Badeverbot, die gelbe rät zu erhöhter Vorsicht. Aufgrund von Seeigeln und spitzen Steinen an vielen Stränden sind Badeschuhe ratsam, vor allem auch für Kinder.

Die meisten größeren Hotels verfügen über In- und Outdoorpools, die häufig mit Meerwasser gefüllt werden.

Segeln

Aufgrund unbeständiger, gefährlicher Winde um Kreta stehen Hobbykapitänen kaum kleinere Segelboote für kurze Törns zur Verfügung. Wer mit dem eigenen Boot unterwegs ist, findet nützliche Informationen auf der ADAC Website www.adac.de/sportschifffahrt.

Tauchen und Schnorcheln

Klares Meerwasser und bizarre Felsen machen den Blick unter Wasser rund um Kreta interessant, wiewohl der Artenreichtum begrenzt ist. Beliebte Tauchspots liegen bei Paleochora im Südwesten und Elounda im Norden. Adressen von Tauchschulen sind unter Praktische Hinweise am jeweiligen Ort vermerkt.

Wandern

Die abwechslungsreichen Landschaften und das angenehme Klima, vor allem im Frühjahr und Herbst, machen Kreta zu einem Paradies für Wanderer. Besonders beliebt sind Schluchtenwanderungen, bei denen man sich praktisch nicht verlaufen kann. Vorsicht ist allerdings bei Touren im freien Gelände geboten. Häufig sind Wege schlecht ausgeschildert und so mancher Pfad endet im Gestrüpp. Sicherheitshalber kann man sich geführten Wanderungen anschließen (Anbieter unter Praktische Hinweise). In jedem Fall gehören Wasser, Proviant, Sonnenschutz und eine Wind-/Regenjacke ins Gepäck.

Windsurfen

Einer der beliebtesten Surf-Strände ist der Kouremenos-Strand an der Ostküste bei Palekastro. Auch an den meisten Stränden im Norden kann man Bretter leihen und Unterricht nehmen.

Sprache und Rechtschreibung

Für das Griechische existiert kein einheitliches Transkriptionssystem, daher werden griechische Bezeichnungen in lateinischer Schrift auch in Atlanten und auf Straßenschildern uneinheitlich wiedergegeben. Iraklio zum Beispiel kann auch Heraklion, Heraklio, Iraklion etc. geschrieben werden. Abweichungen von in diesem Buch verwendeten Schreibweisen müssen hingenommen werden und sollten nicht zu Irritation führen.

Statistik

Geografie: Kreta (gr. *Kriti*) ist mit 8261 km² (mit zugehörigen Inselchen 8335 km²) die größte griechische Insel und die fünftgrößte des gesamten Mittelmeers. Von West nach Ost misst sie 260 km, die Entfernung zwischen Norden und Süden beträgt 15–60 km. Die Südküste liegt auf dem 35. Breitengrad und damit südlicher als Tunis. Höchste Erhebungen sind die Gipfel des *Psiloritis* (Ida) mit 2456 m und des *Pachnes* (2453 m) in den *Lefka Ori*.

Bevölkerung: Fast alle der rund 600 000 Kreter sind griechisch-orthodoxe Christen. 75 % der Bevölkerung wohnen im Norden der Insel. Das gebirgige Binnenland ist kaum besiedelt.

Verwaltung: Kreta ist einer von zehn griechischen Regierungsbezirken mit Iraklio (140 000 Einwohner) als Hauptstadt. Die Insel ist unterteilt in die vier Präfekturen (*Nomoi*) Chania, Rethimno, Iraklio und Lassithi.

Wirtschaft: Der wichtigste Wirtschaftszweig auf Kreta ist der Tourismus, jährlich besuchen ca. 2,5 Mio. Urlauber die Insel. 30 % der Bodenfläche werden landwirtschaftlich genutzt, Exportgüter sind Oliven, Olivenöl, Wein, Rosinen, Zitrusfrüchte und Frühgemüse, in den Bergregionen werden Schafe und Ziegen gezüchtet.

Unterkunft

Apartments

Ideal für Selbstversorger ist das breite Angebot an Ferienwohnungen und Apartments, deren Ausstattung von einfach bis luxuriös variiert. In ländlichen Regionen stehen Urlaubern inzwischen viele stilvoll restaurierte Dorfhäuser zur Verfügung, an der Küste ist die Auswahl an Bungalows auch für Familien mit Kindern sehr groß. Während der Hochsaison empfiehlt sich rechtzeitige Buchung.

Camping

Wildes Campen ist offiziell nicht erlaubt und kann mit hohen Geldstrafen geahndet werden.

Über ganz Kreta verteilt gibt es 16 Campingplätze, die meist Mai bis Oktober geöffnet haben. Eine Liste gibt es bei:

Panhellenic Camping Association, 24 Odos Stadiou, 10564 Athen, Tel. 21 03 62 15 60, www.greececamping.org, www.panhellenic-camping-union.gr

Auskunft über geprüfte Plätze gibt auch der jährlich aktualisierte **ADAC Camping Caravaning Führer Südeuropa** (mit CD ROM), der im Buchhandel und in allen ADAC Geschäftsstellen erhältlich ist.

Hotels

Hotels bucht man am günstigsten bei Pauschalreiseveranstaltern. Meist hat man die Wahl zwischen Zimmer mit Frühstück oder Halbpension, in größeren Anlagen auch All-inclusive.

Viele Hotels schließen in den Wintermonaten. In der Nebensaison werden oft Zimmer zu stark vergünstigten Preisen angeboten, man muss dann allerdings in Kauf nehmen, dass aufgrund der eingeschränkten Gästezahlen auch das Büfett etwas weniger üppig ausfällt.

Während Strandhotels unterschiedlicher Standards in den 1980er-Jahren vor allem an der Nordküste wie Pilze aus dem Boden schossen, geht der Trend mittlerweile auch zum liebevoll restaurierten Altstadt-Palazzo in Chania oder Rethimno oder dem stilvollen Agrotourismus-Hotel im Binnenland.

Privatzimmer

Wie klein eine Ortschaft auch sein mag, auf Kreta vermieten so gut wie überall Familien zu günstigen Preisen einfach eingerichtete Zimmer und Apartments mit Küchenzeile. Gehobene Ansprüche sind hier fehl am Platz, doch Sauberkeit und eine Klimaanlage gehören in der Regel zum Standard. Da es gerade in den Badeorten an der Südküste wie Paleochora oder Matala ein großes Angebot an Privatzimmern gibt, haben Individualreisende sogar noch im Juli und August gute Wahlmöglichkeiten.

Verkehrsmittel im Land

Bus

Busse verbinden relativ regelmäßig alle größeren Orte miteinander. Tickets kauft man vor der Abfahrt in Kiosken oder am Busbahnhof, in kleineren Orten beim Busfahrer (Kleingeld bereithalten).

Fahrpläne und -preise erfährt man bei den örtlichen Touristen-Informationsbüros (so vorhanden) und an den Busbahnhöfen. Darüber hinaus kann man sich im Internet auch in deutscher Sprache über die wichtigsten Verbindungen informieren: www.bus-service-crete-ktel.com und www.ktelherlas.gr.

Mietwagen

In allen touristischen Zentren können Urlauber ein Auto mieten. Allerdings müssen sie mindestens 21 Jahre alt sein und den Führerschein bereits länger als zwölf Monate besitzen. Vor Vertragsabschluss sollte man den Wagen sorgfältig prüfen (Bremsen, Reifenprofil ...). Neben lokalen, oft billigeren Autoverleihern unterhalten alle internationalen Firmen Niederlassungen auf Kreta.

Für Mitglieder bietet die **ADAC Autovermietung GmbH** günstige Bedingungen. Buchungen über Geschäftsstellen oder unter Tel. 018 05 31 81 81 (0,14 €/Min.).

Dank EU-Fördermaßnahmen sind die meisten Straßen der Insel relativ frisch asphaltiert. Allerdings sollte man im kurvenreichen gebirgigen Binnenland pro Tag höchstens 100 Fahrkilometer einplanen.

Taxi

Die Preise für bestimmte Strecken, z.B. Flughafen–Iraklio, werden behördlich festgelegt, in jedem Taxi kann man auf Wunsch eine entsprechende Tabelle einsehen. Bei Stadtfahrten sollte das Taxameter eingeschaltet sein. Bei weiteren Strecken, etwa für einen Tagesausflug zu Dörfern im Binnenland, einigt man sich vorab mit dem Fahrer auf einen Fixpreis.

Schiff und Motorboot

Von Iraklio und Chania aus werden ein- bis zweitägige Schiffsreisen auf die Kykladeninsel Santorin angeboten.

Im Südwesten Kretas sind die Küstenorte oft nicht durch Straßen verbunden. Stattdessen verkehren mehrmals wöchentlich Fähren der kretischen Anendyk Line (www.anendyk.gr) zwischen Paleochora, Sougia, Agia Roumeli, Loutro und Chora Sfakion. Auch abgelegene Badestrände erreicht man am besten mit dem Boot, vorgelagerte Inseln wie Gavdos oder Chrisi sowieso.

Sprachführer
Griechisch für die Reise

Das Wichtigste in Kürze

Ja / Nein	Nä / 'Ochi	Ναι / Όχι
Bitte / Danke	Paraka'lo / Efchari'sto	Παρακαλώ / Ευχαριστώ
Entschuldigung!	Si'gnomi	Συγνώμη!
Wie bitte?	O'riste	Ορίστε;
Ich verstehe Sie nicht.	δen sas katala'wäno	Δεν σας καταλαβαίνω.
Können Sie mir bitte helfen?	Bo'rite na me woi'θisete, paraka'lo	Μπορείτε να με βοηθήσετε, παρακαλώ;
Das gefällt mir (nicht).	A'fto (den) mu a'ressi	Αυτό (δεν) μου αρέσει.
Ich möchte ...	'θelo ...	Θέλω...
Haben Sie ...?	'Echete ...	Έχετε... ;
Wie viel kostet ...?	'Posso kostisi ...	Πόσο κοστίζει...;
Kann ich mit Kreditkarte bezahlen?	Bo'ro na pli'rosso me pistoti'ki 'karta	Μπορώ να πληρώσω με πιστωτική κάρτα;
Wie viel Uhr ist es?	Ti 'ora 'inä	Τι ώρα είναι;
Guten Morgen!	Kali'mera	Καλημέρα!
Guten Tag!	Kali'mera / 'Chärete	Καλημέρα! / Χαίρετε!
Guten Abend!	Kali'spera	Καλησπέρα!
Gute Nacht!	Kali'nichta	Καληνύχτα!
Hallo! / Grüß Dich!	Jassu	Γεια σου!
Wie ist Ihr Name, bitte?	Poss 'inä to 'ono'ma sas, paraka'lo	Πώς είναι το όνομά σας, Παρακαλώ;
Mein Name ist ...	To'ono'ma mu 'inä ...	Το όνομά μου είναι...

Wochentage

Montag	δe'ftera	Δευτέρα
Dienstag	'Triti	Τρίτη
Mittwoch	Te'tarti	Τετάρτη
Donnerstag	'Pempti	Πέμπτη
Freitag	Paraske'wi	Παρασκευή
Samstag	'Sawwato	Σάββατο
Sonntag	Kiria'ki	Κυριακή

Monate

Januar	Ianu'arios	Ιανουάριος
Februar	Fewru'arios	Φεβρουάριος
März	'Martios	Μάρτιος
April	A'prilios	Απρίλιος
Mai	'Maios	Μάϊος
Juni	'Iunios	Ιούνιος
Juli	'Iulios	Ιούλιος
August	'Awgustos	Αύγουστος
September	Se'ptemwrios	Σεπτέμβριος
Oktober	O'ktowrios	Οκτώβριος
November	No'emwrios	Νοέμβριος
Dezember	δe'kemwrios	Δεκέμβριος

Zahlen

0	mi'den	μηδέν
1	'ena	ένα
2	'Dio	δύο
3	'tria	τρία
4	'tessera	τέσσερα
5	'pente	πέντε
6	'exi	έξι
7	e'fta	επτά
8	o'chto	οκτώ
9	e'nnia	εννιά
10	'deka	δέκα
11	'enteka	έντεκα
12	'δodeka	δώδεκα
13	δeka'tria	δεκατρία
14	δeka'tessera	δεκατέσσερα
15	δeka'pente	δεκαπέντε
16	δeka'exi	δεκαέξι
17	δekae'fta	δεκαεφτά
18	δekao'chto	δεκαοχτώ
19	δekae'nnia	δεκαεννιά
20	'ikossi	είκοσι
21	ikossi'ena	εικοσιένα
22	ikossi'dio	εικοσιδύο
30	tri'anta	τριάντα
40	sa'ranta	σαράντα
50	pe'ninta	πενήντα
60	e'xinta	εξήντα
70	ewδo'minta	εβδομήντα
80	o'gδonta	ογδόντα
90	ene'ninta	ενενήντα
100	eka'to	εκατό
200	δia'kossia	διακόσια
1000	'chilia	χίλια
2000	'δio chili'ades	δύο χιλιάδες
10000	'δeka chili'ades	δέκα χιλιάδες
100000	eka'to chili'ades)	εκατό χιλιάδες
1/2	mi'sso	μισό
1/4	'ena 'tetarto	ένα τέταρτο

Wie geht es Ihnen?	Poss 'isste	Πώς είστε
Auf Wiedersehen!	A'dio	Αντίο!
Tschüs!	'Jassu	Γεια σου!
gestern / heute / morgen	Chtess / 'simera / 'awrio	Χτες / σήμερα / αύριο
am Vormittag /	Pro messi'mwrias /	προ μεσημβρίας /
am Nachmittag	me'ta messi'mwria	μετά μεσημβρία
am Abend / in der Nacht	to 'wraδi / ti 'nichta	το βράδυ / τη νύχτα
um 1 Uhr / um 2 Uhr …	stiss 1 i 'ora / stiss 2 i 'ora …	στις 1 η ώρα / στις 2 η ώρα …
um Viertel vor (nach) …	pa'ra 'tetarto (kä) …	παρά τέταρτο (και) …
um … Uhr 30	stiss … 'ora kä 30	στις … ώρα κα ι30
Minute(n) / Stunde(n)	le'pto(a) / 'ora(es)	λεπτά / ώρα (ες)
Tag(e) /Woche(n)	i'mera(es) / ewδo'mada(es)	ημέρα (ες) / εβδομάδα (ες)
Monat(e) / Jahr(e)	'minas(es) / 'etos(i)	μήνας (ες) / έτος (η)

Unterwegs

Nord / Süd /West / Ost	Wo'rras/'Notos/'δissi/Anato'li	Βορράς / Νότος / Δύση / Ανατολή
geöffnet / geschlossen	ani'chto / kli'sto	ανοιχτό / κλειστό
geradeaus / links /	ef'θia / ariste'ra /	ευθεία / αριστερά
rechts / zurück	δexi'a / 'piso	δεξιά / πίσω
nah / weit	ko'nta / makri'a	κοντά / μακριά
Wie weit ist …?	'Posso makri'a 'inä …	Πόσο μακριά είναι …;
Wo sind die Toiletten?	Pu 'inä i tua'letes	Πού είναι οι τουαλέτες;
Wo ist die (der) nächste …	Pu 'inä i(o) e'pomeni(os) …	Πού είναι η(ο) επόμενη (ος) …
Telefonzelle /	tilefoni'kos 'θalamos /	τηλεφωνικός θάλαμος /
Bank /	'trapesa /	τράπεζα /
Geldautomat /	a'ftomato chri'maton /	αυτόματο χρημάτων /
Post /	tachiδro'mio /	ταχυδρομείο /
Polizei?	astino'mia	αστυνομία;
Bitte, wo ist …	Paraka'lo pu 'inä …	Παρακαλώ πού είναι …
der Fährhafen /	to li'mani ton feri'bot /	το λιμάνι των φεριμποτ /
der Flughafen?	to aero'δromio	το αεροδρόμιο;
Wo finde ich …	Pu θa wro …	Πού θα βρω …
eine Bäckerei /	'enan 'furno /	έναν φούρνο /
ein Lebensmittelgeschäft /	'ena ka'tastima tro'fimon /	ένα κατάστημα τροφίμων /
den Markt?	tin ago'ra	την αγορά;
Ist das der Weg/	'Inä af'tos o 'δromos /	Είναι αυτός ο δρόμος /
die Straße nach …?	i o'dos ja …	η οδός για …;
Ich möchte mit …	'θelo na 'pao me …	Θέλω να πάω με …
dem Bus/	to leofo'rio /	το λεωφορείο /
der Fähre/	to feri'bot /	το φεριμπότ /
dem Flugzeug	to aero'plano	το αεροπλάνο
nach … fahren.	sto …	στο …
Wo ist …	Pu 'inä …	Πού είναι …
das Fremdenverkehrsamt /	i turisti'ki ipire'sia /	η τουριστική υπηρεσία /
ein Reisebüro?	'ena turisti'ko gra'fio	ένα τουριστικό γραφείο;
Ich suche eine Hotelunterkunft.	'Psachno δiamo'ni se xenodo'chio.	Ψάχνω διαμονή σε ξενοδοχείο.
Ich möchte eine Anzeige erstatten.	'θelo na ipo'walo 'minisi	Θέλω να υποβάλω μήνυση.
Man hat mir …	'Kapios mu 'eklepse …	Κάποιος μου έκλεψε …
Geld / die Tasche /	'chrimata / tin 'tsanta /	χρήματα / την τσάντα /
die Papiere / die Schlüssel /	ta charti'a / ta kliδi'a /	τα χαρτιά / τα κλειδιά /
den Fotoapparat /	tin fotografi'ki micha'ni /	την φωτογραφική μηχανή /
den Koffer gestohlen.	tin wa'litsa	την βαλίτσα.

Bank, Post Telefon

Ich möchte Geld wechseln.	'θelo na a'llaxo 'chrimata	Θέλω να αλλάξω χρήματα.
Brauchen Sie meinen Ausweis?	Chri'asesste tin ta'ftoti'ta mu	Χρειάζεστε την ταυτότητά μου;

Hinweise zur Aussprache

'	die nachfolgende Silbe wird betont
δ	wie englisches ›th‹ in ›the‹, mit der Zungenspitze hinter den Zähnen
θ	wie englisches ›th‹ in ›thank‹, mit der Zungenspitze zwischen den Zähnen

Ich möchte eine Telefonverbindung nach …	θa 'iθela tilefoni'ki 'sinδesi gia …	Θα ήθελα τηλεφωνική σύνδεση για…
Haben Sie … Telefonkarten / Briefmarken?	'Echete … tile'kartes / gramma'tossima	Έχετε … τηλεκάρτες / γραμματόσημα;

Tankstelle

Wo ist die nächste Tankstelle?	Pu 'inä to e'pomeno pra'tirio kaf'simon	Που είναι το επόμενο πρατήριο καυσίμων;
Ich möchte … Liter …	θa 'iθela … 'litra …	Θα ήθελα … λίτρα …
Super / Diesel / bleifrei / verbleit.	'super / 'disel / a'moliwδi / moliwδu'cha.	σούπερ / ντίζελ / αμόλυβδη / μολυβδούχα.
Volltanken, bitte.	Ge'miste, paraka'lo	Γεμίστε, παρακαλώ.
Bitte prüfen Sie … den Reifendruck / den Ölstand / den Wasserstand / die Batterie.	Paraka'lo e'legxte … tin 'piesi stis 'rodes / tin 'stathmi la'dion / tin 'stathmi ne'ru / tin bata'ria	Παρακαλώ ελέγξτε … την πίεση στις ρόδες / την στάθμη λαδιών / την στάθμη νερού / την μπαταρία.

Panne

Ich habe eine Panne.	'Echo 'wlawi	Έχω βλάβη.
Der Motor startet nicht.	O kini'tiras δen a'nawi	Ο κινητήρας δεν ανάβει.
Ich habe kein Benzin.	Den 'echo ka'tholu we'nsini	Δεν έχω καθόλου βενζίνη.
Gibt es hier in der Nähe eine Werkstatt?	I'parchi e'δo ko'nta 'ena sine'rgio	Υπάρχει εδώ κοντά ένα συνεργείο;
Können Sie mein Auto abschleppen?	Bor'ite na rimoulk'isete to aftok'int'o mu?	Μπορείτε να ρυμουλκήσετε το αυτοκίνητό μου;
Können Sie mir einen Abschleppwagen schicken?	Bo'rite na mu 'stilete 'ena rimu'lko	Μπορείτε να μου στείλετε ένα ρυμουλκό ;
Können Sie den Wagen reparieren?	Bo'rite na epidio'rθosete to a'maxi	Μπορείτε να επιδιορθώσετε το αμάξι;
Bis wann?	'Mechri 'pote	Μέχρι πότε;
Ich möchte ein Auto mieten.	'θelo na eniki'aso 'ena afto'kinito	Θέλω να ενοικιάσω ένα αυτοκίνητο.
Was kostet die Miete … pro Tag / pro Woche / mit unbegrenzter km-Zahl / mit Kaskoversicherung / mit Kaution?	'Poso ko'stisi to e'nikio … tin i'mera / tin ewδo'mada / cho'ris periori'smo chilio'metron / me 'pliri a'sfalia / me e'ngiisi	Πόσο κοστίζει το ενοίκιο … την ημέρα / την εβδομάδα / χωρίς περιορισμό χιλιομέτρων / με πλήρη ασφάλεια / με εγγύηση;
Wo kann ich den Wagen zurückgeben?	Pu bo'ro na epi'strepso to a'maxi	Πού μπορώ να επιστρέψω Το αμάξι;

Unfall

Hilfe!	Wo'ithia	Βοήθεια!
Achtung! / Vorsicht!	Proso'chi	Προσοχή!
Rufen Sie bitte schnell … einen Krankenwagen / die Polizei / die Feuerwehr.	Fo'naxte paraka'lo 'grigora … 'ena nosokomia'ko / tin astino'mia / tin piroswesti'ki	Φωνάξτε παρακαλώ γρήγορα … ένα νοσοκομειακό / την Αστυνομία / την Πυροσβεστική.
Es war (nicht) meine Schuld.	(δen) 'eftäxa	(Δεν) έφταιξα.
Ich brauche die Angaben zu Ihrer Autoversicherung.	Chri'asomä ta stichia tis a'sfalias tu aftoki'nitu sas	Χρειάζομα τα στοιχεία της ασφάλειας του αυτοκινήτου σας.
Geben Sie mir bitte Ihren Namen und Ihre Adresse.	'δoste mu paraka'lo to 'ono-'ma kä tin di'efθi'nsi sas	Δώστε μου παρακαλώ το όνομα και την διεύθυνσή σας.

Krankheit

Können Sie mir einen Arzt/Zahnarzt empfehlen?	Bo'rite na mu ipo'δixete 'enan ja'tro / oδo'ntiatro	Μπορείτε να μου υποδείξετε έναν γιατρό / οδοντίατρο;
Wann hat er Sprechstunde?	Pi'es 'ores 'dechetä asθe'nis	Ποιες ώρες δέχεται ασθενείς;
Wo ist die nächste Apotheke?	Pu 'inä to e'pomeno farma'kio	Πού είναι το επόμενο φαρμακείο;

Ich brauche ein Mittel gegen … Durchfall / Fieber / Insektenstiche / Kopfschmerzen/Verstopfung/ Zahnschmerzen.	Chri'asomä 'ena 'farmako gia … δi'aria / pire'to / 'tsimpima e'ntomu / pono'kefalo / δikili'otita / po'noδonto	Χρειάζομαι ένα φάρμακο για…. διάρροια / πυρετό / τσίμπημα εντόμου / πονοκέφαλο / δυσκοιλιότητα / πονόδοντο.

Im Hotel

Können Sie mir bitte ein Hotel empfehlen?	Bo'rite na mu si'stisete 'ena xenodo'chio	Μπορείτε να μου συστήσετε ένα ξενοδοχείο;
Ich habe bei Ihnen ein Zimmer reserviert.	'Echo 'klisi se sas 'ena δo'matio	Έχω κλείσει σε σας ένα δωμάτιο.
Haben Sie …	'Echete …	Έχετε …
ein Einzelzimmer /	'ena mo'noklino δo'matio /	ένα μονόκλινο δωμάτιο /
ein Doppelzimmer …	'ena 'δiklino δo'matio …	ένα δίκλινο δωμάτιο …
mit Dusche /	me dus /	με ντους /
mit Bad …	me 'banio …	με μπάνιο …
für eine Nacht /	ja 'mia 'nichta /	για μία νύχτα /
für eine Woche?	ja 'mia ewδo'mada	για μία εβδομάδα ;
Was kostet das Zimmer …	'Posso ko'stisi to do'matio …	Πόσο κοστίζει το δωμάτιο..
mit Frühstück /	me proi'no /	με πρωϊνό /
mit Halbpension?	me 'ena 'jewma	με ένα γεύμα;

Im Restaurant

Ich suche ein gutes / günstiges Restaurant.	'Psachno 'ena ka'lo / fti'no estia'torio	Ψάχνω ένα καλό / φτηνό εστιατόριο.
Herr Ober! / Kellner! / Bedienung!	'Kirie serwi'tore / Ga'rson	Κύριε σερβιτόρε! / γκαρσόν!
Die Speisekarte, bitte.	Paraka'lo ton ka'talogo fagi'ton	Παρακαλώ τον κατάλογο φαγητών.
Haben Sie vegetarische Gerichte?	'Echete fagi'ta ja fito'fagus	Έχετε φαγητά για φυτοφάγους;
Rechnung! / Bezahlen, bitte!	Ton logaria'smo / Na pli'rosso, paraka'lo	Τον λογαριασμό / Να πληρώσω, παρακαλώ!

Essen und Trinken

Baklava	Bakla'was	Μπακλαβάς
Bauernsalat	Cho'rjatiki sa'lata	Χωριάτικη σαλάτα
Bier	'Bira	Μπύρα
Brot / Brötchen	Pso'mi / pso'maki	Ψωμί / ψωμάκι
Butter	'Wutiro	Βούτυρο
Ei	Aw'go	Αυγό
Essig	'Xiδi	Ξύδι
Fisch	'Psari	Ψάρι
Flasche	Bu'kali	Μπουκάλι
Fleisch	'Kreas	Κρέας
gegrillt	psi'meno sti s'chara	Ψημένο στη σχάρα
Gemüse	Lachani'ka	Λαχανικά
Glas	Po'tiri	Ποτήρι
Huhn	Ko'topulo	Κοτόπουλο
Käse	Ti'ri	Τυρί
Kaffee	Ka'fes	Καφές
Knoblauch	'Skordo	Σκόρδο
Lamm	A'rni	Αρνί
Milchkaffee	Ka'fes me 'ghala	Καφές με γάλα
Mineralwasser (mit / ohne Kohlensäure)	Metalli'ko ne'ro (me / choris anθraki'ko)	Μεταλλικό νερό (με / χωρίς ανθρακικό)
Nachspeise	Epi'δorpio	Επιδόρπιο
Obst	'Fruta	Φρούτα
Öl	'Ladi	Λάδι
Pfeffer	Pi'peri	Πιπέρι
Salz	A'lati	Αλάτι
Tee	'Zai	Τσάϊ
Vorspeisen	Orekti'ka	Ορεκτικά
Wein	Kra'si	Κρασί
Zucker	'Sachari	Ζάχαρη

	ADAC Reiseführer	ADAC Reiseführer plus
Ägypten	■	■
Algarve	■	■
Allgäu	■	■
Alpen – Freizeitparadies	■	
Amsterdam	■	■
Andalusien	■	■
Australien	■	■
Bali & Lombok	■	■
Baltikum	■	■
Barcelona	■	■
Bayerischer Wald	■	■
Berlin	■	■
Bodensee	■	■
Brandenburg	■	■
Brasilien	■	
Bretagne	■	■
Budapest	■	■
Bulgarische Schwarzmeerküste	■	■
Burgund	■	
City Guide Germany	■	
Costa Brava und Costa Daurada	■	
Côte d'Azur	■	■
Dänemark	■	■
Deutschland – Die schönsten Autotouren		■
Deutschland – Die schönsten Orte und Regionen	■	■
Deutschland – Die schönsten Städtetouren	■	
Dominikanische Republik	■	
Dresden	■	■
Dubai, Vereinigte Arab. Emirate, Oman	■	■
Elsass	■	■
Emilia Romagna	■	■
Florenz	■	■
Florida	■	■
Franz. Atlantikküste	■	■
Fuerteventura	■	■
Gardasee	■	■
Golf von Neapel	■	■
Gran Canaria	■	■
Hamburg	■	■
Harz	■	■
Hongkong & Macau	■	
Ibiza & Formentera	■	■
Irland	■	■
Israel	■	■
Istanbul	■	■
Italien – Die schönsten Orte und Regionen	■	■
Italienische Adria	■	■
Italienische Riviera	■	■
Jamaika	■	
Kalifornien	■	■
Kanada – Der Osten	■	■
Kanada – Der Westen	■	■
Karibik	■	■
Kenia	■	■
Korfu & Ionische Inseln	■	■
Kreta	■	■
Kroatische Küste – Dalmatien	■	■
Kroatische Küste – Istrien und Kvarner Golf	■	■
Kuba	■	■
Kykladen	■	
Lanzarote	■	■
Leipzig	■	■
Lissabon	■	■
London	■	■
Madeira	■	■
Mallorca	■	■
Malta	■	■
Marokko	■	■
Mauritius & Rodrigues	■	■
Mecklenburg-Vorpommern	■	■
Mexiko	■	
München	■	■
Neuengland	■	■
Neuseeland	■	■
New York	■	■
Niederlande	■	■
Norwegen	■	■
Oberbayern	■	■
Österreich	■	■
Paris	■	■
Peloponnes	■	
Piemont, Lombardei, Valle d'Aosta	■	■
Polen	■	■
Portugal	■	■
Prag	■	■
Provence	■	■
Rhodos	■	■
Rom	■	■
Rügen, Hiddensee, Stralsund	■	■
Salzburg	■	■
St. Petersburg	■	■
Sardinien	■	■
Schleswig-Holstein	■	■
Schottland	■	■
Schwarzwald	■	■
Schweden	■	■
Schweiz	■	■
Sizilien	■	■
Spanien	■	■
Südafrika	■	■
Südengland	■	■
Südtirol	■	■
Sylt	■	■
Teneriffa	■	■
Tessin	■	■
Thailand	■	■
Thüringen	■	■
Toskana	■	■
Trentino	■	■
Tunesien	■	■
Türkei – Südküste	■	■
Türkei – Westküste	■	■
Umbrien	■	
Ungarn	■	■
USA – Südstaaten	■	
USA – Südwest	■	■
Usedom	■	■
Venedig	■	■
Venetien & Friaul		■
Wien	■	■
Zypern	■	■

■ **ADAC Reiseführer**
144 bzw. 192 Seiten

■ **ADAC Reiseführer plus**
(mit Extraplan)
144 bzw. 192 Seiten

Mehr erleben, besser reisen … mit ADAC Reiseführern!

Foto: © photocreo – Fotolia.com

Stand: 11/2011

Register

Impressum

Chefredakteur: Dr. Hans-Joachim Völse
Textchefin: Dr. Dagmar Walden
Chef vom Dienst: Bernhard Scheller
Lektorat: Elisabeth Schnurrer
Aktualisierung: Thomas Paulsen
Klappenkarten: ADAC e.V. Kartografie/KAR
Karten Innenteil: Computerkartographie Carrle
Layout: Martina Baur
Herstellung: Ralph Melzer
Druck, Bindung: Rasch Druckerei und Verlag
Printed in Germany

ISBN 978-3-89905-948-9

Neu bearbeitete Auflage 2012

Bildnachweis

Umschlag-Vorderseite:
Fischerboot im Hafen von Rethimno
Foto: Getty Images (Slow Images, Collection: Photographer's Choice).

akg-images: 38 (Rainer Hackenberg) – Alimdi: 64/65 (Norbert Eisele-Hein), 107 unten (N.N.), 113 (Christian Handl) – Anzenberger: 23, 50/51 (Christina Anzenberger-Fink) – Bewert Anke: 58, 76/77, 93 oben, 100/101 – Bildagentur-online: 22, Umschlag hinten – Bildagentur Huber: 16/17 (Anna Serrano), 42/43 (Johanna Huber), 85 oben (Da Ros Luca), 102/103, 122, 123 (G. Simeone), 110 (Ralf Schultheiss) – Bilderberg: 10 oben, 72/73 (Arthur F. Selbach), 86 (Michael Engler), 94/95, 126 Mitte links (Siegfried Martin), 96 (Wolfgang Kunz) – bildstelle: 65, 112 (Maria Breuer), 67 (Rex Features LTD.), 91 (Siepmann) – blickwinkel: 126 unten links (M. Mildenberger) – Bridgemanart: 12 rechts – dpa: 15, 109 – F1online: 13 (George Atsametakis), 74/75 (Evgeny Ivanov) – getty images: 18/19, 30, 53, 120/121 – Hübler Cornelia: 21, 54, 114, 126 unten rechts – imago: 9 unten (N.N.), 110/111 (imagebroker) – Interfoto: 14 oben (Sammlung Rauch), 27 (Philip Enticknap), 76, 83 (Photoasia), 89, 92 (20th Century Fox), 97 (Friedrich), 98/99 (Siepmann) – Jahreszeiten Verlag: 28/29, 47, 61, 119, 125, 126 oben (Arthur F. Selbach) – Kuttig Siegfried: 39, 104/105, Umschlag hinten – laif: 8 (Grecotel), 9 oben, 85 unten (Britta Jaschinski), 10 unten (Frank Tophoven), 70 (Raach), 93 unten (Pierre Gleizes) – Look: 114 oben (Jürgen Richter), 126 Mitte rechts (Florian Werner) – Mauritius Images: 6 oben, 14 unten, 25, 31, 34/35, 36, 41, 46, 49, 54/55, 62/63, 69, 79, 82, 88, 107 oben (Alamy), 81 (Robert Harding) – Schapowalow: 33, 117 (Robert Harding), 44, 45 (de Vrée), 57 (SIME) – SeaTops: 56 (Helmut Corneli) – TopicMedia: 101 – visum: 11 oben/3 (Rainer Hackenberg) – Wandmacher Ingo: 71 – Whitenightpress: 12 links (O. Shegoleva), 87 (A. Majsievich)

Foto: © Nicolas Rung-Author's Image – gettyimages.com